大学生形势与政策

《大学生形势与政策》编写组◎编

配套
线上考试平台
+精品课件
+教案

2021年秋季版

中共中央党校出版社

图书在版编目（CIP）数据

大学生形势与政策 /《大学生形势与政策》编写组
编 . -- 北京：中共中央党校出版社，2021.7
ISBN 978-7-5035-7158-9

Ⅰ . ①大… Ⅱ . ①大… Ⅲ . ①时事政策教育－高等学
校－教材 Ⅳ . ① G641.41

中国版本图书馆 CIP 数据核字（2021）第 113874 号

大学生形势与政策

责任编辑 李 云 李江燕
责任校对 马 晶
责任印制 陈梦楠

出版发行 中共中央党校出版社
　　　　　（北京市海淀区长春桥路 6 号）
邮政编码 100089
网　　址 www.dxcbs.net
电　　话 （010）62808912（发行） 68929788（总编室）
经　　销 全国各地新华书店
印　　刷 天津市蓟县宏图印务有限公司
字　　数 255 千字
版　　次 2021 年 7 月第 1 版　2021 年 7 月第 1 次印刷
开　　本 787 毫米 × 1092 毫米　1/16
印　　张 13
定　　价 38.00 元

编 写 组

主 编：闫纪建　李　冰　梁艳珍

副主编：孙　海　董芳源　许　玲
　　　　宋　洁　谭吉华　陈开宇

编　委：万　婷　梁　旭　刘海霞　宋艳飞
　　　　徐冬梅　张大健　张月林　冷迎春
　　　　由　郦　陆　莹　黄　青　王　超
　　　　徐芳丽　程海艳　常灵洁　蔡小葵
　　　　王　浩　左海峰　李邢西　张建宝
　　　　徐丹华　贾健鹏　段　媛　王　芳
　　　　林　静　陈　婕　唐启政　林素真
　　　　王必胜　宋佳音　孙　贤　陈志荣
　　　　宋　达

前言

　　教育是国之大计、党之大计，承担着立德树人的根本任务。思想政治理论课是落实立德树人根本任务的关键课程，发挥着不可替代的作用。办好思想政治理论课，要放在世界百年未有之大变局、党和国家事业发展全局中来看待，要从坚持和发展中国特色社会主义、建设社会主义现代化强国、实现中华民族伟大复兴的高度来对待。思想政治理论课建设只能加强，不能削弱，必须切实增强办好思想政治理论课的信心，全面提高思想政治理论课的质量和水平。

　　"形势与政策"课是我国高校思想政治理论课的重要组成部分，是大学生的一门必修课，是对当代大学生进行形势与政策教育的主渠道和主阵地之一，也是贯彻落实党的路线方针政策的重要途径。

　　2021年是中国共产党成立100周年的里程碑之年，是"十四五"规划的开局之年，也是我国全面建成小康社会后开启全面建设社会主义现代化国家新征程的一年。在历史坐标系中，这一年注定将留下特殊而重要的印记。当前，世纪疫情和百年变局交织，国内外形势正在发生深刻复杂的变化，中国和世界都面临巨大的挑战，未来充满了不确定性，党和国家都在积极寻求应对之策。这在客观上为大学生对形势与政策的学习、认识和判断提供了丰富的素材。为了帮助大学生学好这门生动的"形势与政策"课，我们编写了本书。

　　在本书的编写过程中，我们始终怀着强烈的责任感，在确保基本功能定位的前提下，及时把握国内外社会、经济发展的形势与热点，紧密结合新时代大学生的知识水平及个性特点，兼顾当前高校其他思想政治理论课课程所涉及的知识内容体系，力求内容的科学性、时效性和生动性；紧紧围绕学习贯彻习近平新时代中国特色社会主义思想这个首要任务，深入贯彻党的十九大和十九届二中、三中、四中和五中全会精神，帮助大学生深刻把握习近平新时代中国特色社会主义思想的重大意义、科学体系、精神实质、实践要求，增强"四个意识"，坚定"四个自信"，坚决做到"两个维护"，培养德智体美劳全面发展的社会主义建设者和接班人。

　　本书除绪论外共九个专题，主要讲述国内外时事和热点问题，以及中国在国际事务中的立场和主张。每个专题除主要内容外，我们还精心设计了"知识链接""相关链接""拓展阅读""阅读推荐"及"思考题"辅助模块。"知识链接"对正文中提到的相关知识点进行介绍;"相关链接"采用二维码展现,以视频或图文的形式丰富本专题的内容;"拓展阅读"选取与本专题相关的文章,供学生多方面了解本专题知识;"阅读推荐"为学生推荐若干相关文章资料,供学生在课后查阅学习,加深理解;"思考题"提出本专题相关问题,启发学生进行思考。本书图文并茂,视听结合,形式多样,时效性、针对性、趣味性和可读性强,希望能为大学生学习和掌握国内国际基本形势、认识和理解国家相关政策提供帮助。

在本书的编写过程中,我们参考了大量专家、学者编写的相关文献资料,查阅了大量权威网站、书刊和报纸的有关内容,听取和吸收了相关学科专家的宝贵建议,在此一并表示诚挚的感谢。尽管我们力求完美,但因水平所限,书中难免存在不足或疏漏之处,敬请广大读者朋友提出宝贵意见,以便我们在今后的工作中不断完善和提高。

编　者

2021 年 7 月

目录

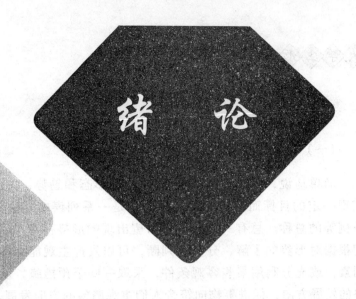

绪 论

认清形势 把握政策

《教育部关于加强新时代高校"形势与政策"课建设的若干意见》（教社科〔2018〕1号）指出，"形势与政策"课是理论武装时效性、释疑解惑针对性、教育引导综合性都很强的一门高校思想政治理论课，是帮助大学生正确认识新时代国内外形势，深刻领会党的十八大以来党和国家事业取得的历史性成就、发生的历史性变革、面临的历史性机遇和挑战的核心课程，是第一时间推动党的理论创新成果进教材进课堂进学生头脑，引导大学生准确理解党的基本理论、基本路线、基本方略的重要渠道。

在大学生中进行形势与政策的教育，有利于大学生全面、准确地了解世情、国情、党情和民情，从而加深对社会主义事业的热爱，增进爱国主义情感的培养，同时也有利于大学生形成正确的世界观、人生观和价值观。

"形势与政策"课程由形势与政策两部分内容组成。其中，形势是指国内国际社会政治、经济、文化等发展的状况和态势；政策是指党和国家为实现一定时期的目标和任务而制定的行为准则。政策的制定要以国内外形势的发展为依据，而形势的发展必然导致政策的相应调整。因此，这两部分的教育活动是紧密相连的。

"形势与政策"课程的开设，有利于大学生全面认识国内国际形势的变化，从而调动大学生了解形势与政策的自觉性和主动性，培养大学生独立思考、辩证看待时政问题的能力。对大学生进行形势与政策教育是系统的、渐进的、具有鲜明时代特色的工作，其最终目的是培养大学生科学认识、准确判断形势的能力，培养大学生正确的时局观，树立正确的形势认知观。

一、形势与政策概述

（一）形势与政策的概念

简单地说，"形势"就是事物发展的形态和趋势，"政策"就是政党或国家为实现一定的目标而制定的行为准则，是一系列谋略、法令、措施、办法、方法、条例等的总称。总有一些人们不希望出现的形势存在，因此，在一定条件下，人们根据对形势的了解、分析和判断，可以发挥主观能动性，人为地改变某些影响因素，或充分利用某些客观条件，采取一些干预措施，从而主动地控制或改变形势的发展方向，促进事物向符合人们主观愿望的方向发展。

1. 形势的内涵

形势是指客观事物发展的基本状况和趋势，是客观事物在诸种矛盾运动过程中所呈现出来的一种态势。任何客观事物都会受其内在影响因素和外在影响因素制约，形势就是事物诸多内在因素、外在因素的综合反映。形势的产生和事物的总体发展趋势是不以人的意志为转移的，人们的思想或行为可以在一定时期、一定程度上对形势产生影响，但形势由简单到复杂、由低级到高级发展的客观规律是无法改变的。由于影响形势形成的各种因素相互联系，所以各种形势也是紧密联系、彼此影响的，同时随着影响因素在不同时期的变化，形势会发生相应的变化，并呈现出不同的表现形式，这使形势体现出鲜明的关联性、复杂性和阶段性。

不同时间、空间和内容会形成不同类型的形势。如在时间上，可分为过去（某个节点或时期）形势、当前形势和未来形势；在空间上，可分为国际形势、国内形势和地区形势等；在内容上，可分为经济形势、政治形势、文化形势等。如同人的价值观念中必定有一种居于核心主导地位一样，在各种形势中同样有一种起主导作用的形势决定全局，这是因为事物存在主要矛盾和次要矛盾。因此形势还可以分为主要形势和一般形势。

人们应用一定的思想方法，在对形势进行科学分析并作出一定的事实判断和价值判断的过程中形成的基本观点、原则和方法（即关于分析形势的思想观点的总称），就是所谓的形势观。全面而准确地观察、分析、把握形势，其实质是认识世界的过程，而这个过程有利于人们在变化多端的形势下保持清醒的头脑，在更宽广的领域了解现实，正确分析、判断形势及其规律，把握时代、把握机遇、因势利导、预见未来，从而主动控制或改变形势的发展方向和程度，促进事物向符合某种主观愿望的方向发展。

2. 政策的内涵

政策是国家机关、政党及其他社会团体在特定时期为实现或服务于一定社会政治、经济、文化目标所采取的政治行为或规定的行为准则，它是一系列谋略、法令、措施、办法、方法、条例等的总称。就我国而言，政策正确与否直接关系到中国特色社会主义事业的兴衰成败。

在阶级社会中，政策只代表特定阶级的利益，从来不代表全体社会成员的利益，不反映所有人的意志。中国共产党作为中国特色社会主义事业的领导核心，代表中国最广大人民的根本利益，解决民众最关心的公共问题，这是政策阶级性和公共性的重要体现。任何政策哪怕在同一时期、同一范围内，针对不同受众，都有正确与错误之分，但政策一旦被制定和执行，对全社会来说，便成为一种有约束力的行为准则和行为规范，只有经过法定程序修订方能改变，这也体现了政策的非绝对正确性、权威性、原则性与灵活性。在一定的时段、历史和国情条件下，政策才能发挥相对的作用，这也体现了政策的时效性。政策属于上层建筑范畴，建立在不同经济基础之上的政策，在各自存在和活动的领域内具有相对稳定性。正是这种稳定性使社会经济能够持续发展，社会政治能够健康发展，社会文化能够繁荣发展。

政策的实质是统治阶级利益和意志的反映，含有统治、治理、管理国家一切行为的谋略或策略的意思，它以权威形式标准化地规定在一定的历史时期内，应该达到的奋斗目标、遵循的行动原则、完成的明确任务、实行的工作方式、采取的一般步骤和具体措施。国家作为阶级统治的工具，其维护统治所具有的政治和社会经济的双重性职能，决定了政策的最终目的是解决社会利益分配的问题，服务社会经济的发展。

政策制定者根据某一客观形势和发展目标的需要，结合性质各异、错综复杂的社会关系，利用国家管理的手段、工具和杠杆（政策）影响公众的看法、观念或思想意识，促进公众对政策的认同，规范人们的行为准则，对社会中人们的行为或事物的发展起到制约或促进作用，协调各种利益关系，保证整个社会生活和谐进行，引导人们的行为或事物朝着政策制定者所期望的方向发展。在这一过程中，政策体现出鲜明的导向、控制和协调等功能。

（二）形势与政策的关系

形势与政策互为因果，相互影响、相互制约。明确两者之间的关系，有利于深入分析、掌握和判断形势，科学、有效地制定政策，贯彻落实政策精神，对事件和问题的处理也有积极的促进作用。

从存在与认识的角度分析，形势与政策分属于不同的范围。形势属于存在领域，具有客观性；政策属于认识领域，具有主观性。经实践考察，形势与政策之间存在十分密切的联系。这种联系主要表现为形势对政策的决定作用与政策对形势的反作用。

1. 形势对政策的决定作用

形势是科学制定政策的依据。列宁指出："实际的政治形势就是如此，我们首先应该力求尽量客观、准确地判明这一形势，以便把马克思主义的策略建立在它应当依据的唯一牢固的基础上，即建立在事实的基础上。"制定政策，从客观实际出发，还是从主观臆断出发，反映了两种对立的世界观和方法论，前者是唯物主义的，后者是唯心主义的。要科学地制定有效的政策，必须遵循唯物主义的要求，从客观存在的形势出发来考虑问题，只有如此，才能制定出正确的政策；反之，则可能制定出错误的即不会产生任何积极作用的政策。需要指出的是，形势对政策的影响作用，不是一种自发的直接的作用过程，而是必须经过人这一中介来实现的。正因为如此，人对形势的认识和判断对于政策的制定具有重大意义。

形势是检验政策的客观尺度。一项政策是否科学有效，仅凭人的主观判断是很难确证的，必须通过实践进行检验。形势作为一种客观存在，最能反映政策的实际效果，正确的政策能够促进形势朝着政策追求的方向发展；反之，则可能使形势的发展背离政策所追求的发展方向。从这种意义上说，形势完全可以成为检验政策的一种客观尺度。

2. 政策对形势的反作用

依据唯物辩证法关于思维与存在的关系原理，人的认识不仅受客观存在的影响和制约，同时，认识还对客观存在具有巨大的能动的反作用。政策作为人认识的产物，在指导、规范人的行动过程中，必然对社会及社会形势的发展产生重大影响。可以说，世界上没有不影响政策的形势，也没有不作用于形势的政策。值得注意的是，政策对形势的影响作用，不仅表现在政策对形势的正面影响方面，还表现在政策对形势的负面影响方面，因此，制定科学的政策对形势具有十分重要的意义。

二、形势与政策课程的基本内容及学习方法

（一）形势与政策课程的基本内容

《教育部关于加强新时代高校"形势与政策"课建设的若干意见》指出："要紧密围绕学习贯彻习近平新时代中国特色社会主义思想，把坚定'四个自信'贯穿教学全过程，重点讲授党的理论创新最新成果，重点讲授新时代坚持和发展中国特色社会主义的生动实践，引导学生正确认识世界和中国发展大势，正确认识中国特色和国际比较，正确认识时代责任和历史使命，正确认识远大抱负和脚踏实地。要开设好全面从严治党形势与政策的专题，重点讲授党的政治建设、思

想建设、组织建设、作风建设、纪律建设以及贯穿其中的制度建设的新举措新成效；开设好我国经济社会发展形势与政策的专题，重点讲授党中央关于经济建设、政治建设、文化建设、社会建设、生态文明建设的新决策新部署；开设好港澳台工作形势与政策的专题，重点讲授坚持'一国两制'、推进祖国统一的新进展新局面；开设好国际形势与政策专题，重点讲授中国坚持和平发展道路、推动构建人类命运共同体的新理念新贡献。"因此，高校形势与政策教育内容可分为以下四个部分。

1. 基本理论

基本理论即马克思主义的形势观和方法论。马克思列宁主义、毛泽东思想、邓小平理论、"三个代表"重要思想、科学发展观、习近平新时代中国特色社会主义思想对认识形势的论述，党和国家重要会议的重要决议与纲领性文件，党的路线、方针和政策的重要内容等，都是基本理论的重要组成部分。

2. 基本形势与政策

形势与政策是变化的，但在一定时期内，形势发展与政策调整有其规律性和必然性。如当代世界政治经济格局及总体发展趋势，国际关系的基本走向及我国政府的外交原则立场和政策，我国的基本国情、国力和国策，国内改革开放的总趋势等，这些内容在相当长的时期内是相对稳定的，其发展变化具有规律性和必然性，构成了形势与政策课程的基本框架。

3. 当前形势与政策

国际国内形势的新变化、新发展是形势与政策课程教学的主要内容，也是大学生十分关注的部分。如国际社会发生的重大事件及发展变化趋势、国内政治经济形势的新变化、党和政府的重要会议精神以及重大改革发展举措等，都是对大学生进行形势与政策教育的重要内容。行业形势也是形势与政策教育的重要内容，一个行业的现状、发展趋势及经济地位会受到相关专业学生的关注。

4. 热点问题

形势发展变化是必然性和偶然性的统一。有时形势受偶然因素影响突然发生较大变化，引起人们广泛关注，这类问题被称为热点问题。热点问题虽然也遵循形势发展变化大趋势和总的变化规律，但由于其突发性和结果的不确定性，在一段时期内会引起社会广泛关注。

（二）形势与政策课程的学习方法

形势与政策课程是一门综合性、实践性、针对性、科学性、应用性都很强的思想政治教育课程。一方面，对其相对稳定的内容和有关理论，要集中时间进行较为系统的学习；另一方面，要根据形势发展的需要和课程的特点，结合自己的思想实际，采取正确的灵活多样的学习方法和途径。

1. 把握重要性，领会政策性和追求合理性

把握重要性，是指在当年的形势与政策范围内，对国际国内发生事件的重点把握。国内外发生的重大事件大多纷乱而冗长，大学生要想在短时间内取得好的学习效果，不可能也没必要全面出击，而应该把握重点。实际上，每年国内的形势与政策都有一条主线，就是党的方针政策；而国际上的形势与政策需要注意一些与中国有关的重大国际问题。领会政策性，是指形势与政策的重点内容和范围主要是党和国家的方针政策。追求合理性，是指如何运用所学知识将重大的政策性问题进行梳理、分解并能够举一反三，用来分析、理解和解决现实中的问题。

2. 自觉学习马克思主义基本理论和党的最新理论

马克思主义是科学的世界观和方法论，是指导中国革命胜利的重要思想武器，也是我们立党立国的根本指导思想。从毛泽东思想、邓小平理论、"三个代表"重要思想、科学发展观到习近平新时代中国特色社会主义思想，都是马克思主义的基本原理与中国实际相结合的产物。因此，要深刻了解党和国家的方针政策，大学生必须认真学习马克思主义的基本理论和党的最新理论，自觉运用马克思主义的立场、观点、方法，分析、理解和解决现实中的问题。同时，学习形势与政策课程，认清形势、理解政策需要多种知识的综合运用，需要对大量的信息进行分析处理。因此，还必须努力学好各种科学文化知识，拓宽知识面，打好基础，把对形势与政策的学习建立在广博深厚的科学知识基础上；必须随时关心时事政治，注意收集和掌握大量、准确的事实材料，把对形势与政策的学习建立在大量丰富翔实的客观材料基础上。

3. 参加社会实践，坚持理论联系实际

大学生在学习形势与政策课程的过程中，往往对形势与政策问题产生彷徨和疑惑，这是可以理解的。解决这些彷徨和疑惑的最好方法，就是积极参加社会实践，进行必要的社会调查，在社会实践和社会调查中了解国情、体察民意、认识社会、反省自身。此外，学习形势与政策课程，还要坚持理论联系实际，只有坚持马克思主义理论和党的先进理论的指导，才能正确认清形势的本质、规律和发展的必然趋势；只有坚持从实际出发，才能正确理解党和政府的各项方针政策。

4. 积极参加多种形式的课外学习

形势与政策这门课程的特点，决定了师生在教学过程中不宜采取完全单一的课堂讲授形式，而应当在课堂系统学习的基础上，辅之以各种课外学习活动，就课内外的学习内容，做读书笔记、写学习心得体会等。这样，就能不断提高大学生正确分析形势和深刻理解政策的能力，使形势与政策这门课程的学习达到事半功倍的效果。

三、大学生学习形势与政策课程的重要意义

社会历史的大发展决定了个人发展的最大环境、最高上限，制约着个人的可选择度，决定着大学生成功的概率，影响很具体，也很深远。作为一名大学生，深刻、全面地了解国内外形势是非常必要的。它可以帮助大学生正确认识和分析党和国家面临的政治、经济形势以及现实社会、经济中存在的问题，增强大学生辨别是非的能力，引导大学生正确认识社会热点和难点问题，巩固马克思主义在意识形态领域中的指导地位。因此，大学生学会正确认识和把握形势与政策，对自身具有重要意义。

（一）有助于大学生明确自身历史使命

和平与发展是当今时代的主题，世界多极化进程不可逆转，经济全球化趋势日益增强，高科技领域竞争日趋激烈……形势与政策课程是一个很好的学习窗口，它不仅可以帮助大学生了解国内外大事，认识和把握当前形势，还可以坚定大学生走中国特色社会主义道路的理想信念，从而激发大学生的爱国主义精神，使大学生能够在形势与政策的学习中树立正确的思想，形成正确的形势观和政策观。让大学生认清当今时代的特征是形势与政策教育的基础内容，只有掌握时代特征，才能树立正确的人生目标。如果不了解国内外政治、经济、意识形态的历史、现状和发展趋势，就无法了解时代需要什么、国家需要什么、人民需要什么。只有懂得制定和实施政策的基础知识，了解党和国家现行的路线、方针、政策以及它们的生命力，才能更为深刻地理解并切实地担当起时代责任。未来属于青年一代，当代大学生承担着不断推进中国特色社会主义事业，实现国家富强、民族振兴、人民富裕和幸福等重要历史使命。形势与政策教育有助于大学生认清当前国内国际形势，明确自身历史使命，立志成才，不辜负时代的重托。

（二）有助于培养大学生解决实际问题的能力

形势与政策课程的本质任务是教育大学生学会掌握和运用科学的方法，学会运用矛盾的观点、联系的观点、发展的观点和全面的观点来观察形势、分析问题，透过纷繁复杂的表象看其内在本质；教育大学生全面、准确地了解党在制定路线、方针、政策时所依据的马克思主义基本原理和方法论原则，从而提高自己理解政策的水平和政治觉悟，自觉地和党中央在政治上保持一致。实现这样的教学目标，不能靠简单的说教，而是着眼于提高大学生的辩证思维能力，使其能够正确区分什么是主流、什么是支流，哪些是现象、哪些是本质，从而有效地帮助大学生正确地看待历史与现实、全局与局部的关系，学会从规律性上认识和把握

形势。形势与政策教育，可以有效地提高大学生自身的理论水平、辨别分析能力，进而树立科学的世界观，把握正确的政治方向，使大学生学会用正确的方法，站在正确的立场去分析问题，理解社会主义事业的曲折性，理解党的各项方针政策制定的依据，自觉地贯彻党的方针和路线，为社会主义事业竭尽全力。形势与政策课程是促进大学生由理论学习到实际应用的重要途径。大学生可以通过形势与政策教育，把课堂知识与社会形势、政策发展结合起来，达到真正的融会贯通，提升自身的学识乃至综合素质。

（三）有助于提高大学生思想政治素质

随着我国政治、经济的长足发展，以权谋私、贪污腐化等社会现象也在不断滋生。如何看待这些社会现象呢？不能正确看待这些问题的人，思想容易产生动荡，对政策会持怀疑态度，个别人甚至会有抵触情绪。形势作为事物存在和发展的情况与态势，是客观的，但是看待形势的不同立场和观点，即具有不同的形势观的人对形势的看法，必然会得出不同的结论。通过横向、纵向地对比国内外形势后能够得出这样的结论：不存在社会矛盾的国家是没有的，任何政策都有利有弊，都有人支持、有人反对……形势与政策教育可以使大学生开阔政治视野和政治胸怀，确立正确的政治立场、成熟的政治思维，正确了解国内国际大事，把握形势发展趋势，进而对纷繁复杂的新情况、新问题进行科学分析，深刻、正确地观察形势、理解政策，避免在复杂的政治环境下迷失方向，从而提高大学生理解政策的水平和政治觉悟。形势与政策教育坚持以马克思列宁主义、毛泽东思想、邓小平理论、"三个代表"重要思想、科学发展观、习近平新时代中国特色社会主义思想为指导，针对大学生关注的热点问题和思想特点，帮助大学生认清国内外形势，教育和引导大学生全面、准确地理解党的路线、方针和政策，坚定在中国共产党领导下走中国特色社会主义道路的信心和决心，积极投身于改革开放和社会主义现代化建设的伟大事业。

形势与政策课程在思想政治教育中的作用是不可替代的，是对大学生进行形势与政策教育的主要渠道和主要阵地，是每个大学生的必修课。当今国内外形势风云变幻，进入21世纪的中国正面临难得的机遇和巨大的挑战。在大学生中广泛开展形势与政策教育，能够提高大学生认识问题、分析问题和判断是非的能力，对当代大学生如何在纷繁复杂的国内外形势下，正视我国面临的机遇与挑战，坚定信念、振奋精神，努力学习、报效祖国，具有重大的现实价值与深远的历史意义。大学生进行形势与政策学习也是提高自身思想认识水平、开阔视野、增强责任感和大局意识的重要手段。

专题一

正道沧桑

——中国共产党的百年征程

2021年是中国共产党成立100周年。百年征程波澜壮阔，百年初心历久弥坚。从播下革命火种的小小红船，到领航复兴伟业的巍巍巨轮，在百年奋斗历程中，中国共产党领导人民取得了举世瞩目的辉煌成就，书写了波澜壮阔的历史画卷，留下了弥足珍贵的宝贵经验和精神财富。"中国共产党的历史是一部丰富生动的教科书"。用党的伟大成就激励人，用党的优良传统教育人，用党的成功经验启迪人，用党的历史教训警示人，能够让我们认清所处历史方位，汲取前行的智慧与力量。

100年来，中国共产党虽饱经风雨，但始终坚守初心，并通过改革开放带领中国迎来巨变。在中国共产党的领导下，中国成功走出了一条中国人民支持的、极具生命力的中国特色社会主义道路，在各个领域都取得了令人瞩目的成就。

一、深刻认识中国共产党的伟大历史贡献

中国共产党成立这100年，是矢志践行初心使命的100年，是筚路蓝缕奠基立业的100年，是创造辉煌开辟未来的100年。100年来，中国共产党为国家、为人民、为民族、为世界作出了彪炳史册的伟大贡献。

（一）中国共产党对国家的伟大贡献

习近平总书记指出："落后就要挨打，发展才能自强。"100年来，中国共产党对国家的伟大贡献，体现在彻底改变了近代以来100多年中国积贫积弱、受人欺凌的悲惨命运，中华民族走上了实现伟大复兴的壮阔道路。

从1840年鸦片战争到1949年新中国成立之前，中国是一个半殖民地半封建社会。在100多年时间里，世界上几乎所有的帝国主义国家都侵略过中国，逼迫中国赔款、割地、开放通商口岸，给外国人以法外特权。中国共产党成立后，团结带领人民经过28年浴血奋战，打败日本帝国主义，推翻国民党反动统治，取得新民主主义革命胜利，建立了中华人民共和国。新中国的成立，彻底结束了旧中国半殖民地半封建社会的历史，彻底结束了旧中国一盘散沙的局面，彻底废除了列强强加给中国的不平等条约和帝国主义在中国的一切特权，开启了中国历史新纪元。

在抗美援朝战争中，中国人民志愿军打出了国威军威，有效维护了国家的独立和安全。彭德怀在《关于中国人民志愿军抗美援朝工作的报告》中讲了这样一段话："西方侵略者几百年来只要在东方一个海岸上架起几尊大炮就可霸占一个国家的时代是一去不复返了。"邓小平说，中华人民共和国的成立，"中国取得了一个资格：人们不敢轻视我们"。随着社会主义改造完成，我国建立起社会主义基本制度，并开始大规模进行社会主义建设，建立了独立的比较完整的工业体系和国民经济体系，在核技术、人造卫星、运载火箭等尖端国防科技领域实现了零的突破。

党的十一届三中全会以来，我们党作出实行改革开放的历史性决策，极大地解放和发展了社会生产力。中国大踏步赶上时代潮流，用几十年时间走完了西方发达国家几百年走过的工业化历程，建立了全世界最完整的现代工业体系，成为世界第二大经济体。进入新时代，我们党团结带领人民进行伟大斗争、建设伟大

工程、推进伟大事业、实现伟大梦想，推动党和国家事业取得全方位、开创性历史成就，发生深层次、根本性历史变革。我国在高温超导、纳米材料、生命科学、载人航天、探月工程、量子科学、深海探测、超级计算、北斗导航、大飞机制造、高铁等战略高技术领域取得重大原创性成果，基础设施现代化跃居世界前列，高铁总里程超过世界高铁总里程的2/3，高速公路里程居世界第一，建成全球最大5G网络等。我国的经济实力、科技实力、国防实力、综合国力极大增强。

1978年12月18日，党的十一届三中全会在北京召开。会议作出把全党工作着重点转移到社会主义现代化建设上来、实行改革开放的历史性决策，实现了新中国成立以来党的历史上具有深远意义的伟大转折，开启了改革开放和社会主义现代化建设新时期。图为会议代表举手表决通过会议公报。

党的十九大擘画了实现中华民族伟大复兴中国梦的宏伟蓝图，提出到2035年基本实现社会主义现代化，到本世纪中叶把我国建成富强民主文明和谐美丽的社会主义现代化强国。一个开启全面建设社会主义现代化国家新征程、向第二个百年奋斗目标进军的中国，已经展现在世人面前。

（二）中国共产党对中国人民的伟大贡献

习近平总书记指出："我们党来自人民、扎根人民、造福人民，全心全意为人民服务是党的根本宗旨。"100年来，中国共产党对人民的伟大贡献，体现在使人民翻身解放、当家作主，真正成为国家、社会和自己命运的主人，促进人的全面发展和社会全面进步，使全体人民朝着共同富裕的目标不断迈进。

在旧中国，广大人民尤其是占中国人口绝大多数的农民日益贫困化以至大批破产，他们过着饥寒交迫和毫无政治权利的生活。1949年，全国居民人均预期寿命只有35岁。新中国成立后，在党的领导下，我国确立了人民民主专政的国体和人民代表大会制度的政体，人民真正成为国家、社会和自己命运的主人。

在经济上，随着生产力的发展，人民生活水平不断提高。我国用占全球6.6%的淡水资源和9%的耕地养活了占世界近20%的人口，而且满足了高质量、多样化的农产品消费需求。人民吃穿用不愁，家电全面普及，汽车快速进入寻常百姓家。形成人数超过4亿的世界上规模最大的中等收入群体。我国人均国内生产总值持续快速增长，已突破1万美元，实现从低收入到下中等收入再到上中等收入的跨越。

在政治上，人民群众享有广泛真实管用的民主，从各层次各领域有序参与政

治生活。改革开放以来，社会主义民主政治不断发展，人民当家作主制度保障不断加强，社会主义协商民主优越性充分发挥，爱国统一战线更加巩固，社会治理方式不断创新，依法治国实践得到进一步深化，社会长期保持稳定。

在文化上，坚持马克思主义在意识形态领域的指导地位，积极培育和践行社会主义核心价值观，发展社会主义先进文化，加强社会主义精神文明建设，大力弘扬以爱国主义为核心的民族精神和以改革创新为核心的时代精神，党的创新理论和爱国主义、集体主义、社会主义深入人心，促进人的全面发展和社会全面进步。

在民生上，教育事业全面发展，教育普及程度超过中高收入国家平均水平，高等教育进入普及化阶段。就业结构不断优化，城镇登记失业率保持在较低水平。城镇化率不断提高，城镇常住人口2019年增加到8.48亿。我国建成了包括养老、医疗、低保、住房在内的世界最大的社会保障体系，基本养老保险覆盖近10亿人，基本医疗保险覆盖超过13亿人，居民人均预期寿命2019年达到77.3岁。

在生态上，大力推进生态文明建设，提供更多优质生态产品，不断满足人民日益增长的优美生态环境需要。坚决打赢蓝天保卫战，还老百姓蓝天白云、繁星闪烁；深入实施水污染防治行动计划，还老百姓清水绿岸、鱼翔浅底；全面落实土壤污染防治行动计划，坚持生态惠民、生态利民、生态为民，让老百姓吃得放心、住得安心。

在扶贫上，创造了人类减贫史上的奇迹。党的十八大以来，精准扶贫、精准脱贫力度之大、效果之彰，在人类历史上前所未有。平均每年1000多万人脱贫，相当于一个中等国家人口的规模。改革开放以来，按照现行贫困标准计算，累计减少农村贫困人口7.7亿，成为世界减贫人口最多的国家，是第一个完成联合国千年发展目标中减贫目标的发展中国家，对全球减贫贡献率超过70%，在解决困扰中华民族几千年的绝对贫困问题上取得了伟大历史性成就。

总之，我国在幼有所育、学有所教、劳有所得、病有所医、老有所养、住有所居、弱有所扶上持续取得新进展，使发展成果更多更公平惠及全体人民，人民群众的获得感、幸福感、安全感不断增强，共同富裕的本质要求在现实生活中逐步得以体现。中国人民迎来了从温饱不足到小康富裕的伟大飞跃。

相关链接：
为人民服务

（三）中国共产党对中华民族的伟大贡献

习近平总书记指出："实现中华民族伟大复兴，是近代以来中国人民最伟大的梦想。"100 年来，中国共产党对中华民族的伟大贡献，体现在实现了中华民族从"东亚病夫"到站起来的伟大飞跃，实现了中华民族从站起来到富起来的伟大飞跃，中华民族迎来了从富起来到强起来的伟大飞跃。

新中国成立以前，帝国主义国家将中华民族视为劣等民族、斥为"东亚病夫"，任意欺凌侮辱。中国共产党带领中国人民为争取民族独立进行了不屈不挠的斗争。抗日战争是近代以来中国人民第一次取得完全胜利的民族解放斗争，中国共产党在战争中发挥了中流砥柱作用。抗日战争成为中华民族走向伟大复兴的历史转折点。新中国成立后，中国共产党始终坚决维护国家的主权、安全、发展利益。

中国共产党提出"和平统一、一国两制"重大方针，相继恢复对香港、澳门行使主权，洗雪了中华民族百年屈辱。我们党始终着眼于中华民族整体利益和长远利益，坚定维护国家主权和领土完整，团结全体中华儿女，推动海峡两岸关系和平发展，坚决挫败各种制造"台独"的图谋，取得一系列反分裂斗争的重大胜利。在涉藏、涉疆、涉港、涉海等问题上，坚决同国内外敌对势力作斗争，维护了中华民族的整体利益。

我国有 56 个民族，共同组成一个多民族的大家庭。中国共产党坚持马克思主义民族理论和政策，从中国实际出发，实行民族区域自治制度，坚持各民族一律平等，全面贯彻党的民族政策，建立起平等团结互助和谐的社会主义民族关系，不断铸牢中华民族共同体意识，加强各民族交往交流交融，促进各民族共同团结奋斗、共同繁荣发展。

中国共产党为国家立心、为民族铸魂，大力传承和弘扬中华优秀传统文化，推动其实现创造性转化和创新性发展。中华文化得以发扬光大，并不断走向世界。中国人民的民族自信心和自豪感不断增强。

中国共产党在领导人民推进社会主义现代化建设的进程中，创造了经济快速发展奇迹和社会长期稳定奇迹，走出了一条中国式现代化道路。这个现代化具有中国特色，是人口规模巨大的现代化，是全体人民共同富裕的现代化，是物质文明和精神文明相协调的现代化，是人与自然和谐共生的现代化，是走和平发展道路的现代化。在人类现代化进程中，实现现代化的国家人口不超过 10 亿。中国共产党更好地把 14 亿人民组织起来、动员起来全面建设社会主义现代化国家，在中华民族发展史上、在人类历史上都具有极其重大而深远的意义。

（四）中国共产党对世界的伟大贡献

习近平总书记指出："中国共产党是为中国人民谋幸福的政党，也是为人类进步事业而奋斗的政党。"100 年来，中国共产党对世界的伟大贡献，体现在实现了中国从落后于时代到赶上时代、引领时代，从近代以来对人类进步事业贡献较

小到贡献较大的历史性转变。

我们党领导的革命事业，得到世界上爱好和平正义的国家、人民的支持和帮助。同时，我们党也尽自己的最大努力，支持和帮助全世界被压迫民族和人民争取民族独立和人民解放的正义事业。新中国成立后，我国积极倡导和坚定实践和平共处五项原则，使这一原则得到国际社会广泛认可，并成为处理国际关系的重要准则。长期以来，中国共产党和中国人民坚持独立自主原则，坚定维护广大发展中国家的利益，坚持国家不分大小、强弱、贫富一律平等，坚决反对殖民主义、霸权主义和强权政治。

改革开放以来，我国高举和平、发展、合作、共赢的旗帜，坚持独立自主的和平外交政策，坚持互利共赢的开放战略，坚定维护国际关系基本准则，维护国际公平正义，积极推进全球伙伴关系建设。党的十八大以来，我们党提出推动构建人类命运共同体，推动构建新型国际关系，倡导共建"一带一路"。"一带一路"建设为参与国家和地区人民带来福祉。2008 年国际金融危机发生后，我国成为全球经济增长的稳定器和动力引擎，连续多年对世界经济增长贡献率超过 30%。2020 年，受新冠肺炎疫情冲击，世界经济严重衰退。我国全年国内生产总值增长 2.3%，成为全球唯一实现经济正增长的主要经济体，为全球经济带来积极溢出效应，对全球经济企稳回升起到重要作用。

我国坚持共同、综合、合作、可持续的安全观，积极参与斡旋解决地缘政治热点问题。截至 2021 年 3 月，累计派出 4 万余人次维和人员，成为联合国维和行动第二大出资国和常任理事国派出维和人员最多的国家。我国在减贫、反腐、维和、反恐、气候变化、消除地区热点、环境治理、有效应对疫情和自然灾害等方面，坚持原则，伸张正义，创新理念，设置议题，求同存异，对话沟通，成为世界和平的建设者、全球发展的贡献者、国际秩序的维护者。

长期以来，中国共产党和中国人民为广大发展中国家提供了大量无偿援助、优惠贷款，提供了大量技术支持、人员支持、智力支持，为广大发展中国家建成了大批经济社会发展和民生改善项目。

我国改革开放和社会主义现代化建设的成功，在世界上高高举起了中国特色社会主义伟大旗帜，使科学社会主义在 21 世纪的中国焕发出强大生机活力；为世界上那些既希望加快发展又希望保持自身独立性的国家和民族提供了全新选择，为解决人类问题贡献了中国智慧和中国方案。

 相关链接：
中国共产党百年述职报告

二、深刻把握中国共产党初心和使命的历史内涵

党的十九大报告指出，中国共产党的初心和使命就是为中国人民谋幸福、为中华民族谋复兴。纵观中国共产党的发展史，无论是处于顺境还是逆境，都始终围绕"为中国人民谋幸福、为中华民族谋复兴"这一初心使命前进。在不同历史时期，党的初心和使命又有着不同的历史内涵。

（一）中国共产党成立初期党的初心使命

1848 年 2 月，马克思、恩格斯起草的《共产党宣言》问世，是为世界上第一个无产阶级政党——共产主义者同盟制定的纲领，标志着马克思主义的诞生。马克思、恩格斯在《共产党宣言》中指出："过去的一切运动都是少数人的，或者为少数人谋利益的运动。无产阶级的运动是绝大多数人的，为绝大多数人谋利益的独立的运动。""共产党人不是同其他工人政党相对立的特殊政党。""他们没有任何同整个无产阶级的利益不同的利益。""代替那存在着阶级和阶级对立的资产阶级旧社会的，就是这样一个联合体，在那里，每个人的自由发展是一切人的自由发展的条件。"马克思、恩格斯以纲领和宣言的形式向世界宣告，秉持人民立场、为人民大众谋利益、为全人类谋解放是共产党人为之奋斗的初心和使命。

十月革命一声炮响，给中国送来了马克思列宁主义。中国共产党在 1921 年 7 月成立时，就把马克思列宁主义写在自己的旗帜上，作为党的指导思想的理论基础。中国共产党成立初期，党的初心和使命就把推翻帝国主义、封建主义和官僚资本主义"三座大山"的压迫，寻求民族独立和人民解放，建立一个没有人剥削人的美好社会作为奋斗目标。

（二）新中国成立后党的初心使命

新中国成立后，第一件大事就是恢复经济，中国共产党的工作中心由革命战争转到经济建设。1953 年，毛泽东把党在过渡时期的总路线完整准确地表述为："从中华人民共和国成立，到社会主义改造基本完成，这是一个过渡时期。党在这个过渡时期的总路线和总任务，是要在一个相当长的时期内，基本上实现国家工业化和对农业、手工业、资本主义工商业的社会主义改造。"1956 年年底，我国基本完成了生产资料所有制的社会主义改造，实现了由新民主主义社会向社会主义社会的转变，建立了社会主义制度。1958 年 3 月，毛泽东提出"鼓足干劲、力争上游、多快好省地建设社会主义"的总路线，并于 1958 年 5 月中共八大二次会议上正式通过，这条路线建立在对党的主要任务准确判断基础上，反映了人民群众迫切要求改变我国经济文化落后状况的普遍愿望。1949 年至 1978 年间，

中国共产党带领和团结全国各族人民初步解决了占世界 1/4 人口的中国人吃饭、穿衣等基本生活需要问题。

　　新中国成立后，党的初心和使命就是全面恢复经济，建立社会主义基本制度，从根本上解决新中国百废待兴的局面。以毛泽东同志为代表的中国共产党带领全国人民为国家富强、人民幸福而不懈奋斗，确立了社会主义的基本制度，建立了独立的、比较完整的工业体系和国民经济体系，全面建设社会主义，并取得历史性的巨大进展，人民物质文化生活水平得到逐步提高。党在社会主义革命和建设中取得的独创性理论成果和巨大成就，为在新的历史时期开创中国特色社会主义提供了宝贵经验、理论准备、物质基础。

（三）改革开放时期党的初心使命

　　在中国建设社会主义和发展社会主义是一项前无古人的伟大事业，虽然取得了巨大的成绩，但也遇到了挫折，走了弯路。1977 年 12 月，邓小平在会见澳大利亚共产党主席希尔和夫人时说："什么叫优越性？不劳动、不读书叫优越性吗？人民生活水平不是改善而是后退叫优越性吗？如果这叫社会主义优越性，这样的社会主义我们也可以不要。"1978 年 9 月，邓小平在东北三省视察时说："我们要想一想，我们给人民究竟做了多少事情呢？""我们太穷了，太落后了，老实说对不起人民。"1978 年 12 月，邓小平在中央工作会议闭幕会上讲话，振聋发聩地强调："如果现在再不实行改革，我们的现代化事业和社会主义事业就会被葬送。"以邓小平同志为核心的党中央坚持一切从实际出发，从社会主义初级阶段的基本国情出发，从中国人民和中华民族根本利益出发，实行改革开放。改革开放极大地激发广大人民群众的创造性，极大地解放和发展社会生产力，极大地增强社会发展活力。人民生活显著改善，综合国力显著增强，国际地位显著提高，走过了有些国家用 100 多年甚至更长时间走过的现代化历程。1978—2012 年，我国的社会主义现代化建设取得举世瞩目的巨大成就，中国经

改革开放 40 多年来，深圳从一个小渔村成长为国际性大都市，发生了翻天覆地的变化。上图为深圳蛇口工业区一瞥（1982 年 8 月 3 日拍摄）；下图为广东自贸区深圳前海蛇口片区（2015 年 2 月 26 日拍摄）。

济年均增长 9.8%，远高于改革开放前 1953—1978 年 6.1% 的年均增速，相当于同期世界经济年均增速的 3 倍多。

改革开放时期，中国共产党的初心和使命就是破除阻碍国家和民族发展的一切思想和体制障碍，团结和带领人民进行改革开放新的伟大革命。以邓小平同志为主要代表的中国共产党人团结带领全党和全国各族人民解放思想，实事求是，通过党的十一届三中全会，彻底摒弃了"以阶级斗争为纲"的错误路线，把党和国家工作重点转移到经济建设上来，作出了改革开放的重大决策，确定了新时期基本路线，使中国实现了从高度集中的计划经济体制到充满活力的社会主义市场经济体制、从封闭半封闭到全方位开放的历史性转折。深刻揭示社会主义本质，确定社会主义初级阶段基本路线，明确提出走自己的路、建设中国特色社会主义，科学回答和制定了建设中国特色社会主义的一系列基本问题和发展战略，成功开创了中国特色社会主义。

（四）新时代党的初心使命

党的十八大以来，以习近平同志为核心的党中央以巨大的政治勇气和强烈的使命担当，提出一系列新理念新思想新战略，从"两个一百年"奋斗目标到"中国梦"，从统筹"五位一体"总体布局到协调推进"四个全面"战略布局，从把握中国经济发展新常态到牢固树立五大发展理念。习近平总书记说："改革只有进行时，没有完成时。要坚持一张蓝图绘到底。""人民对美好生活的向往，就是我们的奋斗目标。"在以习近平同志为核心的党中央领导下，经济建设取得重大成就，全面深化改革取得重大突破，民主法治建设迈出重大步伐，思想文化建设取得重大进展，人民生活不断改善，生态文明建设成效显著，强军兴军开创新局面，港澳台工作取得新进展，全方位外交布局深入开展，全面从严治党成效卓著。党的十八大以来取得的成就是全方位的、开创性的，变革是深层次的、根本性的，解决了许多长期想解决而没有解决的难题，办成了许多过去想办而没有办成的大事，推动党和国家事业发生历史性变革。2019 年，中国 GDP 约为 14.343 万亿美元，全球占比约为 16.34%，人均 GDP 首次突破 1万美元大关；国家统计局 2019 年国民经济和社会发展统计公报显示，全国居民恩格尔系数为 28.2%，连续 8 年下降；"十三五"时期，我国脱贫攻坚战取得了全面胜利，现行标准下 9899 万农村贫困人口全部脱贫，832 个贫困县全部摘帽，12.8 万个贫困村全部出列，区域性整体贫困得到解决，完成了消除绝对贫困的艰巨任务。过去 40 多年我国贫困人口累计减少 7 亿多人，对全球减贫贡献超过 70%，率先实现了联合国千年发展目标，2020 年年底脱贫攻坚战全面胜利后，我国提前 10 年实现联合国《2030 年可持续发展议程》的减贫目标。2019 年 1 月，总部位于美国的全球最大公关公司爱德曼国际公关公司发布的 2019 年全球信任度调查报告显示，中国人民对政府的信任度由 2018 年的 84% 上升到 2019 年的 86%，继续领跑全球。

新时代中国共产党的初心使命就是以宽广的世界视野和深邃的历史眼光，继承和发展马克思主义的崇高理想和价值追求，承前启后、继往开来，带领人民群众为实现"两个一百年"奋斗目标、实现中华民族伟大复兴的中国梦而共同奋斗。以习近平同志为核心的党中央把握新时代世界发展大势、应对全球共同挑战、维护人类共同利益，站在全局和战略高度，从理论和实践结合上系统地回答了新时代坚持和发展什么样的中国特色社会主义、怎样坚持和发展中国特色社会主义，坚持一切为了群众，一切依靠群众，从群众中来，到群众中去，以全新的视野深化对共产党执政规律、社会主义建设规律、人类社会发展规律的认识，提出了构建人类命运共同体、建设"一带一路"以及全球治理观、新安全观、发展观、正确义利观等一系列新理念新主张，为解决当今全球发展问题贡献了中国智慧、中国方案，为世界发展和人类未来指明了前进方向。

相关链接：
中共百年·世界政党说

习近平总书记在党的十九大报告中指出："不忘初心，方得始终。中国共产党人的初心和使命，就是为中国人民谋幸福，为中华民族谋复兴。这个初心和使命是激励中国共产党人不断前进的根本动力。"中国共产党百年历史充分证明，我们党就是肩负起了这两大历史任务，即实现民族独立、人民解放和国家富强、人民幸福。不同的是，在不同历史时期党的初心和使命历史内涵不同。我们要牢记习近平总书记的嘱托："一切向前走，都不能忘记走过的路；走得再远、走到再光辉的未来，也不能忘记走过的过去，不能忘记为什么出发。面向未来，面对挑战，全党同志一定要不忘初心、继续前进。""今天，我们比历史上任何时期都更接近中华民族伟大复兴的目标，比历史上任何时期都更有信心、有能力实现这个目标。"我们应认真践行党的初心和使命，遵守党章，恪守党的性质和宗旨，坚持用共产主义远大理想和中国特色社会主义共同理想凝聚全党、团结人民，用习近平新时代中国特色社会主义思想武装全党、教育人民，永远同人民在一起，永远与人民同呼吸、共命运、心连心，永远为人民利益而不懈奋斗。

三、从百年党史看中国共产党的独特优势

立志于中华民族千秋伟业的中国共产党，从一个最初只有 50 多名党员的小

党，历经百年岁月风雨洗礼，百炼成钢，发展成为马克思主义的、成熟而坚强有力的世界第一大党，并团结带领全国各族人民勠力同心，成就了彪炳史册的不朽功勋，创造了世人瞩目的"中国奇迹"。我们党之所以取得这样伟大的成就，绝不是偶然的，是由中国共产党的自身性质及其独特的理论优势、政治优势、密切联系群众的优势、组织优势、制度优势和勇于自我革命的优势所决定的。百年来，这些独特优势始终引领和推动党的各项事业向前发展。

（一）坚持理论强党，是我们党始终高举旗帜、坚定方向的重要法宝

政党的指导思想表现为体系化的信念与理论，它是凝聚全党共识、指引全党前进方向的旗帜。正如毛泽东所指出的："主义譬如一面旗子，旗子立起了，大家才有所指望，才知所趋赴。"科学理论指导是先进政党的鲜明特征，是其不断成长壮大的思想基础。百年来，中国共产党始终重视理论指导和勇于进行理论创新，在领导中国革命、建设和改革的长期实践中，始终坚持把马克思主义基本原理同中国具体实际和时代特征相结合，不断推进马克思主义中国化，开辟马克思主义发展新境界。

马克思主义是历史的选择、人民的选择。在中华民族积贫积弱、任人宰割的时期，改良主义、自由主义、社会达尔文主义、无政府主义、实用主义、民粹主义、工团主义等各种主义和思潮"你方唱罢我登场"，但都没能解决中国的前途和命运问题。十月革命一声炮响，给中国送来了马克思列宁主义。中国先进分子从马克思列宁主义的科学真理中看到了解决中国问题的出路，中国共产党应运而生。可以说，中国共产党自成立之日起，就是一个用马克思主义武装起来的政党，马克思主义是共产党人理想信念的灵魂。

时代是思想之母，实践是理论之源。我们党坚持推进马克思主义中国化时代化大众化。在新民主主义革命时期，形成了被实践证明了的关于中国革命和建设的正确的理论原则和经验总结，这就是毛泽东思想。在党的十一届三中全会以后，形成了被实践证明了的关于在中国建设、巩固、发展社会主义的正确的理论原则和经验总结，这就是邓小平理论、"三个代表"重要思想、科学发展观。党的十八大以来，以习近平同志为主要代表的中国共产党人，顺应时代发展，从理论和实践结合上系统回答了新时代坚持和发展什么样的中国特色社会主义、怎样坚持和发展中国特色社会主义这个重大时代课题，创立了习近平新时代中国特色社会主义思想。这是我们国家政治生活和社会生活的根本指针，是当代中国马克思主义、21世纪马克思主义，是新时代中国共产党的思想旗帜和最大思想优势。

坚持以马克思主义为指导，使中国共产党有了"定盘星"。100年来，中国革命、建设与改革不是一帆风顺的，而是遭遇了各种风风雨雨。风浪来袭之时，中国共产党之所以能够沿着正确方向破浪前进，正是因为我们始终对马克思主义保

持坚定信心、对社会主义保持必胜信念，在科学理论指引下，探索走出一条符合中国国情的革命、建设与改革之路。

新时代坚持和发挥党的理论优势，需要胸怀两个大局，立足中国、放眼世界，深刻认识马克思主义的时代意义和现实意义；需要用习近平新时代中国特色社会主义思想武装头脑、指导实践、推动工作，不断提高运用科学理论指导我们应对重大挑战、抵御重大风险、克服重大阻力、解决重大矛盾的能力；需要坚定马克思主义信仰和共产主义理想，不断提高全党特别是领导干部的理论思维能力和思想政治水平。

（二）坚定革命理想，是我们党始终做到初心如磐、使命在肩的政治优势

作为闽浙赣革命根据地的主要创始人，方志敏高举"抗日救国"大旗，以身殉国，是爱国主义精神和共产主义理想信念融为一体的优秀典范。图为方志敏及其在狱中写下的《可爱的中国》和《清贫》手稿。

中国共产党较之其他政党的独特政治优势，在于拥有崇高的和明确的理想信念，以及保障理想和目标实现的政治定力、责任担当和铁的纪律。

中国共产党的理想信念，就是对马克思主义的信仰，对社会主义和共产主义的信念；是共产主义远大理想和中国特色社会主义共同理想的统一，是最高纲领和基本纲领的统一。中国共产党在最高理想和最高纲领的指引下，提出了党在各个历史阶段的具体行动纲领和目标，引领中国社会不断向前发展，并以巨大的政治定力和强烈的责任担当，将理想信念深深地写在中国大地和中华民族伟大复兴进程之中。

中国共产党的这种巨大政治优势不是凭空取得的，而是在长期奋斗过程中形成和发展的。与以往中国其他政党不同的是，中国共产党一经成立便旗帜鲜明地以马克思主义作为自己的指导思想，并将为社会主义和共产主义而奋斗确定为自己的纲领。毛泽东说："共产党人决不抛弃其社会主义和共产主义的理想，他们将经过资产阶级民主革命的阶段而达到社会主义和共产主义的阶段。"邓小平指出："我们全国人民有共同的根本利益和崇高理想，即建设和发展社会主义，并在最后实现共产主义。"党的十八大以来，以习近平同志为核心的党中央在推进党的建设、全面从严治党的过程中

高度重视从理想信念上建党。习近平总书记指出："对马克思主义的信仰，对社会主义和共产主义的信念，是共产党人的政治灵魂，是共产党人经受住任何考验的精神支柱。"党的十九大报告把坚定理想信念作为党的思想建设的首要任务，提出要教育引导全党牢记党的宗旨，挺起共产党人的精神脊梁。

党的百年历史和实践充分证明，坚定理想信念是激励中国共产党人不断奋力前行的精神动力，是中国共产党人的精神支柱和政治灵魂，是我们取得革命、建设和改革伟大胜利的力量源泉。继续走好新时代的长征路，在百年未有之大变局中把准航向，更需要共产党人坚守精神家园，补足精神之钙，在更高的政治站位中充分发挥党的巨大政治优势，矢志拼搏奋斗。同时，要把严明纪律作为实现理想的重要保障，把遵守政治纪律和政治规矩摆在首要位置，强化对党的政治认同、思想认同、情感认同，为党的各项纪律的执行奠定坚实思想和政治基础。

（三）密切联系群众，是我们党的最大优势

习近平总书记指出："密切联系群众是我们党的最大优势。我们任何时候都不能削弱和丢掉这个优势，否则党的一切工作都会成为无源之水、无本之木，就会招致挫折和失败。"无论在革命、建设还是改革年代，我们党之所以能成为领导核心，关键在于我们党坚持了群众路线，始终保持与人民的血肉联系。我们党所取得的一切成就，都是与密切联系群众分不开的。

建党初期，我们党就明确提出党的任务是为中国广大人民的利益而奋斗，进行革命活动要发动群众、依靠群众。土地革命战争时期，革命根据地的党政组织和党员干部领导群众打土豪、分田地，为群众修桥、筑路、打井、办教育，充分依靠群众开展工作，给群众带来了切实利益。抗战时期，党在领导军民抗日的同时，实行减租减息，扶助农民，发展经济，保障供给，减轻人民负担。解放战争时期，党领导人民在解放区进行大规模土地改革，实行耕者有其田的土地制度，使人民群众真正成为土地的主人。新中国成立后，党在领导人民进行社会主义革命、建设与改革的过程中，继续注重发扬密切联系群众的优良作风，坚持走群众路线。党的十八大以来，党中央从整治"四风"入手，推动广大党员干部深入实际、深入群众，直面和解决关乎群众切身利益的问题，得到人民群众的广泛认同。

当前，我国社会主要矛盾已经转化为人民日益增长的美好生活需要和不平衡不充分的发展之间的矛盾。我们党必须继续保持优良作风，发挥密切联系群众的优势，坚持以人民为中心的发展思想，把党的群众路线贯彻到治国理政全部活动中，依靠人民创造历史伟业；建立健全为人民执政、靠人民执政各项制度，着力防范脱离群众的危险。

（四）坚持严密组织体系和强化组织力量，是我们党不断从胜利走向胜利的组织保障

党的组织优势集中体现在我们有正确的组织路线、严密的组织体系以及高素质、敢担当、作表率的庞大党员干部群体。

正确的组织路线是发挥组织优势的根本保证。100年来，党在推进革命、建设、改革的壮阔历史进程中，不断深化对党的组织路线的认识，逐步形成了一条与政治路线、思想路线、群众路线相适应的组织路线。党的组织路线不是静态的，而是与时俱进、创新发展的科学体系。毛泽东作出了"政治路线确定之后，干部就是决定的因素"的重要论断。邓小平指出，"这个问题解决不了，我们见不了马克思"。习近平总书记提出新时代党的组织路线，即"全面贯彻新时代中国特色社会主义思想，以组织体系建设为重点，着力培养忠诚、干净、担当的高素质干部，着力集聚爱国奉献的各方面优秀人才，坚持德才兼备、以德为先、任人唯贤，为坚持和加强党的全面领导、坚持和发展中国特色社会主义提供坚强组织保证"。这些论断凝聚着我们党对不同时代命题的深刻把握、对不同阶段任务的深邃思考。百年来的实践表明，党的组织路线为加强党的组织建设提供了科学遵循，为增强党的创造力、凝聚力、战斗力提供了重要保证。

严密的组织体系和重视组织建设是中国共产党发挥独特组织优势的关键。中国共产党自诞生之日起，便按照马克思主义建党原则，不断优化组织结构，形成了强大的组织动员力和执行力。党的十八大以来，以习近平同志为核心的党中央多次强调，要抓好党的组织体系建设。经过100年的建设和发展，中国共产党从初创时的50多名党员发展为拥有9514.8万名党员，3199个地方党委，14.7万个党组、工委，486.4万个基层党组织的强有力的严密组织。习近平总书记指出："这是世界上任何其他政党都不具有的强大优势。"

相关链接：
中共四大召开，党的革命力量发生变化

高素质、敢担当、作表率的庞大干部和党员群体是中国共产党发挥独特组织优势的力量所在。在革命和建设时期，我们党就提出五湖四海、德才兼备、任人唯贤等要求，坚决反对山头主义、团团伙伙、任人唯亲。改革开放以来，特别是党的十八大以来，我们党在培养选拔使用干部方面不断探索，相关制度日益完善。习近平总书记提出"信念坚定、为民服务、勤政务实、敢于担当、清正廉洁"的好干部标准，特别强调干部要忠诚干净担当。实现中华民族伟大复兴需要高素质、能够担当重任、经得起风浪考验的干部队伍。要始终注重把那些政治坚

定、有真才实学、实绩突出、群众公认、德才兼备的干部及时发现出来、合理使用起来，只有这样才能始终保证党的事业后继有人。

（五）坚持制度治党、依规治党，是全面从严治党的长远之策、根本之策

制度事关根本，关乎长远。我们党的制度优势集中体现在民主集中制以及党的制度体系上。充分发挥党的制度优势，最重要的就是坚持民主基础上的集中和集中指导下的民主相结合，不断巩固党的团结统一和增强党的创造活力，从制度上保持和发展党的先进性和纯洁性。

民主集中制是我们党的最大制度优势，是增强党的团结和统一，确保全党步调一致向前进的关键所在。作为我们党的根本组织制度和领导制度，民主集中制是正确规范党内政治生活、处理党内关系的基本准则，是反映、体现全党同志和全国人民利益与愿望，保证党的路线方针政策正确制定和执行的科学的合理的有效率的制度。我们党从成立之初，就强调全党服从中央，并把它作为维护党中央权威和集中统一领导的基本规定。1927年6月，中共五大党章开始将民主集中制确立为"党的指导原则"。党的七大把"四个服从"作为民主集中制的基本要求写入党章，并强调"四个服从"最根本的是全党服从中央。改革开放以来，我们党始终把民主集中制作为党的制度建设的重点，以民主集中制为核心，着力完善党的制度建设的各项具体制度，逐步恢复、实现党的制度的民主化、科学化、程序化。

完善的制度体系是发挥党的制度优势的根本保障。中国共产党从一开始就非常注重党内法规制度建设，力图通过党内法规制度建设来规范党组织的工作、活动及党员的行为。1978年12月，邓小平在中央工作会议上重申："国要有国法，党要有党规党法。党章是最根本的党规党法。没有党规党法，国法就很难保障。"为适应不同历史时期形势任务的发展，我们党科学谋划、统筹布局，制定颁布了一系列党内法规。党的十八大以来，以习近平同志为核心的党中央站在战略和全局的高度，把加强党内法规制度建设作为全面从严治党的长远之策、根本之策，坚持依法治国与制度治党、依规治党统筹推进、一体建设，逐步形成以党章为根本，以民主集中制为核心，以准则、条例等为主干的党内法规制度体系。

（六）勇于自我革命，把党建设得更加坚强有力，是中国共产党永远年轻的根本秘诀

勇于自我革命是中国共产党作为马克思主义政党区别于其他政党的显著标志。习近平总书记指出："勇于自我革命，是我们党最鲜明的品格。"百年来，中国共产党勇于推进自我革命，确保党始终走在时代前列，成为中国革命、建设和改革的坚强领导力量。

百年中国共产党发展壮大的历史，就是坚持不懈地把党的自我革命进行到底的历史，特别是在许多重要历史关头勇于自我纠错，制定正确路线，使我们党由小到大、由弱变强。第一次国内革命战争失败后，党的八七会议及时制定出继续进行革命斗争的新方针，为中国革命斗争指明了方向。遵义会议确立了以毛泽东同志为主要代表的马克思主义正确路线在中共中央的领导地位，成为党的历史上一个生死攸关的转折点。延安整风运动从思想和作风上自我革命净化党的队伍，实现了全党思想和政治上的团结统一，提升了党的战斗力，为抗日战争的胜利和新民主主义在全国的胜利奠定了重要思想政治基础。党的七届二中全会提出"两个务必"，务必使同志们继续地保持谦虚、谨慎、不骄、不躁的作风，务必使同志们继续地保持艰苦奋斗的作风，要求全党继续推进自我革命。党的十一届三中全会以来，我们党重新确立实事求是的思想路线，实现了伟大的历史转折，为新时期改革开放提供了政治保证。党的十八大以来，以习近平同志为核心的党中央以刀刃向内的自我革命精神，坚持全面从严治党，大力消除思想不纯、政治不纯、组织不纯、作风不纯等突出问题，夺取了反腐败斗争的压倒性胜利。习近平总书记告诫全党："越是长期执政，越不能丢掉马克思主义政党的本色，越不能忘记党的初心和使命，越不能丧失自我革命精神。"新时代在全党相继开展党的群众路线教育实践活动、"三严三实"专题教育、"两学一做"学习教育、"不忘初心、牢记使命"主题教育，以及当前正在开展的党史学习教育等。所有这些，都是着眼长远，以正视问题的勇气和刀刃向内的自觉，推进党的自我革命，打扫政治灰尘，激发全党革命精神和斗志。

在推进伟大社会革命，全面建设社会主义现代化国家的新征程上，必须继续深入推进自我革命，以坚定的决心和顽强的毅力加强党的建设，把党建设成为始终走在时代前列、人民衷心拥护、勇于自我革命、经得起各种风浪考验、朝气蓬勃、永远打不倒压不垮的马克思主义执政党。

四、从百年党史中汲取继续前行的力量

百年党史，百年沧桑；百年奋斗，百年辉煌。在庆祝中国共产党百年华诞的重大时刻，在"两个一百年"奋斗目标历史交汇的关键节点，习近平总书记指出："在全党集中开展党史学习教育，正当其时，十分必要。"重温党的光辉历史，对于我们深刻把握中国共产党砥砺奋进的光辉历程、巨大成就和宝贵经验，奋力实现中华民族伟大复兴中国梦，具有极为重大的现实意义。

（一）从百年党史中汲取矢志践行初心使命的实践力量

"以不息为体，以日新为道。"习近平总书记在党的十九大报告中指出："中

国共产党人的初心和使命，就是为中国人民谋幸福，为中华民族谋复兴。这个初心和使命是激励中国共产党人不断前进的根本动力。"我们党从成立以来就旗帜鲜明地把实现社会主义、共产主义作为自己的奋斗目标，带领人民践行为中国人民谋幸福和为中华民族谋复兴的初心使命。中国道路就是中国共产党践行初心使命之路，就是带领中国人民历经艰难险阻和曲折坎坷走出来的，不是实践上的盲目尝试，更不是理论上的照搬照抄，而是坚守初心使命，根据具体国情，经过伟大实践一步一步开拓出来的。学习百年党史，就是要坚定理想信念，总结历史经验教训，着眼现实问题，不断开创中国特色社会主义的宏伟篇章。

2021年4月9日，安徽省合肥市滨湖世纪社区党委联合合肥市师范附属第三小学开展"学党史"主题活动。图为老师与学生们分享党史学习心得。

（二）从百年党史中汲取马克思主义中国化的理论力量

"没有革命的理论，就不会有革命的运动。"中国共产党自成立以来就以马克思主义作为指导思想，经过新民主主义革命、社会主义革命和建设、改革开放和社会主义现代化建设的反复实践，将马克思主义的基本原理与中国具体实际紧密结合，形成了毛泽东思想、邓小平理论、"三个代表"重要思想、科学发展观、习近平新时代中国特色社会主义思想，成为指导我们党带领中国人民继续推进伟大事业的理论之基和信念之石。学习百年党史，就是要将马克思主义中国化的理论，特别是习近平新时代中国特色社会主义思想学深悟透、融会贯通，知晓理论来之艰难，行之更不易，更加坚定马克思主义信仰，不断推进理论创新和实践创新，为建设中国特色社会主义的历史伟业贡献自己的力量。

（三）从百年党史中汲取光荣传统和优良作风的精神力量

伟大事业培育伟大精神，伟大精神成就伟大事业。中国共产党百年披荆斩棘、栉风沐雨的奋斗史就是一部精神发展史，百年党史中形成了红船精神、井冈山精神、长征精神、延安精神、西柏坡精神、抗美援朝精神、红旗渠精神、铁人精神、雷锋精神、焦裕禄精神、"两弹一星"精神、女排精神、孔繁森精神、抗洪精神、抗击"非典"精神、抗震救灾精神、载人航天精神、伟大抗疫精神、改革创新精神等一系列伟大精神，形成了理论联系实际、密切联系群众、批评与自我批评等优良作风，这是中国共产党人先进优秀的看家法宝、攻坚克难的力量源泉、走向胜利的政治优势，是无产阶级政党珍贵的思想财富和独特的精神标识。

学习百年党史，就是要传承我们党的光荣传统和优良作风，推动精神力量加速转化为物质力量，为新时代中国特色社会主义事业添砖加瓦。

（四）从百年党史中汲取与人民心连心、同呼吸、共命运的人民力量

历史充分证明，江山就是人民，人民就是江山，人心向背关系党的生死存亡。人民是土壤，它含有一切事物发展所必需的生命汁液。党的七大正式将"全心全意为人民服务"载入党章，成为我们党一直坚守的唯一宗旨。百年党史中，我们党力量的壮大、革命的成功、社会主义建设和改革开放的推进，无不与人民群众的支持相关，我们党历史上出现的困境和挫折，也与没有践行以人民为中心的价值理念有直接关系。党除了人民的利益，没有任何其他利益。学习百年党史，就是要始终把人民放在心中最高位置、把人民对美好生活的向往作为奋斗目标，推动改革发展成果更多更公平惠及全体人民，推动共同富裕取得更为明显的实质性进展，把 14 亿中国人民凝聚成推动中华民族伟大复兴的磅礴力量。

（五）从百年党史中汲取筚路蓝缕应对风险挑战的斗争力量

"以斗争求团结，则团结存。以退让求团结，则团结亡。"我们党一步步走过来，很重要的一条就是不断总结经验、提高本领，不断提高应对风险、迎接挑战、化险为夷的能力水平。百年来，我们党经受住了国民党白色恐怖、红军长征、抗日战争、解放战争、朝鲜战争、三大改造、改革开放、抗洪抢险、抗击"非典"、反腐败斗争、中美战略博弈、抗击新冠肺炎疫情、脱贫攻坚等一系列风险和挑战，不断总结在不同历史时期成功应对风险挑战的丰富经验，不断增强斗争意识、丰富斗争经验、提升斗争本领，不断提高治国理政能力和水平。学习百年党史，就是要保持党的先进性和纯洁性，不断提高党的领导水平和执政水平，增强拒腐防变和抵御风险的能力，为进行具有许多新的历史特点的伟大斗争积蓄更大的力量。

五、以史为鉴、开创未来，在新征程上继续奋勇前进

习近平总书记在庆祝中国共产党成立 100 周年大会上的讲话中指出："初心易得，始终难守。以史为鉴，可以知兴替。我们要用历史映照现实、远观未来，从中国共产党的百年奋斗中看清楚过去我们为什么能够成功、弄明白未来我们怎样才能继续成功，从而在建设社会主义现代化国家的新征程上更加坚定、更加自觉地牢记初心使命、开创美好未来。"

（一）以史为鉴、开创未来，必须坚持中国共产党坚强领导

办好中国的事情，关键在党。中华民族近代以来 180 多年的历史、中国共产

党成立以来 100 年的历史、中华人民共和国成立以来 70 多年的历史都充分证明，没有中国共产党，就没有新中国，就没有中华民族伟大复兴。历史和人民选择了中国共产党。中国共产党领导是中国特色社会主义最本质的特征，是中国特色社会主义制度的最大优势，是党和国家的根本所在、命脉所在，是全国各族人民的利益所系、命运所系。

新的征程上，我们必须坚持党的全面领导，不断完善党的领导，增强"四个意识"、坚定"四个自信"、做到"两个维护"，牢记"国之大者"，不断提高党科学执政、民主执政、依法执政水平，充分发挥党总揽全局、协调各方的领导核心作用。

（二）以史为鉴、开创未来，必须团结带领中国人民不断为美好生活而奋斗

江山就是人民、人民就是江山，打江山、守江山，守的是人民的心。中国共产党根基在人民、血脉在人民、力量在人民。中国共产党始终代表最广大人民根本利益，与人民休戚与共、生死相依，没有任何自己特殊的利益，从来不代表任何利益集团、任何权势团体、任何特权阶层的利益。任何想把中国共产党同中国人民分割开来、对立起来的企图，都是绝不会得逞的。9500 多万中国共产党人不答应，14 亿多中国人民也不答应。

新的征程上，我们必须紧紧依靠人民创造历史，坚持全心全意为人民服务的根本宗旨，站稳人民立场，贯彻党的群众路线，尊重人民首创精神，践行以人民为中心的发展思想，发展全过程人民民主，维护社会公平正义，着力解决发展不平衡不充分问题和人民群众急难愁盼问题，推动人的全面发展、全体人民共同富裕取得更为明显的实质性进展。

（三）以史为鉴、开创未来，必须继续推进马克思主义中国化

马克思主义是我们立党立国的根本指导思想，是我们党的灵魂和旗帜。中国共产党坚持马克思主义基本原理，坚持实事求是，从中国实际出发，洞察时代大势，把握历史主动，进行艰辛探索，不断推进马克思主义中国化时代化，指导中国人民不断推进伟大社会革命。中国共产党为什么能，中国特色社会主义为什么好，归根到底是因为马克思主义行。

新的征程上，我们必须坚持马克思列宁主义、毛泽东思想、邓小平理论、"三个代表"重要思想、科学发展观，全面贯彻新时代中国特色社会主义思想，坚持把马克思主义基本原理同中国具体实际相结合、同中华优秀传统文化相结合，用马克思主义观察时代、把握时代、引领时代，继续发展当代中国马克思主义、21世纪马克思主义。

（四）以史为鉴、开创未来，必须坚持和发展中国特色社会主义

走自己的路，是党的全部理论和实践立足点，更是党百年奋斗得出的历史结论。中国特色社会主义是党和人民历经千辛万苦、付出巨大代价取得的根本成就，是实现中华民族伟大复兴的正确道路。我们坚持和发展中国特色社会主义，推动物质文明、政治文明、精神文明、社会文明、生态文明协调发展，创造了中国式现代化新道路，创造了人类文明新形态。

新的征程上，我们必须坚持党的基本理论、基本路线、基本方略，统筹推进"五位一体"总体布局、协调推进"四个全面"战略布局，全面深化改革开放，立足新发展阶段，完整、准确、全面贯彻新发展理念，构建新发展格局，推动高质量发展，推进科技自立自强，保证人民当家作主，坚持依法治国，坚持社会主义核心价值体系，坚持在发展中保障和改善民生，坚持人与自然和谐共生，协同推进人民富裕、国家强盛、中国美丽。

> **知识链接**
>
> "协调推进全面建设社会主义现代化国家、全面深化改革、全面依法治国、全面从严治党的战略布局"，这是党的十九届五中全会对"四个全面"战略布局的最新表述。其中，"全面建设社会主义现代化国家"是由原"四个全面"战略布局的"全面建成小康社会"调整而来。全面建设社会主义现代化国家与全面深化改革、全面依法治国、全面从严治党相互影响、相互渗透，为建设社会主义现代化国家这一宏伟目标提供了现实路径，凝聚起磅礴力量。
>
> "四个全面"战略布局与时俱进进行内涵更新，是助力我国经济发展进入新阶段、中国特色社会主义事业蓬勃发展的新的战略目标。

中华民族拥有在 5000 多年历史演进中形成的灿烂文明，中国共产党拥有百年奋斗实践和 70 多年执政兴国经验，我们积极学习借鉴人类文明的一切有益成果，欢迎一切有益的建议和善意的批评，但我们绝不接受"教师爷"般颐指气使的说教。中国共产党和中国人民将在自己选择的道路上昂首阔步走下去，把中国发展进步的命运牢牢掌握在自己手中。

（五）以史为鉴、开创未来，必须加快国防和军队现代化

强国必须强军，军强才能国安。坚持党指挥枪、建设自己的人民军队，是党在血与火的斗争中得出的颠扑不破的真理。人民军队为党和人民建立了不朽功勋，是保卫红色江山、维护民族尊严的坚强柱石，也是维护地区和世界和平的强

大力量。

新的征程上，我们必须全面贯彻新时代党的强军思想，贯彻新时代军事战略方针，坚持党对人民军队的绝对领导，坚持走中国特色强军之路，全面推进政治建军、改革强军、科技强军、人才强军、依法治军，把人民军队建设成为世界一流军队，以更强大的能力、更可靠的手段捍卫国家主权、安全、发展利益。

（六）以史为鉴、开创未来，必须不断推动构建人类命运共同体

和平、和睦、和谐是中华民族5000多年来一直追求和传承的理念，中华民族的血液中没有侵略他人、称王称霸的基因。中国共产党关注人类前途命运，同世界上一切进步力量携手前进，中国始终是世界和平的建设者、全球发展的贡献者、国际秩序的维护者。

新的征程上，我们必须高举和平、发展、合作、共赢旗帜，奉行独立自主的和平外交政策，坚持走和平发展道路，推动建设新型国际关系，推动构建人类命运共同体，推动共建"一带一路"高质量发展，以中国的新发展为世界提供新机遇。中国共产党将继续同一切爱好和平的国家和人民一道，弘扬和平、发展、公平、正义、民主、自由的全人类共同价值，坚持合作、不搞对抗，坚持开放、不搞封闭，坚持互利共赢、不搞零和博弈，反对霸权主义和强权政治，推动历史车轮向着光明的目标前进。

中国人民是崇尚正义、不畏强暴的人民，中华民族是具有强烈民族自豪感和自信心的民族。中国人民从来没有欺负、压迫、奴役过其他国家人民，过去没有，现在没有，将来也不会有。同时，中国人民也绝不允许任何外来势力欺负、压迫、奴役我们，谁妄想这样干，必将在14亿多中国人民用血肉筑成的钢铁长城面前碰得头破血流。

（七）以史为鉴、开创未来，必须进行具有许多新的历史特点的伟大斗争

敢于斗争、敢于胜利，是中国共产党不可战胜的强大精神力量。实现伟大梦想就要顽强拼搏、不懈奋斗。今天，我们比历史上任何时期都更接近、更有信心和能力实现中华民族伟大复兴的目标，同时必须准备付出更为艰巨、更为艰苦的努力。

新的征程上，我们必须增强忧患意识、始终居安思危，贯彻总体国家安全观，统筹发展和安全，统筹中华民族伟大复兴战略全局和世界百年未有之大变局，深刻认识我国社会主要矛盾变化带来的新特征新要求，深刻认识错综复杂的国际环境带来的新矛盾新挑战，敢于斗争，善于斗争，逢山开道、遇水架桥，勇于战胜一切风险挑战。

（八）以史为鉴、开创未来，必须加强中华儿女大团结

在百年奋斗历程中，中国共产党始终把统一战线摆在重要位置，不断巩固和发展最广泛的统一战线，团结一切可以团结的力量、调动一切可以调动的积极因素，最大限度凝聚起共同奋斗的力量。爱国统一战线是中国共产党团结海内外全体中华儿女实现中华民族伟大复兴的重要法宝。

新的征程上，我们必须坚持大团结大联合，坚持一致性和多样性统一，加强思想政治引领，广泛凝聚共识，广聚天下英才，努力寻求最大公约数、画出最大同心圆，形成海内外全体中华儿女心往一处想、劲往一处使的生动局面，汇聚起实现民族复兴的磅礴力量。

（九）以史为鉴、开创未来，必须不断推进党的建设新的伟大工程

勇于自我革命是中国共产党区别于其他政党的显著标志。我们党历经千锤百炼而朝气蓬勃，一个很重要的原因就是我们始终坚持党要管党、全面从严治党，不断应对好自身在各个历史时期面临的风险考验，确保我们党在世界形势深刻变化的历史进程中始终走在时代前列，在应对国内外各种风险挑战的历史进程中始终成为全国人民的主心骨。

新的征程上，我们要牢记打铁必须自身硬的道理，增强全面从严治党永远在路上的政治自觉，以党的政治建设为统领，继续推进新时代党的建设新的伟大工程，不断严密党的组织体系，着力建设德才兼备的高素质干部队伍，坚定不移推进党风廉政建设和反腐败斗争，坚决清除一切损害党的先进性和纯洁性的因素，清除一切侵蚀党的健康肌体的病毒，确保党不变质、不变色、不变味，确保党在新时代坚持和发展中国特色社会主义的历史进程中始终成为坚强领导核心。

未来属于青年，希望寄予青年。100年前，一群新青年高举马克思主义思想火炬，在风雨如晦的中国苦苦探寻民族复兴的前途。100年来，在中国共产党的旗帜下，一代代中国青年把青春奋斗融入党和人民事业，成为实现中华民族伟大复兴的先锋力量。新时代的中国青年要以实现中华民族伟大复兴为己任，增强做中国人的志气、骨气、底气，不负时代，不负韶华，不负党和人民的殷切期望！

 相关链接：

征途漫漫，惟有奋斗

"百年恰是风华正茂"——庆祝中国共产党成立100周年

2021年是中国共产党成立100周年，也是"十四五"开局之年，必将在中国历史上留下浓墨重彩的标注。开启历史新征程，朝着第二个百年奋斗目标进军，这是建党百年来前所未有的重要关口。站在"两个一百年"奋斗目标的历史交汇点上，既要充满信心，也要居安思危。要胸怀中华民族伟大复兴战略全局和世界百年未有之大变局，牢牢把握"国之大者"，锚定党中央擘画的宏伟蓝图，观大势、谋全局、抓大事，坚持底线思维，保持战略定力，勇于担当作为，增强斗争精神，认真做好各项工作，以优异成绩庆祝中国共产党成立100周年。

百年大党："大就要有大的样子"

1945年4月21日，在党的七大预备会议上，毛泽东同志谈到中国共产党的成立时说："我们中国《庄子》上有句话说：'其作始也简，其将毕也必巨。'"在后来的一次演说中，他又一次提到这句话，并解释说："这可以用来说明是有生命力的东西，有生命力的国家，有生命力的人民群众，有生命力的政党。"2017年10月31日，党的十九大闭幕仅一周，习近平总书记就率领中央政治局常委会全体同志，专程前往上海和浙江嘉兴瞻仰中共一大会址和嘉兴南湖红船。习近平总书记指出，"其作始也简，其将毕也必巨""唯有不忘初心，方可告慰历史、告慰先辈，方可赢得民心、赢得时代，方可善作善成、一往无前。""其作始也简，其将毕也必巨。"我们党的两位领袖同时提到的这段话，短短十余字，言简意赅地展现出中国共产党充满旺盛生命力，不断发展壮大的辉煌图景。

历史不会忘记，我们党领导人民经过28年浴血奋战，推翻压在中国人民头上的帝国主义、封建主义、官僚资本主义三座大山，建立了中华人民共和国，实现了民族独立、人民解放，实现了中国从几千年封建专制制度向人民民主制度的伟大跨越，在艰难困苦当中为中华民族踏出了一条新生的道路，中华民族从此开启了发展进步的新纪元。毛泽东同志在中国人民政治协商会议第一届全体会议上说了一段令人永远难忘的话："我们有一个共同的感觉，这就是我们的工作将写在人类的历史上，它将表明：占人类总数四分之一的中国人从此站立起来了。"参会的人有穿工装的，穿长袍的，穿短衫的，穿西装的，穿军装的，戴瓜皮帽的；有说汉语的，说英语的，说客家话的，说蒙语的，说藏语的，社会学家费孝通回忆说，"这些一看就知道是身份不同的人

物，能够聚在一起开会，讨论建国大事，对我来说真是平生第一次遇到。"中国共产党带领人民建设的正是"一个崭新的强盛的名副其实的人民共和国"。

历史不会忘记，我们党带领全国各族人民完成了新民主主义革命，进行了社会主义改造，确立了社会主义基本制度，这是中国人民在前进道路上经历的一次历史性巨大变化，为当代中国一切发展进步奠定了根本政治前提和制度基础，为中国发展富强、人民生活富裕奠定了坚实基础。中华人民共和国成立初期，面对"一辆汽车、一架飞机、一辆坦克、一辆拖拉机都不能造"的现实，毛泽东同志豪迈地指出："一张白纸，没有负担，好写最新最美的文字，好画最新最美的画图。"中国共产党带领全国人民在富有无限可能的白纸上，描绘着社会主义建设的宏伟蓝图，庄严告诉世界："谁说鸡毛不能上天"。

历史不会忘记，我们党团结带领中国人民进行改革开放新的伟大革命，极大地激发了广大人民群众的创造性，极大地解放和发展了社会生产力，极大地增强了社会发展活力，人民生活显著改善，综合国力显著增强，国际地位显著提高。成功实现从高度集中的计划经济体制到充满活力的社会主义市场经济体制、从封闭半封闭到全方位开放的伟大历史转折，我们党引领人民绘就了一幅波澜壮阔、气势恢宏的历史画卷，谱写了一曲感天动地、气壮山河的奋斗赞歌……正如习近平总书记所强调的："改革开放极大改变了中国的面貌、中华民族的面貌、中国人民的面貌、中国共产党的面貌。""我们用几十年时间走完了发达国家几百年走过的工业化历程。在中国人民手中，不可能成为了可能。"

历史不会忘记，以习近平同志为核心的党中央坚持统筹推进"五位一体"总体布局、协调推进"四个全面"战略布局，推动党和国家事业发生历史性变革、取得历史性成就，国内生产总值跃居世界第二，实现了从温饱不足到总体小康再向全面小康迈进的历史性跨越，中华民族伟大复兴展现出前所未有的光明前景，中国特色社会主义进入了新时代。今天的中国，信息畅通，公路成网，铁路密布，高坝矗立，西气东输，南水北调，高铁飞驰，航母巡航，"北斗"成网，"嫦娥"揽月，"奋斗"深潜……正如习近平总书记所指出的："这个新时代，是承前启后、继往开来、在新的历史条件下继续夺取中国特色社会主义伟大胜利的时代，是决胜全面建成小康社会、进而全面建设社会主义现代化强国的时代，是全国各族人民团结奋斗、不断创造美好生活、逐步实现全体人民共同富裕的时代，是全体中华儿女勠力同心、奋力实现中华民族伟大复兴中国梦的时代，是我国日益走近世界舞台中央、不断为人类作出更大贡献的时代。"

翻开风云激荡的红色篇章，100年来，在带领全国各族人民前仆后继、顽强奋斗，不断夺取革命、建设、改革的重大胜利的进程中，我们党尝尽了艰难困苦，却初心不改，矢志奋斗，勇毅前行。古今中外，很少有像中国共产党一样的政治集团，可以为了实现伟大的目标愿意付出一切。无论是弱小还是强大，无论是顺境还是逆境，我们党都矢志不渝，团结带领人民以"敢教日月换新天"的豪情壮志，无畏彻底的革命精神，攻克了一个又一个看似不可攻克的难关，创造了一个又一个彪炳史册的人间奇迹。

习近平总书记强调："中国共产党是世界上最大的政党。大就要有大的样子。"这"大的样子"，来自中国共产党在百年奋斗中对初心的坚守、对使命的担当。用马克思主义武装起来的中国共产党，将自己的命运与国家、民族和亿万人民的命运紧密联系在一起，始终与人民同呼吸、共命运、心连心，始终把人民对美好生活的向往作为奋斗目标，在接续奋斗中，以"咬定青山不放松"的坚韧，朝着建设中国特色社会主义现代化强国的宏伟目标奋勇前进。

百年变局："世界怎么了、我们怎么办"

1919年，一战后巴黎和会的所谓"万国"代表仅来自27国；今天，联合国会员国已达193个。2018年，新兴市场和发展中国家占世界经济总量约40%，对世界经济增长贡献约80%；十年后，经济总量将达世界总量一半。到2050年，全球人口将达约100亿，其中85亿将属于目前的新兴市场和发展中国家。这三组数据折射出百年维度下世界之变。

"当今世界正处于百年未有之大变局。"习近平总书记这一重大论断，深刻揭示了世界新的时代特征。基于对世界大势的敏锐洞察和深刻分析，习近平总书记深刻阐述了大变局的基本内涵，回应了"世界怎么了、我们怎么办"的时代之问，为我们分析世界形势变化，认清我国发展历史方位，在变化中把握战略机遇，谋划和推进各项工作提供了根本指引。

大变局意味着重大调整。世界正经历百年未有之大变局，核心是一个"变"字，本质在于世界秩序重塑，人类社会发展又一次站在了十字路口。一方面，当前国际格局和国际体系正在发生深刻调整，全球治理体系正在发生深刻变革，国际力量对比正在发生急剧变化。新一轮科技革命和产业变革正在重塑世界，新兴市场国家和发展中国家国际影响力不断增强，全球治理的话语权越来越向发展中国家倾斜，全球治理体系越来越向着更加公正合理的方向发展。另一方面，百年未有之大变局下，也面临前所未有的不确定性。新冠肺炎疫情全球大流行使这个大变局加速演进，经济全球化遭遇逆流，保护主义、单边主义上升，世界经济低迷，国际贸易和投资大幅萎缩，国际经济、政治、文化、安全等格局都在发生深刻调整，世界进入动荡变革期。可以说，世界多极格局在大国博弈中日渐显现，国际体系在各种制度、体制、机制的不断蜕变中正呈现出新的面貌。

大变局蕴含着重大机遇。变局同时蕴含机遇与挑战，我们应抓住机遇，

应对挑战，推动变局向有利的方向发展。面对世界百年未有之大变局，中国始终高举和平、发展、合作、共赢旗帜，推动构建新型国际关系，推动构建人类命运共同体，在稳定大国关系方面，发挥了中流砥柱的作用。特别是中国成为疫情发生以来第一个恢复增长的主要经济体，也是 2020 年全球唯一实现正增长的主要经济体，在疫情防控和经济恢复上都走在世界前列。大变局之下，中国这艘巨轮的航向和速度关乎世界。"世界好，中国才能好；中国好，世界才更好"在当下愈发具有现实意义。正如习近平总书记所指出的："当今世界正处于大发展大变革大调整时期，我们要具备战略眼光，树立全球视野，既要有风险忧患意识，又要有历史机遇意识，努力在这场百年未有之大变局中把握航向。"

大变局昭示着重大变革。构建人类命运共同体，是洞察世界大势、汲取历史经验的重大创见。《求是》杂志今年第 1 期刊登习近平总书记的重要文章《共同构建人类命运共同体》强调：坚持对话协商，建设一个持久和平的世界；坚持共建共享，建设一个普遍安全的世界；坚持合作共赢，建设一个共同繁荣的世界；坚持交流互鉴，建设一个开放包容的世界；坚持绿色低碳，建设一个清洁美丽的世界。从伙伴关系、安全格局、经济发展、文明交流、生态建设等方面指出国际社会要努力的方向，这深刻体现了中国将自身发展与世界发展相统一的全球视野、世界胸怀和大国担当。构建人类命运共同体，我们是这么说的，更是这么做的。中国始终是世界和平的建设者、全球发展的贡献者、国际秩序的维护者。推动构建人类命运共同体，中国是倡导者，更是负责任、有担当的实践者。中国将一如既往为世界和平安宁、共同发展、文明交流互鉴作贡献，共同推进构建人类命运共同体的伟大进程。

百年目标："征途漫漫，惟有奋斗"

南京静海寺，明成祖朱棣为褒奖郑和下西洋之功而建。名字取意四海平静，天下太平。然而在 1842 年，清王朝代表被迫和英国侵略者在这里议定了中国近代史上第一个不平等条约《南京条约》。从此，中华民族蒙受了百余年的战火和灾难，山河破碎，生灵涂炭，中国人民遭受了极大的痛苦和屈辱，苦难深重，命运多舛。

中华民族有 5000 多年的文明历史，创造了灿烂的中华文明，为人类作出了卓越贡献，成为世界上伟大的民族。面对近代以来空前严重的民族危机，我们不仅要求得民族独立和人民解放，还要实现国家富强和人民幸福，使中华民族重新巍然屹立于世界民族之林。这样的使命是光荣的，任务是艰巨的。正因为如此，实现中华民族伟大复兴，成为近代以来中国人民最伟大的梦想。

在近代中国历史舞台上，为了求得民族独立和人民解放，实现国家富强和人民幸福，各种政治力量轮番登场，各种主义思潮纷纷亮相。无数仁人志士不屈不挠、前仆后继，进行了可歌可泣的斗争和探索。多少轰轰烈烈，多少慷慨悲歌，多少热血洒神州，依然未能改变江山飘摇、神州陆沉的悲惨命运。毛泽东同志在深刻总结近代以来历史时感叹道："在一个半殖民地的、半封建的、分裂的中国里，要想发展工业，建设国防，福利人民，求得国家的富强，多少年来多少人做过这种梦，但是一概幻灭了。许多好心的教育家、科学家和学生们，他们埋头于自己的工作或学习，不问政治，自以为可以所学为国家服务，结果也化成了梦，一概幻灭了。这是好消息，这种幼稚的梦的幻灭，正是中国富强的起点。"

"千淘万漉虽辛苦，吹尽狂沙始到金。"正当诸路皆走不通的时候，中国富强迎来了崭新的起点。十月革命一声炮响，给我们送来了马克思列宁主义。在中国人民反抗封建统治和外来侵略的激烈斗争中，在马克思列宁主义同中国工人运动的结合过程中，1921年中国共产党应运而生。从此，中国共产党将自己的命运与国家、民族和亿万人民的命运紧密相连。没有哪个政党，能比中国共产党更懂中国的国情，更懂中华民族的渴望，更懂中国人民的呐喊，更能扛起复兴的使命。

在党的十九大胜利闭幕一周之际，习近平总书记带领中共中央政治局常委赴上海瞻仰中共一大会址、赴浙江嘉兴瞻仰南湖红船。习近平总书记深情地说："上海党的一大会址、嘉兴南湖红船是我们党梦想起航的地方。"小小红船承载千钧，播下中国革命的火种，开启中国共产党的伟大航程。无论是弱小还是强大，无论是顺境还是逆境，引航中华民族伟大复兴这个近代以来最伟大的梦想，始终镌刻在"成为伟大中华民族的一部分而和这个民族血肉相联"的中国共产党人的初心和使命中。

100年来，我们党团结带领人民前仆后继、顽强奋斗，把贫穷落后的旧中国变成日益走向繁荣富强的新中国，神州大地早已换了人间，近代以来久经磨难的中华民族迎来了从站起来、富起来到强起来的伟大飞跃，迎来了实现中华民族伟大复兴的光明前景。特别是党的十八大以来，经过8年持续奋斗，我国现行标准下农村贫困人口全部脱贫，贫困县全部摘帽，消除了绝对贫困和区域性整体贫困，近1亿贫困人口实现脱贫，取得了令全世界刮目相看的重大成就。延续几千年的绝对贫困问题在我们这一代人手中历史性地得到解决，全面建成小康社会胜利在望。中国人民挥写了一部惊天动地的壮丽史诗，无比自豪地向世界宣示——"今天，我们比历史上任何时期都更接近中华民族伟大复兴的目标，比历史上任何时期都更有信心、有能力实现这个目标。"

越接近目标，越考验耐力，越应拧紧发条。习近平总书记强调："一切伟大成就都是接续奋斗的结果，一切伟大事业都需要在继往开来中推进。"实现中华民族伟大复兴，是无比壮丽的崇高事业，需要一代又一代中国共产党人带领人民接续奋斗。今天，历史的接力棒传到了我们手里。历史和人民既赋

予我们重任，也检验我们的行动。崇高信仰始终是我们党的强大精神支柱，人民群众始终是我们党的坚实执政基础。只要我们永不动摇信仰、永不脱离群众，我们就能无往而不胜。

成就是巨大的，而且必将变得越来越辉煌，而不变的是共产党人的初心使命。习近平总书记强调："百万雄师过大江能够气吞万里如虎，根本原因是我们党同人民一条心、军民团结如一人。""全党同志一定要永远与人民同呼吸、共命运、心连心，永远把人民对美好生活的向往作为奋斗目标，以永不懈怠的精神状态和一往无前的奋斗姿态，继续朝着实现中华民族伟大复兴的宏伟目标奋勇前进。"

1956年，毛泽东同志提出："中国应当对于人类有较大的贡献。"1985年，邓小平同志讲道："到下世纪中叶……社会主义中国的分量和作用就不同了，我们就可以对人类有较大的贡献。"2017年，习近平总书记在十九届中央政治局常委同中外记者见面时的讲话中庄严宣布："同各国人民一道，积极推动构建人类命运共同体，不断为人类和平与发展的崇高事业作出新的更大的贡献。"

百年前，中国共产党打破了坚冰，今天，用火炬照亮征程。"征途漫漫，惟有奋斗。"一个生机盎然的社会主义中国已经巍然屹立在世界东方，14亿中国人民正在中国特色社会主义伟大旗帜指引下满怀信心走向中华民族伟大复兴。

（资料来源：《红旗文稿》2021年第2期，有改动）

 阅读推荐

1. 曲青山：《中国共产党百年辉煌》，《光明日报》2021年2月3日 11版。
2. 顾海良：《中国共产党百年辉煌与中国现代化》，《人民日报》2021年4月22日 09版。
3. 《百年大党，开放、包容、自信（百名外国政党政要看中共）》，《人民日报》2021年5月7日 17版。

 思考题

1. 谈谈你心目中中国共产党百年来最伟大的成就。
2. 中国共产党为什么"行"？
3. 为什么中国共产党是被信任度最高的政党？

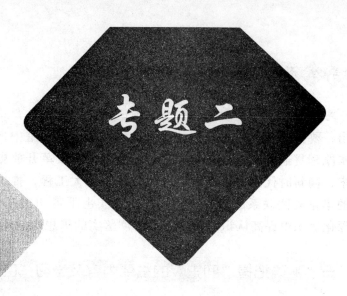

专题二

继往开来

——深入学习"四史",坚守初心使命

2021 年是"十四五"开局之年,也是我国在全面建成小康社会、实现第一个百年奋斗目标后,乘势而上全面开启建设社会主义现代化国家新征程,向第二个百年奋斗目标进军的关键节点。在庆祝中国共产党成立 100 周年的重大历史时刻,在全国范围内广泛深入开展包括党史、新中国史、改革开放史、社会主义发展史在内的"四史"学习教育,正当其时,适得其势。

习近平总书记在"不忘初心、牢记使命"主题教育总结大会上的讲话中明确指出，要把学习贯彻党的创新理论作为思想武装的重中之重，同学习马克思主义基本原理贯通起来，同学习党史、新中国史、改革开放史、社会主义发展史结合起来，同新时代我们进行伟大斗争、建设伟大工程、推进伟大事业、实现伟大梦想的丰富实践联系起来，在学懂弄通做实上下苦功夫，在解放思想中统一思想，在深化认识中提高认识，切实增强贯彻落实的思想自觉和行动自觉。

一、准确把握"四史"的主要内容及学习"四史"的现实意义

中国共产党在漫长的革命、建设和改革开放历史进程中，带领广大人民群众实现了从站起来、富起来到强起来的历史性飞跃。作为新时代中国特色社会主义建设的受益者，青年学子要牢记初心使命、勇担时代责任，要从学习好"四史"（党史、新中国史、改革开放史、社会主义发展史）做起。

（一）"四史"的主要内容

学习党史就是要学习中国共产党筚路蓝缕创业奋斗的历史、学习中国共产党不忘初心为民服务的历史。习近平总书记强调，党史是一部丰富生动的教科书，必须坚持实事求是研究和宣传党史。1921年中国共产党成立，这一开天辟地的大事变，深刻改变了近代以来中华民族发展的方向和进程，深刻改变了中国人民和中华民族的前途和命运，深刻改变了世界发展的趋势和格局。党团结带领中国人民经过28年浴血奋战，完成新民主主义革命，建立了中华人民共和国，实现了中国从几千年封建专制政治向人民民主的伟大飞跃。党团结带领中国人民完成社会主义革命，确立社会主义基本制度，消灭一切剥削制度，推进了社会主义建设，实现了中华民族由不断衰落到根本扭转命运、持续走向繁荣富强的伟大飞跃。党团结带领中国人民进行改革开放新的伟大革命，开辟了中国特色社会主义道路，形成了中国特色社会主义理论体系，确立了中国特色社会主义制度，使中国赶上了时代，实现了中国人民从站起来、富起来到强起来的伟大飞跃。

相关链接：
中国共产党成立100周年艰辛历程

学习新中国史就是要学习中国共产党领导新中国建设的历史、学习中华民族焕发新活力的历史。1949年10月1日，毛泽东同志向世界庄严宣告了中华人民共和国的成立，中国人民从此站起来了。这一伟大事件彻底改变了近代以来100多年中国积贫积弱、受人欺凌的悲惨命运，中华民族走上了实现伟大复兴的

壮阔道路。新中国成立后，全国各族人民同心同德、艰苦奋斗，取得了令世界刮目相看的伟大成就。今天，社会主义中国巍然屹立在世界东方，没有任何力量能够撼动我们伟大祖国的地位，没有任何力量能够阻挡中国人民和中华民族的前进步伐。

学习改革开放史就是要学习中国共产党推进社会主义制度不断完善的历史、学习中华民族富起来的历史。1978 年 12 月 18 日，党的十一届三中全会召开，实现新中国成立以来党的历史上具有深远意义的伟大转折，开启了改革开放和社会主义现代化的伟大征程。党作出实行改革开放的历史性决策，是基于对党和国家前途命运的深刻把握，是基于对社会主义革命和建设实践的深刻总结，是基于对时代潮流的深刻洞察，是基于对人民群众期盼和需要的深刻体悟。改革开放是我们党的一次伟大觉醒，正是这个伟大觉醒孕育了我们党从理论到实践的伟大创造。改革开放是中国人民和中华民族发展史上一次伟大革命，正是这个伟大革命推动了中国特色社会主义事业的伟大飞跃。

学习社会主义发展史就是要学习世界社会主义曲折发展的历史、学习中国特色社会主义道路开辟和发展的历史。道路问题是关系党的事业兴衰成败第一位的问题，道路就是党的生命。中国特色社会主义，是科学社会主义理论逻辑和中国社会发展历史逻辑的辩证统一，是根植于中国大地、反映中国人民意愿、适应中国和时代发展进步要求的科学社会主义，是加快推进社会主义现代化、实现中华民族伟大复兴的必由之路。

党史、新中国史、改革开放史、社会主义发展史，内容各有侧重，时间长短不一。但总的来说，学习"四史"就是要以党的领导为主线，学思践悟，将全党全国人民的思想和行动统一到实现中华民族伟大复兴的中国梦上来，统一到社会主义现代化强国建设上来。2020 年 6 月 27 日，习近平总书记在给复旦大学青年师生党员回信中提出，希望广大党员特别是青年党员认真学习马克思主义理论，结合学习党史、新中国史、改革开放史、社会主义发展史，进一步坚定理想信念，从而在奋发有为中践行初心使命，努力为实现"两个一百年"奋斗目标、实现中华民族伟大复兴的中国梦贡献智慧和力量。学习"四史"，要善于从中汲取养料，学习中国共产党人彻底革命的精神、独立自主的风骨、严字当头的禀赋、与时俱进的风貌、人类解放的情怀。"四史"呈现在人们眼前的是一幅幅共产主义者、人民大众为了人类彻底解放，为了中国人民的幸福，为了中华民族伟大复兴，而流血牺牲、勤恳劳作、艰苦创业、繁忙奔波、弄潮时代的壮丽画面；是经典作家卷卷传世的经典，是革命领袖和党的领导集体的篇篇重要文献，是决定党和国家命运的一份份党的会议的决定、决议、意见。假若我们掩卷而思，以先辈先贤为榜样而身体力行，我们就能悟到"四史"的智慧、精神，从而对马克思主义理论有一个崭新的认识。

（二）学习"四史"的现实意义

历史是最好的教科书。前事不忘，后事之师。"学史可以看成败、鉴得失、知兴替。"党的十八大以来，习近平总书记多次要求党员干部要学好党史、国史。2020年1月8日，在"不忘初心、牢记使命"主题教育总结大会上的讲话中，习近平总书记强调，"要把学习贯彻党的创新理论作为思想武装的重中之重，同学习马克思主义基本原理贯通起来，同学习党史、新中国史、改革开放史、社会主义发展史结合起来，同新时代我们进行伟大斗争、建设伟大工程、推进伟大事业、实现伟大梦想的丰富实践联系起来"。中国共产党立志于中华民族千秋伟业，百年恰似风华正茂。2021年，在中国共产党成立100周年之际，总结中国共产党100年来的历史经验，对广大党员进行"四史"教育，使这个世界上最大的政党永远保持先进性和纯洁性，永葆青春活力，具有特别的作用和意义。

在嘉兴南湖的一条小船上，中国共产党第一次全国代表大会胜利闭幕，庄严宣告了中国共产党的诞生。图为浙江嘉兴南湖。

历史是最好的营养剂。我们要不断地向历史学习，汲取历史智慧，总结历史经验和历史规律，以回答和解决在新的历史条件下党和国家发展面临的重大理论和现实问题。习近平总书记指出，"各级领导干部还要认真学习党史、国史，知史爱党，知史爱国。要了解我们党和国家事业的来龙去脉，汲取我们党和国家的历史经验，正确了解党和国家历史上的重大事件和重要人物。这对正确认识党情、国情十分必要，对开创未来也十分必要"。治国理政应该善于总结和学习历史经验，以历史为镜鉴。习近平总书记就善于在党的历史中总结提炼治国理政的思想和战略，新理念新思想新战略不是凭空产生的，而是通过总结我们党历史经验，不断升华提炼出来的。

历史是最好的清醒剂。历史不仅提供经验，还提供教训，可以使我们保持头脑清醒，吃一堑长一智，使我们不再重犯历史上曾经犯过的同类错误。习近平总书记指出，"历史总是向前发展的，我们总结和吸取历史教训，目的是以史为鉴、更好前进"。学好"四史"能够让我们在"历史性考试"中考出好成绩，能够让我们跳出"历史周期率"。今天，我们党团结带领全国人民进行的中国特色社会主义的伟大事业，实现中华民族伟大复兴的中国梦，就是一场新的历史性考试。在全面建设社会主义现代化国家的新征程中，还有很多更难的历史性考试等着我们，要想考出好成绩，就要不断地向历史学习。

二、深刻把握党史在"四史"中的重要地位

在 2020 年 1 月 8 日召开的"不忘初心、牢记使命"主题教育总结大会上，习近平总书记指出"要把学习贯彻党的创新理论作为思想武装的重中之重，同学习马克思主义基本原理贯通起来，同学习党史、新中国史、改革开放史、社会主义发展史结合起来"，这一重要嘱托表明"四史"教育事关党的理论传承及创新。党史作为"四史"的一个重要组成部分，它既是一段中国共产党带领人民筚路蓝缕奠基立业的百年历程，又是一部不断推进理论创新、进行理论创造的历史。党史在"四史"中起到理论立场担当、理论逻辑主线和理论价值归宿的重要作用，是"四史"的核心与关键所在。

（一）"四史"是一部延展的大党史

"四史"作为对党史、新中国史、改革开放史、社会主义发展史的统称，是自党的十八大以来，党中央在开展、推广、深化历史教育的实践过程中形成的历史学概念。虽然从形式上来看它是一个集合概念，但是从整体而言它是指中国共产党以人民为中心谋独立、谋幸福、谋复兴、谋大同的伟大斗争史。

近代以降，随着工业化进程的推进，仍长期在农业社会中缓慢演进的中国逐渐与快速进入资本主义工业文明的西方国家拉开差距。西方列强凭借自身的坚船利炮打开中国国门，强势入侵，中华民族被迅速卷入"三千年未有之大变局"中：政治上丧失主权、经济上割地赔款、军事上被动挨打、文化上自信全无。绵延发展 5000 多年的中国社会被按下了发展的暂停键甚至是倒带键，中华民族面临前所未有的危机。完成民族独立和人民解放，实现中华民族伟大复兴就成为中华民族近代以来最伟大的梦想。

为挽救民族于危亡之中，我国无数仁人志士进行了不懈探索。从地主阶级洋务派"师夷长技以制夷"的尝试，到农民阶级太平天国梦的破碎；从资产阶级维新派变法改良的努力，到资产阶级革命派辛亥革命的壮举，均没有从根本上改变近代中国的命运与历史走向。正如毛泽东所言："自从一八四零年鸦片战争失败那时起，先进的中国人，经过千辛万苦，向西方国家寻找真理……中国人向西方学得很不少，但是行不通，理想总是不能实现。"1921 年，随着中国共产党的成立，历史把实现中华民族伟大复兴重任的接力棒交托给中国共产党。

为了完成历史重托，中国共产党自成立之日起，便以实现中华民族伟大复兴为初心和使命，密切结合世情、国情、党情，始终坚持以人民为中心，不断完善自身建设，领导全国人民进行革命、建设与改革开放，谱写了磅礴激昂的中国共产党历史；随着反帝反封建的新民主主义革命的胜利，中华人民共和国成立，成

为执政党的中国共产党继续围绕中华民族伟大复兴的初心和使命，就建设一个什么样的国家，怎么建设国家而不断开展实践和努力，书写了激荡奔涌的新中国史；在追求国家富强的道路上，中国共产党领导人民经过长期的探索，在总结正反两方面经验与教训的基础上，推动了改革开放，使改革开放成为改变当代中国发展道路的关键一招，确立了中国社会主义市场经济体制，形成了社会主义初级阶段理论，创造了中国经济发展的奇迹，成就了振奋人心的改革开放史；在1956年建立社会主义制度后，从学习苏联模式，到"什么是社会主义，怎样建设社会主义"的追问，到对社会主义本质的思考，再到确立走中国特色社会主义道路，为社会主义在全世界的发展探索出了一套全新模式，推动了世界社会主义运动的历史潮流，缔造了一段既关于中国又属于世界的高亢激荡的社会主义发展史。

 相关链接：

新中国成立

由是观之，"四史"虽然是四段不同时段的历史相互包容、交错而组成的恢宏历史，但是，从本质上而言，它是一部延展的党史。因为不论新中国史、改革开放史还是社会主义发展史其背后都有中国共产党身影，都离不开党的领导，都是中国人民在党的领导下分别在国家建设、经济社会发展乃至世界社会主义革命等维度下展开的历史实践。"四史"的主体是中国共产党和党领导下的中国人民，其核心逻辑是中国共产党以广大人民为中心，追求大多数人的自由和幸福乃至全人类的解放。这都与党史不谋而合。与此同时，实现中华民族伟大复兴是党的初心和使命，带领中国人民实现民族独立、国家富强，以及最终实现共产主义是党的方向。无疑，党史是"四史"的核心与关键所在，在"四史"中有着独特而重要的理论地位。

（二）党史是"四史"理论立场的担当

一般而言，历史是人类过去的活动，是一种事实性的客观存在。但历史又是"由活着的人和为了活着的人而重建的死者的生活"，其本身就背负着客观事实与价值判断的双重任务，前者是对历史事实客观存在的肯定，后者则是对历史事实价值与意义的判断。因此，伏尔泰就曾指出"人们对于历史不应该只是以堆积史实为能事，还应该达到一种哲学的或理论的理解"。于是，对历史的理论理解即意义判断也就构成了历史不可或缺的一部分。但历史的理论理解又取决于理论的立场，即理论为谁服务，从谁的利益出发，在根本上和总体上代表谁的利益。

党史的人民立场即"四史"的理论立场。首先，中国共产党作为一个政党而言,人民立场是其根本政治立场。中国共产党自成立以来就始终把人民放在最高的位置,强调一切为了人民、一切服务人民、全心全意为人民服务。在革命、建设以及改革开放的历史阶段,始终把保障人民群众的最根本利益作为党的全部工作的出发点,把带领人民谋幸福谋发展作为全部工作的落脚点,把密切联系群众、依靠群众、尊重人民主体地位作为全部工作的支撑点。其次,党的历史就是"人民书写的历史"。马克思主义唯物史观认为,人民是历史的创造者,是真正的英雄。人民是党的力量源泉和执政根基。中国共产党百年的奋斗历程是党与人民群众血肉相连、生死相依的历史,是党同人民群众风雨同舟、共同奋斗的历史,是党和人民群众携手共进、砥砺前行的历史。"人民既是历史的剧中人,也是历史的剧作者。"党的历史离不开人民,人民就是党史的书写者。因此,"四史"作为一部大党史,新中国的建设、改革开放的发展、社会主义在中国乃至在全世界范围内的推进,都离不开人民,都渗透着中国共产党一切为了人民、一切依靠群众的根本立场。

(三)党史是"四史"理论逻辑的主线

"逻辑不是关于思维的外形形式的学说,而是关于'一切物质的、自然的和精神的事物'的发展规律的学说,即关于世界的全部具体内容的以及对它的认识的发展规律的学说,即对世界的认识的历史的总计、总和、结论",这是列宁对理论逻辑的阐释。具体到历史的理论逻辑而言,就是指人们通过对具体的历史现象、事实的认识而获得的以形式结构反映历史规律的理论形态。"四史"的理论逻辑是历史的发展让人民选择了中国共产党,党从诞生之日起就肩负着民族独立、人民解放和实现国家富强、人民富裕两大历史任务。为完成这一初心和使命,中国共产党前28年的历史都在带领全国各族人民为实现民族独立和人民解放而奋斗,此后72年的岁月都在为国家富强、人民富裕的重大历史使命而努力。后一阶段因主要任务的不同又可划分为不同时期的专门史。即自1949年至今有中国共产党为建设一个什么样的国家、怎么建设国家的新中国史,自1956年至今有中国人民为什么选择社会主义、社会主义从哪里来、怎么开创和发展中国特色社会主义的社会主义发展史,自1978年至今有中国人民为什么要选择改革开放以及怎么进行改革开放的改革开放史。它们虽然是三段不同的专门史,但从历史事实背后的结论来看,都是从不同方面阐释了中国人民的选择,证明了中国共产党不忘初心、牢记使命为人民而奋斗的历史,是党史在不同方面的具体化。换言之,"四史"在纵向上,上可追溯到500年前社会主义的发端,下可探寻至当前,它实为中国共产党诞生、发展、成长、成熟的历史;横向上,虽然"四史"涵盖了政治、经济、文化、军事、外交等方方面面,但不变的主旨是党的初心与使命。纵横交错间的主题即中国共产党团结带领全国各族人民为实现中华民族伟

大复兴乃至全人类的解放，这也是党史理论逻辑的主线。

（四）党史是"四史"理论价值的归宿

历史的理论价值在于发现历史规律并赋予历史以意义。换言之，无论是党史还是"四史"都不是庞杂的历史事实无意义的胡乱堆砌，它们是在党的人民立场的指引下，对党的历史以及新中国史、改革开放史和社会主义发展史背后历史规律的挖掘以及意义的赋予。因此，党史作为"四史"的重要支撑，是"四史"理论价值的归宿。

党史为"四史"提供了价值主体。虽然人是永恒的价值主体，但是，人作为价值主体并不是抽象的。在现实的维度，作为价值主体的人往往具有层次性，它可以是某些个体、组织、阶级、国家、民族，也可以是全人类。中国共产党自成立以来，便坚持马克思主义人民利益至上的价值观，强调党的事业本质是也只能是为人民的利益而奋斗的事业，认为人民群众是先进生产力和先进文化的创造主体，也是实现自身利益的根本力量，提出了全心全意为人民服务的宗旨，在领导中国人民进行革命、建设、改革的实践过程中始终把人民的利益放在首位。正因为如此，所以无论是党史，还是新中国史、改革开放史和社会主义发展史，它们所折射的都是中国共产党"完全是为着解放人民的，是彻底地为人民的利益工作的"。

党史为"四史"提供了价值取向。价值取向是一定主体在面对或处理各种矛盾、冲突、关系时，基于自身的价值观所持的基本价值立场、价值态度以及所表现出来的基本价值追求。中国共产党作为中国工人阶级的先锋队和各族人民的忠实代表，代表和实现最广大人民的根本利益是其一直坚守的价值取向。在百年奋斗历程中，党领导人民取得了新民主主义革命的胜利，改变了中国半殖民地半封建社会的状态，为人民争得了独立和自由；建立了独立自主的新中国，取得抗美援朝战争的胜利，开展社会主义建设，为人民夺得了尊严和安定；实行了改革开放，实现了经济的跨越式发展，提高了人民生活水平，为人民谋得了幸福与发展；开创了中国特色社会主义道路，形成了中国特色社会主义理论体系，确立了中国特色社会主义制度，为人民赢得了自信与尊重。

党史为"四史"提供了价值评判。以人民为中心是中国共产党一直坚持的价值标准。百年来，中国共产党始终坚持一切为了人民的价值目标，遵循一切依靠人民的价值原则，密切联系群众、相信群众，与人民群众一道创造了百年恢宏的党史、70多年振奋的新中国史、40多年昂扬的改革开放史。而这些历史也反映了人民群众是党的最大靠山、最重要的力量。中国共产党的根基在人民、血脉在人民、力量在人民。

三、学思践悟"四史"中的精神力量

从党史、新中国史、改革开放史、社会主义发展史这"四史"中感受中国共产党的伟大, 感受中国人民的力量, 感受社会主义制度的优越, 感受新时代带来的巨变, 青年学生更应去感悟中国共产党在不同历史阶段所产生的一系列伟大精神, 从红船精神、延安精神、大庆精神、焦裕禄精神、改革开放精神、伟大抗疫精神等中国共产党人的精神谱系中汲取力量, 从而激发起发扬红色传统、传承红色基因, 赓续共产党人精神血脉, 勤奋学习、为国奋斗的强大动力。在中国共产党成立 100 周年之际, 要以

为助推青少年"四史"学习教育, 培养青少年的爱国主义热情, 由中共上海市委党史研究室等举办的"传承红色基因 迎接建党百年"2020 年上海市青少年党团史教育系列活动, 6 月 29 日起在上海市青少年活动中心举行。

"四史"教育为契机, 以党史学习教育为重点, 教育和引导全党坚定理想信念, 为全面建设社会主义现代化国家、实现中华民族伟大复兴筑牢理想信念之基。

(一) 从"四史"中感悟伟大精神的力量

从"四史"中感悟伟大精神的信仰力量。中国共产党人百年前确立了为中国人民谋幸福、为中华民族谋复兴的初心使命。从此, 中国共产党人始终坚定马克思主义信仰, 初心不变, 使命如一。在革命战争年代, 中国共产党人为了信仰, 抛头颅洒热血, 在所不惜; 在和平年代, 中国共产党人始终高举马克思主义伟大旗帜, 不断推进马克思主义中国化, 面对错综复杂的国内外形势, 始终把民族振兴、人民幸福放在第一位。习近平总书记指出:"唯有不忘初心, 方可告慰历史、告慰先辈, 方可赢得民心、赢得时代, 方可善作善成、一往无前。"新时代青年要从"四史"中感悟信仰的力量, 坚定理想信念, 立志民族复兴伟业, 为全面建设社会主义现代化国家贡献青春和力量。

从"四史"中感悟伟大精神的创新力量。习近平总书记指出:"我们党的历史, 就是一部不断推进马克思主义中国化的历史, 就是一部不断推进理论创新、进行理论创造的历史。"100 年来, 中国共产党把马克思主义与中国实际相结合, 不断开辟马克思主义新境界, 产生了毛泽东思想、邓小平理论、"三个代表"重要思想、科学发展观和习近平新时代中国特色社会主义思想, 为党和人民事业发展提供了科学理论指导, 指引着中国革命、建设和改革的伟大胜利。惟创新者

进，惟创新者强，惟创新者胜。要引导青年从"四史"中感悟马克思主义的真理力量和实践力量，深刻学习领会新时代党的创新理论，走在创新创造的前列。

从"四史"中感悟伟大精神的担当力量。中国共产党自成立后就承担起国家独立、民族振兴、人民幸福的历史使命。毛泽东指出，中国共产党的成立，是开天辟地的大事变，从此中国革命的面貌就焕然一新了。1931年九一八事变爆发的第二天，中国共产党就发表抗日宣言，一致对外，共同抗日。七七事变爆发后的第二天，中共中央发表了《中国共产党为日军进攻卢沟桥通电》，号召建立民族统一战线，打倒日本帝国主义。1950年朝鲜战争爆发，党中央断然作出"抗美援朝，保家卫国"的战略决策，取得了抗美援朝战争的伟大胜利，保卫了国家，保卫了和平，也为世界和平事业作出了贡献。改革开放以来，中国共产党同样展现出为国为民担当的精神和勇气，践行着党的初心和使命，带领人民实现了第一个百年奋斗目标。这种担当的责任和力量，需要青年一代来传承。

从"四史"中感悟伟大精神的奋斗力量。邓小平说过："世界上的事情都是干出来的，不干，半点马克思主义都没有。"中国共产党成立后，与反动势力展开了28年的殊死斗争，解放了全中国，取得了政权，领导人民当家作主。社会主义建设时期，中国共产党为改变一穷二白的落后面貌，团结带领全国各族人民，自力更生、艰苦奋斗，建立起较为完备的国民经济体系，为国家的发展奠定了基础。改革开放和社会主义现代化建设新时期，解放思想，实事求是，坚定理想，百折不挠，大力推进改革开放，取得了举世瞩目的伟大成就。进入新时代，全面建成小康社会取得伟大历史性成就，脱贫攻坚战如期打赢，实现了从站起来、富起来到强起来的伟大飞跃，开启了全面建设社会主义现代化国家新征程。百年巨变，是中国人民在中国共产党带领下，团结奋斗、励精图治的结果。习近平总书记在党的十九大报告中多次强调奋斗，并在很多场合向全国人民发出奋斗动员令："做新时代的奋斗者""幸福都是奋斗出来的""奋斗本身就是一种幸福""撸起袖子加油干"，等等。新时代，我们更要发扬奋斗精神，持续奋斗，顽强奋斗，艰苦奋斗，让青春在奋斗中闪光。

从"四史"中感悟伟大精神的奉献力量。党史是贯穿于"四史"中的一根红线。中国共产党从诞生之日起就坚守初心，全心全意为人民服务。土地革命战争时期，打土豪，分田地，受到根据地人民的拥护和支持。抗日战争时期，中国共产党人以民族利益为重，建立广泛的抗日民族统一战线，一致对外，共同抗日，取得了抗日战争的伟大胜利。新中国成立，人民翻身得解放，成了国家的主人。改革开放以来，党坚持一切为了人民，为了人民的一切，人民的生活水平得到极大提高。习近平总书记指出，"人民对美好生活的向往就是我们的奋斗目标"。面对新冠肺炎疫情，以习近平同志为核心的党中央果断决策，坚持人民至上、生命至上，取得了抗击疫情的伟大胜利。立党为公，忠诚为民，是中国共产党人的政治品格。江山就是人民，人民就是江山。我们要从"四史"中感悟中国共产党人的奉献精神，教育引导青年热爱党、热爱祖国、热爱人民，牢固树立人民利益高于一切的职业观，努力提高为人民服务、为社会尽责的本领。

知识链接

> 2016年12月26日至27日，习近平总书记在中共中央政治局召开的民主生活会上指出，人民立场是马克思主义政党的根本政治立场，人民是历史进步的真正动力，群众是真正的英雄，人民利益是我们党一切工作的根本出发点和落脚点。中南海要始终直通人民群众，我们要始终把人民群众放在心中脑中。中央政治局的同志必须做到以人民忧乐为忧乐、以人民甘苦为甘苦，牢固树立以人民为中心的发展思想，始终怀着强烈的忧民、爱民、为民、惠民之心，察民情、接地气，倾听群众呼声，反映群众诉求。

（二）在"四史"学习中坚定理想信念

1. 寻求理想信念之源

历史是一面镜子，我们要从历史中得到启迪、增强定力。历史在记载以往的人的社会实践活动的同时，客观上也记录下每一个历史事件、历史故事背后所承载、所伴同的思想、精神等。历史是最好的教科书，是最好的清醒剂、营养剂。历史学习教育的一项重要功能就是用历史事实教育、引导和启迪人们树立正确的人生观、价值观和世界观，延续和传承历史中蕴含的强大精神动力、理想信念，为正在进行的伟大事业凝聚力量、增强定力。

历史总能给人以前行的智慧和力量。我们党始终把历史学习教育作为优良传统和重要经验，秉持唯物史观，旗帜鲜明反对历史虚无主义，坚持用历史发言，注重从历史中汲取养分。毛泽东指出："如果不把党的历史搞清楚，不把党在历史上所走的路搞清楚，便不能把事情办得更好。"他多次号召全党研究和学习历史，经常用党史中的一些重大事件和坚守理想信念、英勇斗争的人物及故事激励全党坚定理想信念、继续奋斗。邓小平十分重视历史的教育功能，指出："要懂得些中国历史，这是中国发展的一个精神动力。"他还特别强调要用历史教育青年、教育人民，鼓舞和引导青年一代成为有理想、有道德、有文化、有纪律的社会主义接班人。江泽民指出，了解我们国家悠久的文明发展史和历经沧桑、饱经忧患的辛酸史，了解我们的先辈为国家的独立富强而进行可歌可泣的斗争，了解我们民族、我们党的优良传统，对于坚定爱国主义、社会主义信念，极为重要。胡锦涛强调要把学习中国革命史与加强理想信念教育紧密结合起来，注重学习和弘扬革命先辈对崇高理想矢志不渝、对党和人民无比忠诚、对革命事业锲而不舍的坚定信念，牢固树立中国特色社会主义共同信念和共产主义远大理想。党的十八大以来，习近平总书记高度重视"四史"学习教育，特别注重党史学习教育对于筑牢理想信念之基的积极作用，明确指出党史学习教育的一个重要任务就是教育引导全党同志坚定理想信念、筑牢初心使命，强调要在党的历史学习领悟中巩固和升华理想信念。

中国共产党成立 100 周年，要充分发挥历史学习教育涵养全党理想信念重要作用，回顾党史、新中国史、改革开放史、社会主义发展史，从党的百年奋斗历程和百年来取得的伟大成就中，从党百年传承的光荣传统和优良作风中不断汲取理想信念的力量。

2. 坚定理想信念之本

心有所信，方能行远。习近平总书记指出："在新时代，坚定信仰信念，最重要的就是要坚定中国特色社会主义道路自信、理论自信、制度自信、文化自信。"学史增信是党史学习教育的基本要求。增信，既要求增强对中国特色社会主义的道路自信、理论自信、制度自信、文化自信，也要求增强对共产主义信仰和对中国特色社会主义信念。

习近平总书记指出，当今世界，要说哪个政党、哪个国家、哪个民族能够自信的话，那中国共产党、中华人民共和国、中华民族是最有理由自信的。中国特色社会主义既坚持了马克思主义基本原理和科学社会主义基本原则，又紧密结合了中国实践的具体情况，回答了马克思主义经典作家受历史局限而没能回答的关于社会主义建设的基本问题。历史和实践都表明，中国特色社会主义伟大实践取得了举世瞩目的成绩，深化和发展了科学社会主义的理论和实践。坚定对中国特色社会主义道路、理论、制度、文化的自信，就是坚定理想信念的基本表现和现实要求，没有"四个自信"，坚定理想信念就缺少了基础和前提，所以新时代坚定理想信念首要的就是要坚定"四个自信"。

对共产主义远大理想的信仰和中国特色社会主义共同理想的信念来自对共产主义、中国特色社会主义的信心，而这种信心来自马克思主义的胜利和马克思主义指导下的实践的胜利。习近平总书记指出："党的百年奋斗历程和伟大成就是我们增强'四个自信'最坚实的基础。"实践的胜利最具说服力。回顾和学习党史、新中国史、改革开放史、社会主义发展史，就是通过对历史事实的分析和深入思考，明白党领导人民正在进行的中国特色社会主义伟大事业背后的历史逻辑和实践逻辑，感悟马克思主义科学真理的强大理论伟力和实践伟力，深刻理解中国共产党为什么"能"、马克思主义为什么"行"、中国特色社会主义为什么"好"等重大问题，增强对共产主义远大理想和中国特色社会主义共同理想必将实现的信心，进而夯实巩固前行道路的理想信念之基。

3.厚植理想信念之基

"四史"就是中国共产党人践行理想信念的光辉历史,是理想信念教育的生动教材。习近平总书记指出:"我们党之所以能够经受一次次挫折而又一次次奋起,归根到底是因为我们党有远大理想和崇高追求。"

回顾历史,在革命战争年代,纵然是"红米饭,南瓜汤,挖野菜,也当粮"这样的艰苦条件,纵然是空气稀薄的冰山雪岭、渺无人烟的沼泽草地这样的恶劣环境,纵然是国民党反动派和日本侵略者凶恶残暴的烧杀抢掠、"围剿"攻击,共产党人心中革命理想高于天,面对敌人铁骨铮铮、毫无惧色,成千上万的共产党人壮烈牺牲,留下"砍头不要紧,只要主义真"的英雄凯歌。新中国成立后,共产党人没有因战争的胜利而骄傲自满,始终牢记远大理想,继续艰苦奋斗、攻坚克难,领导中国人民"意气风发投身中国历史上从来不曾有过的热气腾腾的社会主义建设"。其间涌现出的大庆精神、北大荒精神、红旗渠精神、"两弹一星"精神等就是坚定理想信念的真实写照。改革开放之初,面对人民温饱都成问题的基本国情,共产党人没有退缩,而是坚定理想信念,"摸着石头过河",用短短几十年时间使国家彻底摆脱贫困并跃升为世界第二大经济体,实现了中华民族从站起来到富起来、强起来的伟大飞跃。40多年来,共产党人前赴后继,付出巨大牺牲,仅党的十八大以来的脱贫攻坚斗争,就有1800多名党员献出了宝贵的生命。

相关链接：
截至 2020 年年底，超 1800 人牺牲在脱贫攻坚一线

要充分挖掘"四史"这座充满着理想信念光辉的宝库,在"四史"教育中厚植理想信念之基。一要以重要事件、重要人物为依托,讲好党的故事、革命的故事、根据地的故事、英雄和烈士的故事。例如,习近平总书记经常讲起"狼牙山五壮士""半条被子""半截皮带"等故事,时常谈到"严守纪律、勇于牺牲"的邱少云,"活着没有治好沙丘,死了也要看着把沙丘治好"的焦裕禄,"先祭谷公,后拜祖宗"的谷文昌,"一辈子深藏功名、初心不改"的张富清,"誓干惊天动地事,甘做隐姓埋名人"的黄旭华,兑现"水过不去、拿命来铺"誓言的黄大发,"心有大我、至诚报国"的黄大年,"步履蹒跚与时间赛跑,身患绝症与新冠周旋"的张定宇等人物。这些真实的感人故事、鲜活的英雄人物能够有效带动人们的情感共鸣,起到深刻教育的作用。二要充分利用好党的红色资源,积极开展重回革命圣地、重走长征路、祭奠革命先烈等实践活动,让人们在实际感受中体悟理想信念的力量。习近平总书记指出:"革命博物馆、纪念馆、党史馆、烈士陵园等是党和国家红色基因库。"置身革命圣地、瞻仰烈士陵园,一幅幅照片、一件件实物、一个个故事、一座座墓碑,更能让人们体悟先辈们理想信念的坚定,让精

神和思想得到洗礼。

4.激发奋斗之力

我们党已经风雨兼程地走过100年，时代变化了，但共产党人的理想和奋斗精神没有变。党的十九大报告指出，我国社会主要矛盾的变化，没有改变我们对我国社会主义所处历史阶段的判断，我国仍处于并将长期处于社会主义初级阶段的基本国情没有变，我国是世界最大发展中国家的国际地位没有变。必须清醒看到，我们的工作还存在许多不足，也面临不少困难和挑战。新时代仍然有许多具有新的历史特点的伟大斗争必须面对，发展存在不平衡不充分问题、民生领域存在短板问题、社会矛盾和问题交织叠加、意识形态领域斗争依然复杂、党的建设方面还存在不少薄弱环节，等等。由此可见，实现中国特色社会主义共同理想、共产主义远大理想还有很长的路要走，风险挑战依旧严峻，坚定的理想信念仍然是我们党继续前行的坚强依靠。

学史力行，在"四史"学习中要学会悟思想、办实事、开新局，要"把党史学习教育同党和国家中心工作紧密结合起来，同统筹疫情防控和经济社会发展紧密结合起来，同动员人民群众创造美好生活紧密结合起来，以昂扬姿态奋力开启全面建设社会主义现代化国家新征程"。

在全面建设社会主义现代化国家新征程中要发扬党的优良传统，践行理想信念。推进社会革命需要坚定的理想信念。习近平总书记指出："我们现在所处的，是一个船到中流浪更急、人到半山路更陡的时候，是一个愈进愈难、愈进愈险而又不进则退、非进不可的时候。"当前和今后一段时间内，党和国家必将面对更加集中、更加复杂的矛盾。一代人有一代人的使命，一代人有一代人的担当。人民对美好生活的向往，中华民族伟大复兴的现实需要都要求我们接续奋斗，我们只有不忘初心、牢记使命，保持战略定力，弘扬奋斗精神，踏踏实实地把自己的事做好，才能实现中华民族伟大复兴的中国梦。

四、坚守初心使命，在新征程上展现新担当新作为

深入学习"四史"，不仅可以深入理解不同时期共产党人坚定理想信念的奋斗牺牲和历史传承，而且能够帮助我们在新时代把坚定理想信念和实现中华民族伟大复兴紧密结合起来，在实现中国梦的伟大实践中坚守和践行初心使命，在实现社会主义现代化国家建设新征程上展现新担当新作为。

（一）坚守人民立场

人民立场是马克思主义政党的根本政治立场，是马克思主义政党区别于其他政党的显著标志。把人民立场作为根本立场，坚持全心全意为人民服务的根本宗

旨,是中国共产党人一以贯之的坚守。

坚守人民立场,必须坚持人民主体地位。马克思主义认为,人民是社会物质财富和精神财富的创造者,是社会变革的决定性力量。中国共产党从诞生之日起就高度重视人民主体地位。1925年,毛泽东在《中国社会各阶级的分析》中,通过对中国社会各阶级经济地位和基本立场的分析,清醒地看到中国无产阶级最广大和最忠实的同盟军是农民。1945年,毛泽东在《论联合政府》中指出:"人民,只有人民,才是创造世界历史的动力。"邓小平指出,改革开放中许许多多的东西,都是由群众在实践中提出来的。"农村搞家庭联产承包,这个发明权是农民的。农村改革中的好多东西,都是基层创造出来,我们把它拿来加工提高作为全国的指导。"党的十八大以来,习近平总书记反复强调,必须始终坚持人民立场,坚持人民主体地位。人民是历史的创造者,人民是真正的英雄。要虚心向人民学习,倾听人民呼声,汲取人民智慧,把人民拥护不拥护、赞成不赞成、高兴不高兴、答应不答应作为衡量一切工作得失的根本标准。

坚守人民立场,就要全心全意为人民服务。在《共产党宣言》中,马克思、恩格斯把无产阶级的历史使命同以往的运动作了科学区分,指出"过去的一切运动都是少数人的或者为少数人谋利益的运动。无产阶级的运动是绝大多数人的、为绝大多数人谋利益的独立的运动"。1944年,毛泽东发表《为人民服务》,从理论上阐明了为人民服务的宗旨和思想,明确向全党提出要完全、彻底地为人民服务。在党的七大上,毛泽东指出:"我们共产党人区别于其他任何政党的又一个显著的标志,就是和最广大的人民群众取得最密切的联系。全心全意地为人民服务,一刻也不脱离群众;一切从人民的利益出发。"新中国成立后,为人民服务依然是各级人民政权及其工作人员的根本宗旨。1957年,毛泽东指出:"要全心全意为人民服务,不要半心半意或者三分之二的心三分之二的意为人民服务。"刘少奇在党的八大上强调:"一个好党员、一个好领导者的重要标志,在于他熟悉人民的生活状况和劳动状况,关心人民的痛痒,懂得人民的心。"

党的十八大以来,习近平总书记反复强调,我们党的最大政治优势是密切联系群众,党执政后的最大危险是脱离群众。在长期执政条件下,能不能始终坚持全心全意为人民服务的根本宗旨,是我们党必须解决好的一个时代课题。我们任何时候都必须把人民利益放在第一位,把实现好、

通览《习近平谈治国理政》三卷和习近平总书记系列重要讲话,可以发现,"人民"始终在场,鲜明的人民立场、深厚的人民情怀、笃定的人民信仰,是习近平新时代中国特色社会主义思想最为鲜亮的底色。图为外国友人在翻阅《习近平谈治国理政》。

维护好、发展好最广大人民根本利益作为一切工作的出发点和落脚点。学习"四史",不仅能够深入了解我们党为人民服务的奋斗历程、党与人民群众的血肉联系,而且也为我们深刻理解"人民对美好生活的向往,就是我们的奋斗目标",更好坚持以人民为中心的发展思想提供了经验与启示。

(二)践行使命担当

从最初提出"四个现代化"到现在提出全面建设社会主义现代化强国,推进现代化建设是中国共产党持之以恒的历史使命与宏伟目标。深入学习"四史",打通历史与现实来观察,中国已经成功开辟了一条不同于西方的现代化道路。

1949年3月,毛泽东向全党发出"进京赶考"的号召,并且掷地有声地指出,"我们决不当李自成,我们都希望考个好成绩"。新中国成立后,建设一个工业化和全方位的社会主义现代化国家始终是中国共产党人的使命与追求。1954年6月,毛泽东指出:"我们的总目标,是为建设一个伟大的社会主义国家而奋斗。大概经过五十年即十个五年计划,就差不多了,就像个样子了,就同现在大不一样了。"毛泽东结合新中国的实际情况,设想了新中国工业化的时间跨度和具体任务要求。1979年12月,邓小平在会见日本首相大平正芳时指出:"我们要实现的四个现代化,是中国式的四个现代化。我们的四个现代化的概念,不是像你们那样的现代化的概念,而是'小康之家'。"1987年,邓小平又完整概括了"三步走"的现代化发展战略。经过数十年如火如荼的社会主义建设和改革,建设社会主义现代化强国的伟业一以贯之、接续进行。

党的十八大以来,以习近平同志为核心的党中央根据世情国情党情的变化发展,总揽全局,以勇于担当、敢于斗争的精神,一分部署、九分落实的实干,推动中国特色社会主义进入新时代。党的十九届五中全会强调,实现"十四五"规划和2035年远景目标,必须坚持党的全面领导,充分调动一切积极因素,广泛团结一切可以团结的力量,形成推动发展的强大合力。我们既需要继承前人不懈奋斗的精气神,也需要从中外历史中汲取智慧与经验。学习"四史"不仅能够深入了解一代代中国共产党人接力"赶考"的历史经验,而且可以帮助我们深刻领会中国特色社会主义现代化的时代特征和实现路径,助力我们实现中华民族伟大复兴的中国梦。

(三)在新征程上展现新担当新作为

在党史学习中领略"开天辟地"的历史意义。毛泽东在《论人民民主专政》中曾经生动地描述:"多次奋斗,包括辛亥革命那样全国规模的运动,都失败了。国家的情况一天一天坏,环境迫使人们活不下去。怀疑产生了,增长了,发展了。"由此,"开天辟地"就是对中国共产党成立的历史意义评估,就是对中国共产党重塑乾坤、再造日月的深刻理解。所以，只有学习党史，才能清醒地认识到红色政权来之不易，才能深刻认识中国共产党的政治立场、政治品质、政治理想、政治追求，认识中国共产党人的革命精神、执政使命、根本宗旨、人民情怀。当今世界正处于百年未有之大变局，时代在变，主题在变，但共产党人的初心本色不会变也不能变。新时代的共产党人要秉持"开天辟地"的气魄在工作中一往无前，知党史、懂党史、用党史，书写更辉煌的党史。

在新中国史学习中厚植爱国主义的情怀。新中国史和党的奋斗史紧密相连，新中国成立70多年来，正是党领导人民创造了翻天覆地的变化、改天换地的壮举、惊天动地的事业。聚焦新中国史，可以清晰地看到中国为什么选择社会主义道路；聚焦新中国史，可以清晰地看到大庆精神、红旗渠精神、"两弹一星"精神等民族精神的培育、继承与发展。"幸福都是奋斗出来的，奋斗本身就是一种幸福。"新中国史与一代又一代中国人前赴后继、辛勤奋斗密不可分。党员干部要在奋斗中解读新中国史，要在爱国中传承新中国史，要更加自觉地维护国家和民族的尊严，要更加坚定地扛起国家和民族的重任，争做新时代的见证者、开创者、建设者，让爱国和奋斗的元素融入时代发展的洪流。

在改革开放史学习中巩固"伟大征程"的磅礴力量。改革开放是我们党的一次伟大觉醒，也是中国人民和中华民族发展史上一次伟大革命。改革开放40多年来，我们看到了中国翻天覆地的变化，看到了中国人民把不可能变成可能的伟大创造力，中华民族实现了从站起来、富起来到强起来的伟大飞跃。成绩在风雨中取得，传奇在奋斗中书写，从"赶上时代"到"引领时代"，改革开放是决定当代中国命运的关键一招。回顾改革开放史，是为了不忘来路、不改初心，也是为了汇聚力量、勇担使命，更是为了启迪当下、继往开来。面对当前改革路上的"娄山关""腊子口"，党员干部对历史最好的铭记就是传承"逢山开路、遇水搭桥"的开拓精神，凝心聚力、奋勇向前，将改革进行到底，将蓝图变为现实。

在社会主义发展史学习中坚定中国特色社会主义的信念。从16世纪欧洲早期空想社会主义开始，人类对社会主义事业的探索已有500多年。如果说党史、新中国史、改革开放史是纯粹地讲中国故事，那么社会主义发展史则是探寻中国道路、中国故事的世界意义。习近平总书记指出："只有了解一个国家从哪里来，才能弄懂这个国家今天怎么会是这样而不是那样，也才能搞清楚这个国家未来会往哪里去和不会往哪里去。"党的十八大以来，以习近平同志为核心的党中央系统回答"新时代坚持和发展什么样的中国特色社会主义、怎样坚持和发展中国特色社会主义"这个重大时代课题，中国特色社会主义道路、理论、制度、文化交相辉映。中国共产党找到了既符合马克思主义基本原理又适合中国国情的社会主义发展模式。因此，党员干部学习社会主义发展史，一方面是要认清我们所处的历史方位，洞察中国的昨天、今天和明天；另一方面是要坚定不移地走中国特色社会主义道路，坚定"四个自信"、增强"四个意识"，用习近平新时代中国特色社会主义思想武装头脑，矢志不渝为共产主义远大理想和中国特色社会主义共同理想而奋斗，不断创造社会主义发展史上新的奇迹和新的辉煌。

历史是人类社会的过去，学习历史是为了以史鉴今、昭示未来。学习"四史"，就要坚持唯物主义历史观和方法论，总结历史经验，汲取历史营养，深刻领会蕴含其中的思想内涵、实践经验、精神财富，为实现中华民族伟大复兴和共产主义远大理想孜孜以求、阔步前进，在社会主义现代化国家建设新征程上展现新担当新作为。

不断从"四史"学习教育中汲取智慧力量

习近平总书记指出："历史是最好的教科书，也是最好的清醒剂。"在庆祝中国共产党百年华诞的重大时刻，在"两个一百年"奋斗目标历史交汇的关键节点，高校开展以党史为核心的"四史"学习教育，必须作为党员干部理论学习的必修课，作为对青年学生政治引领最鲜活的教科书，讲清"为什么学、怎么学、如何用"的问题，教育引导广大师生在党的奋斗历程和伟大成就中鼓舞斗志、树立信心，在党的光荣传统和优良作风中坚定信念、凝聚力量，在党的实践创造和历史经验中启迪智慧、砥砺品格，切实坚守"为党育人、为国育才"使命，努力为培养担当民族复兴大任的时代新人贡献力量。

学懂：把准"四史"学习教育的起点，看清楚我们从哪里来、到哪里去，讲清为什么学的问题。"四史"贯穿着中国共产党人的初心和使命，党的十八大以来，习近平总书记高度重视以史鉴今，突出强调通过学史看成败、鉴得失、知兴替，将学习党史、新中国史作为坚持和发展中国特色社会主义、把党和国家各项事业继续推向前进的必修课。

高校要把深入学习贯彻习近平新时代中国特色社会主义思想贯穿"四史"学习教育始终，校党委理论学习中心组要先学一步、学深一层，坚持读原著、学原文、悟原理，通过举办"回首百年征程、重温党史故事"读书班，品读《党史必修课》《苦难辉煌》等书籍，全面系统学习党的百年奋斗史，专题学习新民主主义革命时期历史、社会主义革命和建设时期历史以及改革开放新时期历史，特别要深入学习贯彻习近平总书记在党史学习教育动员大会上的重要讲话精神，领会习近平总书记以三个"必然要求"精要论述党史学习教育的重大现实意义和深远历史意义。要深入开展"四史"学习教育专题研讨，依托党建云平台推出的《党史故事100讲》，通过观看"四史"专题纪录片和微视频等学习方式，讲述历史、讲好故事、讲清规律，引导广大师生以唯物史观把握历史规律和历史方向，在思想上弄清楚、理解透红色政权来之不易、新中国来之不易、中国特色社会主义来之不易，进一步夯实"四史"基础知识，不断从"四史"学习教育中坚定理想信念、增强历史担当、践行初心使命，汲取奋进"十四五"、投身一流大学建设的智慧、勇气和力量。

弄通：定准"四史"学习教育的基点，突出把握党的领导这条主线，讲清如何学的问题。党的十八大以来，习近平总书记多次强调："党政军民学，东西南北中，党是领导一切的。"坚持党对一切工作的领导，这是马克思主义政党的必然要求。这一重要原则在中国共产党领导的革命、建设、改革实践中逐渐形成与完善。"四史"是中国共产党领导人民在长期实践中的探索、奋斗与发展，是我们弥足珍贵的政治财富和精神瑰宝。中国共产党的领导是贯穿党史、新中国史、改革开放史、社会主义发展史的主导性实践逻辑。学习"四史"，核心是史实、史观、史鉴，高校要准确把握党的领导这一主线，把党对高校的领导落实到加强自身建设、坚持社会主义办学方向、办好人民满意的教育上，切实增强在实践中守初心、担使命的思想自觉和行动自觉。

高校发展建设的历史足迹中，蕴藏着可歌可泣的"长征路"上的奋进精神，承载着老一辈革命家科学家波澜壮阔的革命史、艰苦卓绝的奋斗史，形成了连接"四史"的红色脉络，蕴含了爱党报国的崇高理想和坚定信念，传承了教育报国初心和立德树人使命，这为抓实抓好"四史"学习教育提供了优质资源和鲜活教材。高校要坚持"三全育人"理念，深入推进红色传统教育基础工程，把红色文化蕴含的革命精神、传统文化资源纳入课堂教学及学科建设。注重以"报国与初心、责任与事业、担当与使命"为主题，区分党史光辉路、教育报国心、立德树人责、科研攻坚志、激扬爱国情、砥砺奋进时等专题，以一个个鲜活的小故事作为切入点，讲"四史"微党课，让小讲堂激发大力量，用身边人讲身边事，用身边事育身边人，持续增强学习教育的吸引力、说服力和感染力，教育引导广大师生深刻感悟中国共产党为什么"能"、马克思主义为什么"行"、中国特色社会主义为什么"好"，进一步增强"四个意识"、坚定"四个自信"、坚决做到"两个维护"。

做实：找准"四史"学习教育的落点，把个人的理想追求融入党和国家事业之中，讲清怎么用的问题。习近平总书记在给复旦大学青年师生党员的回信中指出："希望广大党员特别是青年党员认真学习马克思主义理论，结合学习党史、新中国史、改革开放史、社会主义发展史，在学思践悟中坚定理想信念，在奋发有为中践行初心使命，努力为实现'两个一百年'奋斗目标、实现中华民族伟大复兴的中国梦贡献智慧和力量。""四史"是中国共产党为人民谋幸福、为民族谋复兴的伟大历史，"四史"中的伟大实践，蕴含着对广大师生政治引领的丰富元素，是最鲜活的教科书和必修课，重在以史为戒、以史为训。知行合一方为真知，学习教育的最终目的是见行动、促发展。

高校要聚焦"旗帜鲜明跟党走、使命在肩报家国、集优聚力攻难关、服务振兴谋创新"的事业发展目标，找准"四史"学习教育落脚点，引导党员干部实实在在地干出业绩来。通过梳理校史院史、建设文化长廊、拓展丰富活动等方式，特别是以入学季、毕业季为契机搭建红色基因传承平台，以老一辈科学家精神为驱动构筑红色基因浸润平台，以爱党爱国、爱校爱院为目标砥砺红色基因感召平台，持续激活精气神，不断汇聚正能量，引导师生做到爱党和爱国、爱社会主义高度统一，确保"四史"学习教育取得扎实成效。要大力开展红色经典推广、红色文学创作和红色先锋巡讲等活动，逐步打造"四史"学习教育特色高地，使红色基因渗进血液、浸入心扉，把个人的理想抱负融入党和国家事业发展之中，真正做到知史爱党、知史爱国、知史担责，持续把学习"四史"的成果转化为为实现中国梦而奋斗的激情和干劲，促进岗位成长成才、立功立业。要把学习"四史"同总结经验、观照现实、推动工作结合起来，特别要开展好"我为师生办实事"实践活动，围绕师生急难愁盼问题，发挥基层党组织战斗堡垒作用、党员先锋模范作用和党员领导干部表率作用，把广大师生的信心提振起来、士气鼓舞起来，努力将"四史"学习教育势能转化为推动事业发展的实践动能，凝聚起建设一流大学的强大力量，以优异成绩迎接建党百年！

（资料来源：中国社会科学网，2021 年 4 月 7 日）

 阅读推荐

1. 张雷生：《推进全国教育系统"四史"教育的核心要义》，中国社会科学网，2021 年 4 月 6 日。
2. 《学史明理要做到四个"深刻领悟"》，求是网，2021 年 3 月 28 日。
3. 习近平：《在党史学习教育动员大会上的讲话》，《求是》2021 年第 7 期。

思考题

1. 学习"四史"有什么重要意义？
2. "四史"对你有什么启发？
3. 如何在总结历史的基础上展现新担当新作为？

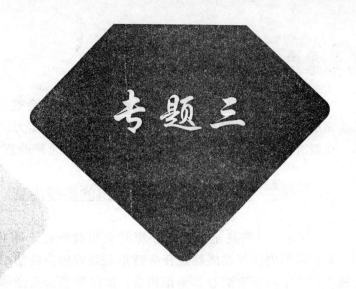

专题三

乘势而上

——收官"十三五"，迈向"十四五"

2016—2020年，一段浓墨重彩的华章。经济总量突破100万亿元大关，人均GDP超过1万美元，全面建成小康社会取得伟大历史性成就，决战脱贫攻坚取得全面胜利，中华民族伟大复兴向前迈出了新的一大步……时间的巨笔绘就了令人惊叹的壮美画卷。从"十三五"到"十四五"，两个五年规划的时空交汇，一个伟大故事的承前启后。习近平主席的2021年新年贺词令人心潮澎湃："我们通过奋斗，披荆斩棘，走过了万水千山。我们还要继续奋斗，勇往直前，创造更加灿烂的辉煌！"四海升腾，这边风景多锦绣；九州激荡，乘势而上开山河。

"十三五"规划已圆满收官，全面建成小康社会这"第一个百年奋斗目标"已经完成。回眸过去这5年，中国经济实力、科技实力、综合国力跃上新的大台阶，在新时代中国发展征程上写就了又一个浓墨重彩的篇章。

一、"十三五"时期我国发展取得的重要成就

"十三五"时期是全面建成小康社会决胜阶段。面对错综复杂的国际形势、艰巨繁重的国内改革发展稳定任务特别是新冠肺炎疫情严重冲击，以习近平同志为核心的党中央不忘初心、牢记使命，团结带领全党全国各族人民砥砺前行、开拓创新，奋发有为推进党和国家各项事业。全面深化改革取得重大突破，全面依法治国取得重大进展，全面从严治党取得重大成果，国家治理体系和治理能力现代化加快推进，中国共产党领导和我国社会主义制度优势进一步彰显。

经济实力跃上新的大台阶。2020年国内生产总值达到101.6万亿元，按年平均汇率折算为14.7万亿美元，占世界经济比重超过17%。人均国内生产总值已连续两年超过1万美元，稳居中等偏上收入国家行列，与高收入国家的差距继续缩小。转变发展方式取得成效，发展质量和效益改善，全员劳动生产率稳步上升。

 相关链接：
我国国内生产总值历史首次突破100万亿元

经济结构持续优化。需求结构继续改善，消费新业态新模式蓬勃发展。产业结构加快升级，服务业比重提高，制造业增加值稳居世界第一，装备制造业和高技术制造业比重提升，产业数字化智能化转型加快。新型城镇化稳步推进，1亿农业转移人口和其他常住人口在城镇落户目标顺利实现。区域重大战略扎实推进，区域发展格局不断优化。

创新型国家建设成果丰硕。研发投入持续增长，2020年研究与试验发展经费占GDP比重达到2.4%，在载人航天、探月工程、超级计算、量子信息、高速列车、大飞机制造等领域取得一批重大科技成果。世界知识产权组织报告显示，2020年我国继续位列全球创新指数排名第十四位，是前30名中唯一的中等收入经济体。

决战脱贫攻坚取得全面胜利。"十三五"时期，5575万农村贫困人口实现脱贫，年均减贫1115万人，困扰中华民族几千年的绝对贫困问题得到历史性解决，创造了人类减贫史上的奇迹。我国提前10年实现联合国《2030年可持续发展议程》的减贫目标，为人类减贫事业作出巨大贡献。

生态文明建设成效显著。污染防治力度加大，二氧化硫、氮氧化物、化学需

氧量、氨氮排放量等排放总量减少目标超额完成,单位国内生产总值二氧化碳排放目标提前完成。能源消费结构明显改善,2020年煤炭消费占能源消费总量比重下降到56.8%,清洁能源占比提升至24.3%,单位国内生产总值能耗继续下降。

改革开放取得重大突破。全面深化改革取得重大突破,"放管服"改革成效明显,营商环境全球排名大幅上升;要素市场化配置改革加快推进,市场配置资源功能持续增强。对外开放不断扩大,自由贸易试验区和海南自由贸易港建设稳步推进,"一带一路"建设成果丰硕。

人民生活水平显著提高。教育公平和质量较大提升,高等教育进入普及化阶段,城镇新增就业超过6000万人,建成世界上规模最大的社会保障体系,基本医疗保险覆盖超过13亿人,基本养老保险覆盖近10亿人,城镇棚户区住房改造开工超过2300万套。

"十三五"规划目标任务胜利完成,我国经济实力、科技实力、综合国力和人民生活水平跃上新的大台阶,全面建成小康社会取得伟大历史性成就,中华民族伟大复兴向前迈出了新的一大步,社会主义中国以更加雄伟的身姿屹立于世界东方。

 相关链接:
"十三五"规划主要目标任务胜利完成

二、准确把握和应对"十四五"时期我国发展环境的深刻变化

当前和今后一个时期,我国发展仍处于重要战略机遇期,但机遇和挑战都有新的发展变化。当今世界正经历百年未有之大变局,大变局往往孕育着大挑战,但危和机相伴相生,危中有机、危可转机,挑战前所未有,应对好了,机遇也就前所未有。

(一)"十四五"时期我国发展环境的深刻变化

新一轮科技革命和产业变革深入发展。以大数据、物联网、人工智能等为核心的新一轮科技革命,推动生产生活方式向数字化、网络化和智能化转型,重塑各国经济竞争力消长和全球分工格局。新科技革命为我国打开了进入国际科技前沿的机会窗口。得益于改革开放后特别是党的十八大以来科技创新能力的大幅提升,部分领域从"跟跑"向"并跑""领跑"转换,为我国跻身创新型国家前列创造有利条件。

国际力量对比深刻调整。21世纪以来,新兴市场和发展中国家力量群体性崛

起。中国作为最大的发展中国家，"十三五"时期对世界经济增长的年均贡献率近30%，成为全球经济增长的重要引擎。今后一个时期，东亚地区将加快崛起，我国在东亚地区的地位将继续上升，国际力量对比"东升西降"的态势将加速演进。

国际环境日趋复杂。新冠肺炎疫情影响广泛深远，世界经济陷入低迷期。经济全球化遭遇逆流，全球产业链供应链收缩重构，全球能源供需版图深刻变革。个别西方国家视我国为战略竞争对手，对我国进行全面遏制打压，外部环境不稳定性不确定性明显增加。

我国已转向高质量发展阶段，经济潜力足、韧性强、回旋空间大、政策工具多的基本特点没有变，推动高质量发展具有多方面优势和条件。一是制度优势显著。我国社会主义基本经济制度，既有利于激发各类市场主体活力、解放和发展社会生产力，又有利于促进效率和公平的有机统一、不断实现共同富裕。二是物质基础雄厚。我国具有全球规模最大的工业体系、强大的生产能力和完善的配套能力。三是人力资源丰富。我国拥有14亿人口，有1.7亿多受过高等教育或拥有各类专业技能的人才，人力资本积累水平提高，人才红利日益显现。四是市场空间广阔。我国城镇人口超过欧洲总人口，中等收入群体超过美国总人口，随着居民收入水平提高和中等收入群体扩大，超大规模市场优势进一步凸显，正在成为全球要素资源的强大引力场。五是发展韧性强劲。我国制度优势显著，治理效能提升，社会资源动员能力、抵御外部冲击能力和处置重大风险能力持续增强。

知识链接

2021年5月11日，国新办举行新闻发布会，介绍第七次全国人口普查主要数据结果。国家统计局局长宁吉喆在会上通报，全国人口共141178万人，10年来继续保持低速增长态势。其中，具有大学文化程度的人口为21836万人。与2010年相比，每10万人中具有大学文化程度的由8930人上升为15467人，15岁及以上人口的平均受教育年限由9.08年提高至9.91年，文盲率由4.08%下降为2.67%。受教育状况的持续改善反映了10年来我国大力发展高等教育以及扫除青壮年文盲等措施取得了积极成效，人口素质不断提高。

与此同时，我国发展不平衡不充分问题仍然突出，重点领域关键环节改革任务仍然艰巨，创新能力不适应高质量发展要求，农业基础还不稳固，城乡区域发展和收入分配差距较大，生态环保任重道远，民生保障存在短板，社会治理还有弱项。我们要着力固根基、扬优势、补短板、强弱项，努力实现高质量发展。

（二）善于在危机中育先机、于变局中开新局

"十四五"规划纲要明确指出,"必须统筹中华民族伟大复兴战略全局和世界百年未有之大变局"。科学把握国内国际两个大局的互动变化及其对我国发展环境的影响,保持战略定力,办好自己的事,树立底线思维,准确识变、科学应变、主动求变,善于在危机中育先机、于变局中开新局,是实施好"十四五"规划纲要的重要保障。

在危机中育先机,关键在抓住新一轮科技革命和产业变革的历史机遇,坚持创新在我国现代化建设全局中的核心地位,把科技自立自强作为国家发展的战略支撑。强化国家战略科技力量,加强前瞻性基础研究,提升原始创新能力,努力实现更多"从0到1"的突破,在关键核心技术领域实现自主可控,在更多领域跻身国际领先行列。

于变局中开新局,根本在加快构建以国内大循环为主体、国内国际双循环相互促进的新发展格局。坚持扩大内需这个战略基点,使生产、分配、流通、消费更多依托国内市场,形成国民经济良性循环。坚持供给侧结构性改革的战略方向,提升供给体系对国内需求的适配性,形成需求引领供给、供给创造需求的更高水平的动态平衡。

 相关链接：
于变局中开新局

习近平总书记在庆祝改革开放40周年大会上指出,"我们现在所处的,是一个船到中流浪更急、人到半山路更陡的时候,是一个愈进愈难、愈进愈险而又不进则退、非进不可的时候"。"十四五"规划纲要勾勒了到2035年基本实现社会主义现代化的远景目标,绘就了今后5年我国经济社会发展的宏伟蓝图。我们要牢牢抓住我国发展的重要战略机遇期,勇于应对更加严峻的风险挑战,以永不懈怠的精神状态和一往无前的奋斗姿态,努力完成"十四五"规划纲要确定的目标任务,为全面建设社会主义现代化国家开好局、起好步。

三、"十四五"时期我国发展的主要目标

"十四五"时期要高举中国特色社会主义伟大旗帜,深入贯彻党的十九大和十九届二中、三中、四中、五中全会精神,坚持以马克思列宁主义、毛泽东思想、邓小平理论、"三个代表"重要思想、科学发展观、习近平新时代中国特色社会主义思想为指导,全面贯彻党的基本理论、基本路线、基本方略,统筹推进

经济建设、政治建设、文化建设、社会建设、生态文明建设的总体布局，协调推进全面建设社会主义现代化国家、全面深化改革、全面依法治国、全面从严治党的战略布局，坚定不移贯彻创新、协调、绿色、开放、共享的新发展理念，坚持稳中求进工作总基调，以推动高质量发展为主题，以深化供给侧结构性改革为主线，以改革创新为根本动力，以满足人民日益增长的美好生活需要为根本目的，统筹发展和安全，加快建设现代化经济体系，加快构建以国内大循环为主体、国内国际双循环相互促进的新发展格局，推进国家治理体系和治理能力现代化，实现经济行稳致远、社会安定和谐，为全面建设社会主义现代化国家开好局、起好步。

着力提升发展质量效益，保持经济持续健康发展。发展是解决我国一切问题的基础和关键。必须坚持新发展理念，把新发展理念完整、准确、全面贯穿发展全过程和各领域，引导各方面把工作重点放在提高发展质量和效益上，促进增长潜力充分发挥。经济运行保持在合理区间，各年度视情提出经济增长预期目标，全员劳动生产率增长高于国内生产总值增长，城镇调查失业率控制在5.5%以内，物价水平保持总体平稳，实现更高质量、更有效率、更加公平、更可持续、更为安全的发展。

坚持创新驱动发展，加快发展现代产业体系。坚持创新在我国现代化建设全局中的核心地位，把科技自立自强作为国家发展的战略支撑。完善国家创新体系，加快构建以国家实验室为引领的战略科技力量，打好关键核心技术攻坚战，制定实施基础研究十年行动方案，提升企业技术创新能力，激发人才创新活力，完善科技创新体制机制，全社会研发经费投入年均增长7%以上、力争投入强度高于"十三五"时期实际。广泛开展科学普及活动。坚持把发展经济着力点放在实体经济上，推进产业基础高级化、产业链现代化，保持制造业比重基本稳定，改造提升传统产业，发展壮大战略性新兴产业，促进服务业繁荣发展。统筹推进传统基础设施和新型基础设施建设。加快数字化发展，打造数字经济新优势，协同推进数字产业化和产业数字化转型，加快数字社会建设步伐，提高数字政府建设水平，营造良好数字生态，建设数字中国。

形成强大国内市场，构建新发展格局。把实施扩大内需战略同深化供给侧结构性改革有机结合起来，以创新驱动、高质量供给引领和创造新需求。破除制约要素合理流动的堵点，贯通生产、分配、流通、消费各环节，形成国民经济良性循环。立足国内大循环，协同推进强大国内市场和贸易强国建设，依托国内经济循环体系形成对全球要素资源的强大引力场，促进国内国际双循环。建立扩大内需的有效制度，全面促进消费，拓展投资空间，加快培育完整内需体系。

全面推进乡村振兴，完善新型城镇化战略。坚持农业农村优先发展，严守18亿亩耕地红线，实施高标准农田建设工程、黑土地保护工程，确保种源安全，实施乡村建设行动，健全城乡融合发展体制机制。建立健全巩固拓展脱贫攻坚成果长效机制，提升脱贫地区整体发展水平。深入推进以人为核心的新型城镇化战略，加快农业转移人口市民化，常住人口城镇化率提高到65%，发展壮大城市群和都市圈，推进以县城为重要载体的城镇化建设，实施城市更新行动，完善住房市场体系和住房保障体系，提升城镇化发展质量。

优化区域经济布局，促进区域协调发展。深入实施区域重大战略、区域协调发展战略、主体功能区战略，构建高质量发展的区域经济布局和国土空间支撑体系。扎实推动京津冀协同发展、长江经济带发展、粤港澳大湾区建设、长三角一体化发展、黄河流域生态保护和高质量发展，高标准、高质量建设雄安新区。推动西部大开发形成新格局，推动东北振兴取得新突破，促进中部地区加快崛起，鼓励东部地区加快推进现代化。推进成渝地区双城经济圈建设。支持革命老区、民族地区加快发展，加强边疆地区建设。积极拓展海洋经济发展空间。

全面深化改革开放，持续增强发展动力和活力。构建高水平社会主义市场经济体制，激发各类市场主体活力，加快国有经济布局优化和结构调整，优化民营经济发展环境。建设高标准市场体系，全面完善产权制度，推进要素市场化配置改革，强化竞争政策基础地位，完善竞争政策框架。建立现代财税金融体制，提升政府经济治理能力。深化"放管服"改革，构建一流营商环境。建设更高水平开放型经济新体制，推动共建"一带一路"高质量发展，构建面向全球的高标准自由贸易区网络。

推动绿色发展，促进人与自然和谐共生。坚持绿水青山就是金山银山理念，加强山水林田湖草系统治理，加快推进重要生态屏障建设，构建以国家公园为主体的自然保护地体系，森林覆盖率达到24.1%。持续改善环境质量，基本消除重污染天气和城市黑臭水体。落实2030年应对气候变化国家自主贡献目标。加快发展方式绿色转型，协同推进经济高质量发展和生态环境高水平保护，单位国内生

"十四五"时期，要推动绿色发展，促进人与自然和谐共生。图为福建省霞浦县盐田乡南湾村海域，两只中华白海豚在近海嬉戏玩耍、翻滚跳跃。

产总值能耗和二氧化碳排放分别降低13.5%、18%。

持续增进民生福祉，扎实推动共同富裕。坚持尽力而为、量力而行，加强普惠性、基础性、兜底性民生建设，制定促进共同富裕行动纲要，让发展成果更多更公平惠及全体人民。实施就业优先战略，扩大就业容量。着力提高低收入群体收入，扩大中等收入群体，居民人均可支配收入增长与国内生产总值增长基本同

步。建设高质量教育体系，建设高素质专业化教师队伍，深化教育改革，实施教育提质扩容工程，劳动年龄人口平均受教育年限提高到 11.3 年。全面推进健康中国建设，构建强大公共卫生体系，完善城乡医疗服务网络，广泛开展全民健身运动，人均预期寿命再提高 1 岁。实施积极应对人口老龄化国家战略，以"一老一小"为重点完善人口服务体系，优化生育政策，推动实现适度生育水平，发展普惠托育和基本养老服务体系，逐步延迟法定退休年龄。健全多层次社会保障体系，基本养老保险参保率提高到 95%，优化社会救助和慈善制度。发展社会主义先进文化，提高社会文明程度，弘扬诚信文化，建设诚信社会，提升公共文化服务水平，健全现代文化产业体系。

统筹发展和安全，建设更高水平的平安中国。坚持总体国家安全观，加强国家安全体系和能力建设。强化国家经济安全保障，实施粮食、能源资源、金融安全战略，粮食综合生产能力保持在 1.3 万亿斤以上，提高能源综合生产能力。全面提高公共安全保障能力，维护社会稳定和安全。

展望未来，我们有信心有能力战胜前进道路上的艰难险阻，完成"十四五"规划目标任务，奋力谱写中国特色社会主义事业新篇章！

四、做好 2021 年重点工作，为"十四五"和全面建设社会主义现代化国家开好局、起好步

"十四五"时期是开启全面建设社会主义现代化国家新征程的第一个五年，2021 年是"十四五"的开局之年，做好 2021 年的起步工作，对"十四五"目标任务的顺序完成和社会主义现代化国家的建设至关重要。

2021 年 3 月 5 日，李克强总理在第十三届全国人民代表大会第四次会议上作《政府工作报告》指出，2021 年是我国现代化建设进程中具有特殊重要性的一年。做好政府工作，要在以习近平同志为核心的党中央坚强领导下，以习近平新时代中国特色社会主义思想为指导，全面贯彻党的十九大和十九届二中、三中、四中、五中全会精神，坚持稳中求进工作总基调，立足新发展阶段，贯彻新发展理念，构建新发展格局，以推动高质量发展为主题，以深化供给侧结构性改革为主线，以改革创新为根本动力，以满足人民日益增长的美好生活需要为根本目的，坚持系统观念，巩固拓展疫情防控和经济社会发展成果，更好统筹发展和安全，扎实做好"六稳"工作、全面落实"六保"任务，科学精准实施宏观政策，努力保持经济运行在合理区间，坚持扩大内需战略，强化科技战略支撑，扩大高水平对外开放，保持社会和谐稳定，确保"十四五"开好局、起好步，以优异成绩庆祝中国共产党成立 100 周年。

2021 年发展主要预期目标是：国内生产总值增长 6% 以上；城镇新增就业

1100 万人以上，城镇调查失业率 5.5% 左右；居民消费价格涨幅 3% 左右；进出口量稳质升，国际收支基本平衡；居民收入稳步增长；生态环境质量进一步改善，单位国内生产总值能耗降低 3% 左右，主要污染物排放量继续下降；粮食产量保持在 1.3 万亿斤以上。

做好 2021 年工作，要更好统筹疫情防控和经济社会发展。坚持常态化防控和局部应急处置有机结合，继续毫不放松做好外防输入、内防反弹工作，抓好重点区域和关键环节防控，补上短板漏洞，严防出现聚集性疫情和散发病例传播扩散，有序推进疫苗研制和加快免费接种，提高科学精准防控能力和水平。

（一）保持宏观政策连续性稳定性可持续性，促进经济运行在合理区间

1. 积极的财政政策要提质增效、更可持续

考虑到疫情得到有效控制和经济逐步恢复，2021 年赤字率拟按 3.2% 左右安排、比 2020 年有所下调，不再发行抗疫特别国债。因财政收入恢复性增长，财政支出总规模比 2020 年增加，重点仍是加大对保就业保民生保市场主体的支持力度。中央本级支出继续安排负增长，进一步大幅压减非急需非刚性支出，对地方一般性转移支付增长 7.8%，增幅明显高于 2020 年，其中均衡性转移支付、县级基本财力保障机制奖补资金等增幅均超过 10%。建立常态化财政资金直达机制并扩大范围，将 2.8 万亿元中央财政资金纳入直达机制、规模明显大于 2020 年，为市县基层惠企利民提供更加及时有力的财力支持。各级政府都要节用为民、坚持过紧日子，确保基本民生支出只增不减，助力市场主体青山常在、生机盎然。

2. 优化和落实减税政策

市场主体恢复元气、增强活力，需要再帮一把。继续执行制度性减税政策，延长小规模纳税人增值税优惠等部分阶段性政策执行期限，实施新的结构性减税举措，对冲部分政策调整带来的影响。将小规模纳税人增值税起征点从月销售额 10 万元提高到 15 万元。对小微企业和个体工商户年应纳税所得额不到 100 万元的部分，在现行优惠政策基础上，再减半征收所得税。各地要把减税政策及时落实到位，确保市场主体应享尽享。

3. 稳健的货币政策要灵活精准、合理适度

把服务实体经济放到更加突出的位置，处理好恢复经济与防范风险的关系。货币供应量和社会融资规模增速与名义经济增速基本匹配，保持流动性合理充裕，保持宏观杠杆率基本稳定。保持人民币汇率在合理均衡水平上的基本稳定。进一步解决中小微企业融资难题。延续普惠小微企业贷款延期还本付息政策，加大再贷款再贴现支持普惠金融力度。延长小微企业融资担保降费奖补政策，完善贷款风险分担补偿机制。加快信用信息共享步伐。完善金融机构考核、评价和尽职免责制度。引导银行扩大信用贷款、持续增加首贷户，推广随借随还贷款，使

资金更多流向科技创新、绿色发展，更多流向小微企业、个体工商户、新型农业经营主体，对受疫情持续影响行业企业给予定向支持。大型商业银行普惠小微企业贷款增长30%以上。创新供应链金融服务模式。适当降低小微企业支付手续费。优化存款利率监管，推动实际贷款利率进一步降低，继续引导金融系统向实体经济让利。2021年务必做到小微企业融资更便利、综合融资成本稳中有降。

4.就业优先政策要继续强化、聚力增效

着力稳定现有岗位，对不裁员少裁员的企业，继续给予必要的财税、金融等政策支持。延续降低失业和工伤保险费率，扩大失业保险返还等阶段性稳岗政策惠及范围，延长以工代训政策实施期限。拓宽市场化就业渠道，促进创业带动就业。推动降低就业门槛，动态优化国家职业资格目录，降低或取消部分准入类职业资格考试工作年限要求。支持和规范发展新就业形态，加快推进职业伤害保障试点。继续对灵活就业人员给予社保补贴，推动放开在就业地参加社会保险的户籍限制。做好高校毕业生、退役军人、农民工等重点群体就业工作，完善残疾人、零就业家庭成员等困难人员就业帮扶政策，促进失业人员再就业。拓宽职业技能培训资金使用范围，开展大规模、多层次职业技能培训，完成职业技能提升和高职扩招三年行动目标，建设一批高技能人才培训基地。健全就业公共服务体系，实施提升就业服务质量工程。运用就业专项补助等资金，支持各类劳动力市场、人才市场、零工市场建设，广开就业门路，为有意愿有能力的人创造更多公平就业机会。

相关链接：
"十四五"中国经济再续航

（二）深入推进重点领域改革，更大激发市场主体活力

1.进一步转变政府职能

充分发挥市场在资源配置中的决定性作用，更好发挥政府作用，推动有效市场和有为政府更好结合。继续放宽市场准入，开展要素市场化配置综合改革试点，依法平等保护各类市场主体产权。纵深推进"放管服"改革，加快营造市场化、法治化、国际化营商环境。将行政许可事项全部纳入清单管理。深化"证照分离"改革，大力推进涉企审批减环节、减材料、减时限、减费用。完善市场主体退出机制，实行中小微企业简易注销制度。实施工业产品准入制度改革，推进汽车、电子电器等行业生产准入和流通管理全流程改革。把有效监管作为简政放权的必要保障，全面落实监管责任，加强对取消或下放审批事项的事中事后监管，完善分级分类监管政策，健全跨部门综合监管制度，大力推行"互联网＋监

管",提升监管能力,加大失信惩处力度,以公正监管促进优胜劣汰。加强数字政府建设,建立健全政务数据共享协调机制,推动电子证照扩大应用领域和全国互通互认,实现更多政务服务事项网上办、掌上办、一次办。企业和群众经常办理的事项,2021年要基本实现"跨省通办"。

2. 用改革办法推动降低企业生产经营成本

推进能源、交通、电信等基础性行业改革,提高服务效率,降低收费水平。允许所有制造业企业参与电力市场化交易,进一步清理用电不合理加价,继续推动降低一般工商业电价。中小企业宽带和专线平均资费再降10%。全面推广高速公路差异化收费,坚决整治违规设置妨碍货车通行的道路限高限宽设施和检查卡点。取消港口建设费,将民航发展基金航空公司征收标准降低20%。鼓励受疫情影响较大的地方对承租国有房屋的服务业小微企业和个体工商户减免租金。推动各类中介机构公开服务条件、流程、时限和收费标准。要严控非税收入不合理增长,严厉整治乱收费、乱罚款、乱摊派,不得扰民渔利,让市场主体安心经营、轻装前行。

3. 促进多种所有制经济共同发展

坚持和完善社会主义基本经济制度。毫不动摇巩固和发展公有制经济,毫不动摇鼓励、支持、引导非公有制经济发展。各类市场主体都是国家现代化的建设者,要一视同仁、平等对待。深入实施国企改革三年行动,做强做优做大国有资本和国有企业。深化国有企业混合所有制改革。构建亲清政商关系,破除制约民营企业发展的各种壁垒。健全防范和化解拖欠中小企业账款长效机制。弘扬企业家精神。国家支持平台企业创新发展、增强国际竞争力,同时要依法规范发展,健全数字规则。强化反垄断和防止资本无序扩张,坚决维护公平竞争市场环境。

4. 深化财税金融体制改革

强化预算约束和绩效管理,加大预算公开力度,精简享受税费优惠政策的办理流程和手续。落实中央与地方财政事权和支出责任划分改革方案。健全地方税体系。继续多渠道补充中小银行资本、强化公司治理,深化农村信用社改革,推进政策性银行分类分账改革,提升保险保障和服务功能。稳步推进注册制改革,完善常态化退市机制,加强债券市场建设,更好发挥多层次资本市场作用,拓展市场主体融资渠道。强化金融控股公司和金融科技监管,确保金融创新在审慎监管的前提下进行。完善金融风险处置工作机制,压实各方责任,坚决守住不发生系统性风险的底线。金融机构要坚守服务实体经济的本分。

(三)依靠创新推动实体经济高质量发展,培育壮大新动能

1. 提升科技创新能力

强化国家战略科技力量,推进国家实验室建设,完善科技项目和创新基地布

局。实施好关键核心技术攻关工程，深入谋划推进"科技创新2030—重大项目"，改革科技重大专项实施方式，推广"揭榜挂帅"等机制。支持有条件的地方建设国际和区域科技创新中心，增强国家自主创新示范区等带动作用。发展疾病防治攻关等民生科技。促进科技开放合作。加强知识产权保护。加强科研诚信建设，弘扬科学精神，营造良好创新生态。基础研究是科技创新的源头，要健全稳定支持机制，大幅增加投入，中央本级基础研究支出增长10.6%，落实扩大经费使用自主权政策，优化项目申报、评审、经费管理、人才评价和激励机制，努力消除科研人员不合理负担，使他们能够沉下心来致力科学探索，以"十年磨一剑"精神在关键核心领域实现重大突破。

2. 运用市场化机制激励企业创新

强化企业创新主体地位，鼓励领军企业组建创新联合体，拓展产学研用融合通道，健全科技成果产权激励机制，完善创业投资监管体制和发展政策，纵深推进大众创业万众创新。延续执行企业研发费用加计扣除75%政策，将制造业企业加计扣除比例提高到100%，用税收优惠机制激励企业加大研发投入，着力推动企业以创新引领发展。

3. 优化和稳定产业链供应链

继续完成"三去一降一补"重要任务。对先进制造业企业按月全额退还增值税增量留抵税额，提高制造业贷款比重，扩大制造业设备更新和技术改造投资。增强产业链供应链自主可控能力，实施好产业基础再造工程，发挥大企业引领支撑和中小微企业协作配套作用。发展工业互联网，促进产业链和创新链融合，搭建更多共性技术研发平台，提升中小微企业创新能力和专业化水平。加大5G网络和千兆光网建设力度，丰富应用场景。加强网络安全、数据安全和个人信息保护。统筹新兴产业布局。加强质量基础设施建设，深入实施质量提升行动，完善标准体系，促进产业链上下游标准有效衔接，弘扬工匠精神，以精工细作提升中国制造品质。

（四）坚持扩大内需这个战略基点，充分挖掘国内市场潜力

1. 稳定和扩大消费

多渠道增加居民收入。健全城乡流通体系，加快电商、快递进农村，扩大县乡消费。稳定增加汽车、家电等大宗消费，取消对二手车交易不合理限制，增加停车场、充电桩、换电站等设施，加快建设动力电池回收利用体系。发展健康、文化、旅游、体育等服务消费。鼓励企业创新产品和服务，便利新产品市场准入，推进内外贸产品同线同标同质。保障小店商铺等便民服务业有序运营。运用好"互联网+"，推进线上线下更广更深融合，发展新业态新模式，为消费者提供更多便捷舒心的服务和产品。引导平台企业合理降低商户服务费。稳步提高消费

能力，改善消费环境，让居民能消费、愿消费，以促进民生改善和经济发展。

2.扩大有效投资

2021年拟安排地方政府专项债券3.65万亿元，优化债券资金使用，优先支持在建工程，合理扩大使用范围。中央预算内投资安排6100亿元。继续支持促进区域协调发展的重大工程，推进"两新一重"建设，实施一批交通、能源、水利等重大工程项目，建设信息网络等新型基础设施，发展现代物流体系。政府投资更多向惠及面广的民生项目倾斜，新开工改造城镇老旧小区5.3万个，提升县城公共服务水平。简化投资审批程序，推进实施企业投资项目承诺制。深化工程建设项目审批制度改革。完善支持社会资本参与政策，进一步拆除妨碍民间投资的各种藩篱，在更多领域让社会资本进得来、能发展、有作为。

（五）全面实施乡村振兴战略，促进农业稳定发展和农民增收

1.做好巩固拓展脱贫攻坚成果同乡村振兴有效衔接

对脱贫县从脱贫之日起设立5年过渡期，保持主要帮扶政策总体稳定。健全防止返贫动态监测和帮扶机制，促进脱贫人口稳定就业，加大技能培训力度，发展壮大脱贫地区产业，做好易地搬迁后续扶持，分层分类加强对农村低收入人口常态化帮扶，确保不发生规模性返贫。在西部地区脱贫县中集中支持一批乡村振兴重点帮扶县。坚持和完善东西部协作和对口支援机制，发挥中央单位和社会力量帮扶作用，继续支持脱贫地区增强内生发展能力。

2.提高粮食和重要农产品供给保障能力

保障粮食安全的要害是种子和耕地。要加强种质资源保护利用和优良品种选育推广，开展农业关键核心技术攻关。提高高标准农田建设标准和质量，完善灌溉设施，强化耕地保护，坚决遏制耕地"非农化"、防止"非粮化"。推进农业机械化、智能化。建设国家粮食安全产业带和农业现代化示范区。稳定种粮农民补贴，适度提高稻谷、小麦最低收购价，扩大完全成本和收入保险试点范围。稳定粮食播种面积，提高单产和品质。多措并举扩大油料生产。发展畜禽水产养殖，稳定和发展生猪生产。加强动植物疫病防控。保障农产品市场供应和价格基本稳定。开展粮食节约行动。解决好吃饭问题始终是头等大事，一定要下力气保障好14亿人的粮食安全。

3.扎实推进农村改革和乡村建设

巩固和完善农村基本经营制度，保持土地承包关系稳定并长久不变，稳步推进多种形式适度规模经营，加快发展专业化社会化服务。稳慎推进农村宅基地制度改革试点。发展新型农村集体经济。深化供销社、集体林权、国有林区林场、农垦等改革。提高土地出让收入用于农业农村比例。强化农村基本公共服务和公共基础设施建设，促进县域内城乡融合发展。启动农村人居环境整治提升五年行

动。加强农村精神文明建设。保障农民工工资及时足额支付。加快发展乡村产业，壮大县域经济，加强对返乡创业的支持，拓宽农民就业渠道。千方百计使亿万农民多增收、有奔头。

（六）实行高水平对外开放，促进外贸外资稳中提质

从消博会出发，由海南自贸港起航，一个更加开放、更具活力的中国，正与世界分享发展新机遇，书写合作共赢新篇章。图为游客在消博会珠宝展区选购珠宝首饰。

1. 推动进出口稳定发展

加强对中小外贸企业信贷支持，扩大出口信用保险覆盖面、优化承保和理赔条件，深化贸易外汇收支便利化试点。稳定加工贸易，发展跨境电商等新业态新模式，支持企业开拓多元化市场。发展边境贸易。创新发展服务贸易。优化调整进口税收政策，增加优质产品和服务进口。加强贸易促进服务，办好进博会、广交会、服贸会及首届中国国际消费品博览会等重大展会。推动国际物流畅通，清理规范口岸收费，不断提升通关便利化水平。

2. 积极有效利用外资

进一步缩减外资准入负面清单。推动服务业有序开放，增设服务业扩大开放综合试点，制定跨境服务贸易负面清单。推进海南自由贸易港建设，加强自贸试验区改革开放创新，推动海关特殊监管区域与自贸试验区统筹发展，发挥好各类开发区开放平台作用。

促进内外资企业公平竞争，依法保护外资企业合法权益。欢迎外商扩大在华投资，分享中国开放的大市场和发展机遇。

3. 高质量共建"一带一路"

坚持共商共建共享，坚持以企业为主体、遵循市场化原则，健全多元化投融资体系，强化法律服务保障，有序推动重大项目合作，推进基础设施互联互通。提升对外投资合作质量效益。

4. 深化多双边和区域经济合作

坚定维护多边贸易体制。推动区域全面经济伙伴关系协定尽早生效实施、中欧投资协定签署，加快中日韩自贸协定谈判进程，积极考虑加入全面与进步跨太平洋伙伴关系协定。在相互尊重基础上，推动中美平等互利经贸关系向前发展。中国愿与世界各国扩大相互开放，实现互利共赢。

（七）加强污染防治和生态建设，持续改善环境质量

1. 继续加大生态环境治理力度

强化大气污染综合治理和联防联控，加强细颗粒物和臭氧协同控制，北方地区清洁取暖率达到70%。整治入河入海排污口和城市黑臭水体，提高城镇生活污水收集和园区工业废水处置能力，严格土壤污染源头防控，加强农业面源污染治理。继续严禁洋垃圾入境。有序推进城镇生活垃圾分类处置。推动快递包装绿色转型。加强危险废物医疗废物收集处理。研究制定生态保护补偿条例。落实长江十年禁渔，实施生物多样性保护重大工程，科学推进荒漠化、石漠化、水土流失综合治理，持续开展大规模国土绿化行动，保护海洋生态环境，推进生态系统保护和修复，让我们生活的家园拥有更多碧水蓝天。

2. 扎实做好碳达峰、碳中和各项工作

制定2030年前碳排放达峰行动方案。优化产业结构和能源结构。推动煤炭清洁高效利用，大力发展新能源，在确保安全的前提下积极有序发展核电。扩大环境保护、节能节水等企业所得税优惠目录范围，促进新型节能环保技术、装备和产品研发应用，培育壮大节能环保产业，推动资源节约高效利用。加快建设全国用能权、碳排放权交易市场，完善能源消费双控制度。实施金融支持绿色低碳发展专项政策，设立碳减排支持工具。提升生态系统碳汇能力。中国作为地球村的一员，将以实际行动为全球应对气候变化作出应有贡献。

（八）切实增进民生福祉，不断提高社会建设水平

1. 发展更加公平更高质量的教育

构建德智体美劳全面培养的教育体系。推动义务教育优质均衡发展和城乡一体化，加快补齐农村办学条件短板，健全教师工资保障长效机制，改善乡村教师待遇。进一步提高学前教育入园率，完善普惠性学前教育保障机制，支持社会力量办园。鼓励高中阶段学校多样化发展，加强县域高中建设。增强职业教育适应性，深化产教融合、校企合作，深入实施职业技能等级证书制度。办好特殊教育、继续教育，支持和规范民办教育发展。分类建设一流大学和一流学科，加快优化学科专业结构，加强基础学科和前沿学科建设，促进新兴交叉学科发展。支持中西部高等教育发展。加大国家通用语言文字推广力度。发挥在线教育优势，完善终身学习体系。倡导全社会尊师重教。深化教育评价改革，健全学校家庭社会协同育人机制，规范校外培训。加强师德师风建设。在教育公平上迈出更大步伐，更好解决进城务工人员子女就学问题，高校招生继续加大对中西部和农村地区倾斜力度，努力让广大学生健康快乐成长，让每个孩子都有人生出彩的机会。

2. 推进卫生健康体系建设

坚持预防为主，持续推进健康中国行动，深入开展爱国卫生运动，深化疾病预防控制体系改革，强化基层公共卫生体系，创新医防协同机制，健全公共卫生应急处置和物资保障体系，建立稳定的公共卫生事业投入机制。加强精神卫生和心理健康服务。深化公立医院综合改革，扩大国家医学中心和区域医疗中心建设试点，加强全科医生和乡村医生队伍建设，提升县级医疗服务能力，加快建设分级诊疗体系。坚持中西医并重，实施中医药振兴发展重大工程。支持社会办医，促进"互联网＋医疗健康"规范发展。强化食品药品疫苗监管。优化预约诊疗等便民措施，努力让大病、急难病患者尽早得到治疗。居民医保和基本公共卫生服务经费人均财政补助标准分别再增加30元和5元，推动基本医保省级统筹、门诊费用跨省直接结算。建立健全门诊共济保障机制，逐步将门诊费用纳入统筹基金报销，完善短缺药品保供稳价机制，采取把更多慢性病、常见病药品和高值医用耗材纳入集中带量采购等办法，进一步降低患者医药负担。

3. 保障好群众住房需求

坚持房子是用来住的、不是用来炒的定位，稳地价、稳房价、稳预期。解决好大城市住房突出问题，通过增加土地供应、安排专项资金、集中建设等办法，切实增加保障性租赁住房和共有产权住房供给，规范发展长租房市场，降低租赁住房税费负担，尽最大努力帮助新市民、青年人等缓解住房困难。

4. 加强基本民生保障

提高退休人员基本养老金、优抚对象抚恤和生活补助标准。推进基本养老保险全国统筹，规范发展第三支柱养老保险。完善全国统一的社会保险公共服务平台。加强军人军属、退役军人和其他优抚对象优待工作，健全退役军人工作体系和保障制度。继续实施失业保险保障扩围政策。促进医养康养相结合，稳步推进长期护理保险制度试点。发展普惠型养老服务和互助性养老。发展婴幼儿照护服务。发展社区养老、托幼、用餐、保洁等多样化服务，加强配套设施和无障碍设施建设，实施更优惠政策，让社区生活更加便利。完善传统服务保障措施，为老年人等群体提供更周全更贴心的服务。推进智能化服务要适应老年人、残疾人需求，并做到不让智能工具给他们日常生活造成障碍。健全帮扶残疾人、孤儿等社会福利制度，加强残疾预防，提升残疾康复服务质量。分层分类做好社会救助，及时帮扶受疫情灾情影响的困难群众，坚决兜住民生底线。

5. 更好满足人民群众精神文化需求

培育和践行社会主义核心价值观，弘扬伟大抗疫精神和脱贫攻坚精神，推进公民道德建设。繁荣新闻出版、广播影视、文学艺术、哲学社会科学和档案等事业。加强互联网内容建设和管理，发展积极健康的网络文化。传承弘扬中华优秀传统文化，加强文物保护利用和非物质文化遗产传承，建设国家文化公园。推进城乡公共文化服务体系一体建设，创新实施文化惠民工程，倡导全民阅读。深化中外人文交流。完善全民健身公共服务体系。精心筹办北京冬奥会、冬残奥会等综合性体育赛事。

6.加强和创新社会治理

夯实基层社会治理基础，健全城乡社区治理和服务体系，推进市域社会治理现代化试点。加强社会信用体系建设。大力发展社会工作，支持社会组织、人道救助、志愿服务、公益慈善发展。保障妇女、儿童、老年人、残疾人合法权益。继续完善信访制度，推进矛盾纠纷多元化解。加强法律援助工作，启动实施"八五"普法规划。加强应急救援力量建设，提高防灾减灾抗灾救灾能力，切实做好洪涝干旱、森林草原火灾、地质灾害、地震等防御和气象服务。完善和落实安全生产责任制，深入开展安全生产专项整治三年行动，坚决遏制重特大事故发生。完善社会治安防控体系，常态化开展扫黑除恶斗争，防范打击各类犯罪，维护社会稳定和安全。

重任在肩，更须砥砺奋进。让我们更加紧密地团结在以习近平同志为核心的党中央周围，高举中国特色社会主义伟大旗帜，以习近平新时代中国特色社会主义思想为指导，齐心协力，开拓进取，努力完成全年目标任务，以优异成绩庆祝中国共产党百年华诞，为把我国建设成为富强民主文明和谐美丽的社会主义现代化强国、实现中华民族伟大复兴的中国梦不懈奋斗！

推动"十四五"高质量开局起步

2021年3月5日，第十三届全国人民代表大会第四次会议在北京人民大会堂开幕，李克强总理代表国务院向大会作政府工作报告（以下简称"报告"）。连日来，出席全国两会的代表委员围绕报告内容认真审议、热烈讨论。代表委员们纷纷表示，将更加紧密地团结在以习近平同志为核心的党中央周围，以习近平新时代中国特色社会主义思想为指导，齐心协力，开拓进取，努力完成全年目标任务，推动"十四五"高质量开局起步，以优异成绩庆祝中国共产党百年华诞。

以新理念引领高质量发展

作为政府施政的纲领性文件，报告既描绘了经济社会发展的宏伟蓝图，也标注了实现蓝图的具体路线。受访代表委员表示，报告全篇始终贯穿创新、协调、绿色、开放、共享的发展理念，为下一阶段的高质量发展指明了方向。

"强化国家战略科技力量""协同推进强大国内市场和贸易强国建设""促

进生产生活方式绿色转型""建设更高水平开放型经济新体制""扎实推动共同富裕"……在全国人大常委会委员、中国社会保障学会会长郑功成看来，报告中的这些表述不仅聚焦当下热点，也前瞻时代变化；不仅充分体现新发展理念，也更加符合新时代要求。

全国人大常委会委员、中国教育学会副会长周洪宇认为，无论是纵向上还是横向上，新发展理念都在报告中得到了完整立体地呈现。纵向来看，报告回顾了2020年工作，总结了"十三五"时期发展成就，阐述了"十四五"时期主要目标任务，并对2021年重点工作进行了科学部署；横向来看，经济、社会发展、科教文卫、民生就业、对外开放等工作安排有条不紊，新理念横贯其中。

促进经济运行在合理区间

报告明确了2021年发展主要预期目标，其中国内生产总值增长目标设定为6%以上。回顾2020年的政府工作报告，面对新冠肺炎疫情全球肆虐、世界经济严重衰退的局面，中国政府从实际出发，没有设定经济增长的量化目标。2021年，国内生产总值增长的量化目标在"缺席"一年后再次出现，立刻引发国内外高度关注。

全国政协委员、中国社会科学院世界经济与政治研究所所长张宇燕表示，设定6%以上的增长目标，体现了中国政府对2021年和未来一段时期的发展信心。经济增长与就业、物价、外贸等宏观经济指标环环相扣。中国经济每增长一个百分点，可以带动近200万就业，达到6%的增速就可实现全年新增就业岗位1100万的目标。考虑到全球疫情仍未平息、国际贸易保护主义抬头、美国通胀预期上升及国际传递等因素，"6%以上"是一个经过通盘考虑的科学设定，是实事求是、极具可行性的增长目标。

报告将"保持宏观政策连续性稳定性可持续性"作为2021年政府工作重要内容。郑功成表示，保持宏观政策连续性稳定性可持续性是党的十八大以来在经济新常态下实现国家发展目标的一条重要经验，2021年继续坚持这样的方针，既是增强信心、稳定预期的要求，也是延续发展势头的保证。尽管疫情影响仍在持续，国际形势中不稳定不确定因素增多，但支撑我国经济发展的基本面并没有改变，2021年在宏观政策上保持定力是理性选择。同时应该看到，这并非是以往政策的简单延续，而是强调宏观政策的稳定，具体政策仍需适时调适，以便更加精准地促进整个经济社会朝着预定目标健康持续迈进。

全面推进乡村振兴

报告对2021年全面实施乡村振兴战略作出部署，就做好巩固拓展脱贫攻坚成果同乡村振兴有效衔接、提高粮食和重要农产品供给保障能力、扎实推进农村改革和乡村建设提出具体举措。

全国人大代表、中国社会科学院农村发展研究所所长魏后凯表示,全面推进乡村振兴是一场持久战,需要建立长效机制,做好顶层设计,建立长期的制度性安排。我国脱贫攻坚战取得全面胜利后,"三农"工作重心发生了历史性转移,从脱贫攻坚转变为全面推进乡村振兴。在这个过程中,要做好发展观念、减贫战略、工作体系、发展动力、政府政策这五个方面的转型。

报告提出加快发展乡村产业。在魏后凯看来,乡村产业发展不能照搬城市发展的思路,一定要以农业农村为基础,遵循产业发展规律,推动农业产业链纵向延伸、横向融合,走规模化、集约化、工业化、社会化、绿色化发展道路。魏后凯特别谈到,发展乡村产业一定要因地制宜、因村施策。

激活基础研究创新源头

创新在我国现代化建设全局中居于核心地位。报告指出基础研究是科技创新的源头,并提出了落实扩大经费使用自主权政策、完善项目评审和人才评价机制、切实减轻科研人员不合理负担等具体支持举措。这让来自学术界的代表委员们备受鼓舞。

全国人大代表、华南理工大学国际教育学院教授安然表示,做科研、做学问都需要有甘于"坐冷板凳"的精神和意志。只有切实解决科研人员在工作中面临的实际问题,完善相关机制,科研人员才能心无旁骛干实事,以"十年磨一剑"的精神"磨"出重大成果、"磨"出好学问。

高校是国家科技创新体系的重要力量。全国政协委员、西安财经大学校长方明认为,落实报告提出的相关举措,需要进一步加强校企合作,推进产学研协同创新,构建知识创新体系和工程技术创新体系,鼓励高校在服务国家重大战略需求和高质量发展等方面积极开展研究,推动高校成为产业行业企业科技成果转化和技术转移基地。

让"中国之治"更有温度

教育、医疗、住房、养老……这些常谈常新的民生话题,在2021年报告中都得到了有力回应。"切实增进民生福祉""注重解民忧、纾民困""持续改善人民生活",报告中的这些语句,彰显了以人民为中心的价值取向,让"中国之治"更有温度。

郑功成认为,报告围绕民生问题作出的一系列工作安排,体现了进一步改善人民生活品质、促进社会保障制度更加公平普惠的发展导向。针对报告中"制定促进共同富裕行动纲要"的内容,他认为,这意味着在消除绝对贫困和区域性整体贫困后,我们将在全面建成小康社会的新起点上,向着更加美好的共同富裕目标阔步迈进。

"让广大学生健康快乐成长,让每个孩子都有人生出彩的机会。"报告中这句话让全国政协委员、南通大学校长施卫东深受感动。他表示，教育公平是教育强国的基本内涵。报告提出要"发展更加公平更高质量的教育"并作出相关部署，既体现了教育发展政策的精准性，也回答了建设教育强国的方向性、根本性、战略性问题。

良好生态环境是最普惠的民生福祉。全国人大代表、陕西师范大学西北历史环境与经济社会发展研究院副院长方兰表示，"十三五"时期我国绿色发展取得显著成效，但同时也要看到，当前我国绿色发展依然处于压力叠加、负重前行的关键期，长期矛盾和短期问题交织，生态环境保护结构性、根源性、趋势性压力尚未根本缓解。正是在这样的背景下，报告强调要加强污染防治和生态建设，持续改善环境质量，这对下一步工作具有指导意义。

重任在肩，更须砥砺奋进。全国政协委员、广东财经大学法学院副院长鲁晓明谈到，面对新的目标任务，哲学社会科学工作者应加强理论学习，提升调研能力，多建有用之言、多谋务实之策，把责任感转化为不断前进的根本动力，为时代发展提供智力支撑。

（资料来源：中国社会科学网，2021年3月8日）

 阅读推荐

1. 胡迟：《良好开局推动"十四五"高质量发展》，《经济参考报》2021年5月18日 A07版。

2. 李长安：《"十四五"时期如何实现更加充分更高质量就业》，《光明日报》2021年5月11日 11版。

3. 中国社会科学院数量经济与技术经济研究所、经济日报社中国经济趋势研究院：《2021中国经济趋势报告》，《经济日报》2021年1月11日 09版。

 思考题

1. "十三五"时期我国有哪些主要成就？

2. 我国脱贫攻坚战取得全面胜利，你的家乡有哪些变化？

3. 2021年是"十四五"的开局之年，你认为我国应做好哪些起步工作？

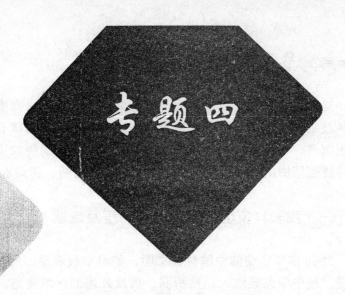

专题四

自立自强

——以科技创新引领高质量发展

　　科技兴则民族兴，科技强则国家强。近代以来世界发展历程清楚地表明，一个国家和民族的科技创新能力，从根本上影响甚至决定着国家和民族的前途命运。全面建设社会主义现代化国家，必须坚持科技为先，发挥科技创新的关键和中坚作用。

党的十八大以来，以习近平同志为核心的党中央高度重视科技工作、重视发挥科技工作者作用，把科技创新摆在国家发展全局的核心位置，作出战略谋划和系统部署。习近平总书记高瞻远瞩、审时度势，围绕加快推进科技创新、建设世界科技强国提出一系列新思想、新观点、新论断、新要求。

一、我国科技创新建设发展历程及成就

5000多年积淀的中国科技文明，如星空般璀璨。近代以来，闭关锁国、列强入侵，使中华民族陷入积贫积弱、内忧外患的苦难境地。于是，一批批能人志士开始了科技救国的探索之路。

（一）近代以来我国科技创新建设发展历程

从以魏源"睁眼看世界"为代表的有识之士"师夷长技以制夷"，到五四新文化运动促进西方先进科技知识在中国的传播，一批留学生赴西方求学，中国先进知识分子抱着振兴中华的信念，试图从西方科学中寻找到中国的救亡道路。一时间，发起社团、兴办学会、创办报刊、兴办实业等成为潮流，致力于开启民智，欲将国人从蒙昧中唤醒。孙中山于1895年在广州创立首个农学会，詹天佑于1912年发起成立"中华工程师会"。1915年，颜福庆、伍连德等在上海发起成立中华医学会。同年，留美学生赵元任、任鸿隽、胡明复等在美国发起成立了中国科学社，创办了第一本《科学》杂志，甘愿做科学昌明的"开路小工"。

十月革命一声炮响，给中国送来了马克思列宁主义。1921年，中共一大召开时，全国各地的党员有50多人，他们的出身、学历、成分和职业中，知识分子占了很大比例，留日的18人，北大毕业的17人，其他大学的8人，中师、中学毕业的13人。这些进步知识分子抱着对马克思主义的无限信仰、对中国革命的必胜信念，探索一条将马克思主义同中国具体实践相结合的革命道路。

中国共产党历来重视科技工作，尊重知识分子，重视用科学来改造世界。1939年12月，中共中央发出毛泽东亲自起草的《大量吸收知识分子的决定》，先后在抗日根据地、解放区建立起科技工作者组织，主要任务是密切联系实际，研究解决根据地生产建设和军事问题。影响最大的是1940年2月成立的陕甘宁边区自然科学研究会，毛泽东出席成立大会并发表讲话："自然科学是很好的东西，它能解决衣、食、住、行等生活问题，所以每一个人都要赞成它，每一个人都要研究自然科学。"朱德在中共中央机关报《解放日报》发表文章，提出"把科学与抗战建国的大业密切结合起来，以科学方面的胜利来争取抗战建国的胜利"！面对敌人封锁、物资匮乏，广大科技人员和边区军民自己动手丰衣足食，开展了

轰轰烈烈的大生产运动，开垦南泥湾、用马兰草造纸、制造手榴弹等军械物资，创办了抗大、陕北公学、延安中央医院、延安自然科学院等。怀着革命理想高于天的信念，革命圣地延安会聚了一大批从全国各地奔赴而来的知识分子和国外归来的留学生。以李强、武衡、乐天宇、傅连暲、陈康白等为代表的党领导下的科技力量不断壮大，聚集了化工、机械、地质、医药、农林等方面的科技人才，为中国革命的胜利奠定了坚实的科技基础。

1948 年 4 月 30 日，新中国成立前夕，中共中央发布《纪念"五一"劳动节口号》，号召包括全国知识分子在内的爱国分子团结起来，为建立新中国而共同奋斗。地质学家李四光、林学家梁希、桥梁学家茅以升、化学家侯德榜、物理学家严济慈等 17 位科学家作为科技界代表，参加第一届全国人民政治协商会议。这一时期，钱学森、邓稼先、郭永怀、叶笃正、庄逢甘等远在海外的一大批知识分子克服困难，纷纷归国。1948 年，李四光在英国接到周恩来来信，邀请他早日返回新中国。在周恩来的直接关怀下，他设法躲避了国民党的阻挠，于 1950 年辗转回到祖国。1950 年 3 月，放弃了美国大学教授职位的华罗庚在归国途中发出了《致中国全体留美学生的公开信》，其中写道："朋友们，'梁园虽好，非久居之地'，归去来兮！为了抉择真理……为了国家民族，我们应当回去！" 1956 年，新中国完成了社会主义改造，开启了全面建设社会主义的道路，党中央发出了"向科学进军"的号召，实行"百花齐放、百家争鸣"的方针。毛泽东指出："知识分子在革命和建设中具有重要作用，要建设一支宏大的工人阶级知识分子队伍。向科学进军，不能走世界各国发展科学技术的老路，而应独立自主、自力更生、奋发图强，努力赶超世界先进水平。"面对以美国为首的西方国家在政治上孤立、经济上封锁、军事上威胁，中苏关系破裂的困难局面，新中国的知识分子和广大建设者一道，在一穷二白的基础上取得了研制"两弹一星"、人工合成牛胰岛素、提取青蒿素抗疟疾、建造第一艘核潜艇等彪炳史册的科技成就，他们是"苦干惊天动地事，甘做隐姓埋名人"老一辈科学家的集中写照，是中国科技界的旗帜，也是引领广大科技人员实现科学报国的民族脊梁，树立起科技界独立自主、自立自强的精神丰碑。

相关链接：

与党同行——知识分子的红色记忆：李四光

党的十一届三中全会以来，党中央提出，社会主义初级阶段的主要任务是解放和发展生产力，知识分子是工人阶级的一部分，提出了"科学技术是第一生产力"，同时强调："四个现代化，关键是科学技术的现代化。没有现代科学技术，就不可能建设现代农业、现代工业、现代国防。没有科学技术的高速度发展，也

就不可能有国民经济的高速度发展。"这些论断使人们对科学技术在经济社会发展中的地位和作用的认识有了新的飞跃，广大科技工作者迎来了科学的春天，在改革开放的大潮中，时不我待地投身实现四个现代化建设中。党中央提出了实施科教兴国战略和人才强国战略，把以科技先导促进生产力发展的质的飞跃摆在经济建设的首要位置，开启了建设创新型国家的新征程。实施了"863计划""973计划"，表彰23位"两弹一星"功勋人物。2000年起，设立国家最高科学技术奖，相继有吴文俊、王选等20余位科学家获此殊荣，我国科学家在杂交水稻技术、载人航天工程、汉字激光照排、高速铁路等理、工、农、医各个领域取得了令世人瞩目的科技成就。

党的十八大以来，以习近平同志为核心的党中央高度重视科技创新工作，坚持把创新作为引领发展的第一动力，把创新摆在国家发展全局的核心位置，实施创新驱动发展战略，我国科技事业取得历史性成就、发生历史性变革。我国科学家在量子科技、天眼工程、探月工程、深海潜航、新冠肺炎疫苗研制等领域取得了累累硕果。不仅有于敏、孙家栋、袁隆平、黄旭华、屠呦呦、钟南山获得国家最高荣誉"共和国勋章"的杰出科技人物，也涌现出了像南仁东、黄大年、李保国、钟扬等一批心中有大我、把论文写在祖国大地上的至诚报国栋梁，形成了以"胸怀祖国、服务人民的爱国精神，勇攀高峰、敢为人先的创新精神，追求真理、严谨治学的求实精神，淡泊名利、潜心研究的奉献精神，集智攻关、团结协作的协同精神，甘为人梯、奖掖后学的育人精神"为核心的科学家精神，铸就了广大科技工作者与党和国家同呼吸、共命运的独特的精神气质。

站在"两个一百年"奋斗目标的历史交汇点，习近平总书记强调："科学技术从来没有像今天这样深刻影响着国家前途命运，从来没有像今天这样深刻影响着人民生活福祉。"自力更生是中华民族自立于世界民族之林的奋斗基点，自主创新是我们攀登世界科技高峰的自由之路。西方资本主义国家二三百年的科技发展，中国在一穷二白的基础上，用了70多年，特别是改革开放40多年的时间去追赶，通过迅速发展科技来维护国家利益。现在，在很多领域进入世界科技发展前列。党的十九届五中全会为我们擘画了未来五年的发展蓝图和2035年远景目标，开启全面建设社会主义现代化国家新征程。立足新发展阶段，贯彻新发展理念，构建新发展格局，推动高质量发展，我们比以往任何时期都更有信心、更有能力实现科技自立自强。

（二）我国科技创新建设取得决定性成就

党的十八大以来，在以习近平同志为核心的党中央坚强领导下，创新驱动发展战略深入实施，关键核心技术攻关全面展开，战略科技力量建设迈出重大步伐，重大科技任务有序实施，重大创新成果竞相涌现，创新实力整体提升。

"十三五"期间，我国科技实力跃上新的大台阶，全社会研发经费支出从 1.42 万亿元增长到 2.44 万亿元，研发投入强度从 2.06% 增长到 2.40%。基础研究经费增长近一倍，2020 年达到 1504 亿元。2020 年技术市场合同成交额超过 2.8 万亿元。世界知识产权组织发布的全球创新指数显示，我国创新能力综合排名从 2015 年的第 29 位跃升至 2020 年的第 14 位，是前 30 位中唯一的中等收入经济体。

基础研究和战略高技术领域取得一批重大成果。坚持自由探索和目标导向相结合，注重"从 0 到 1"的原创导向，在量子信息、铁基超导、干细胞、合成生物学等方面取得重要突破。若干战略必争领域实现"后发先至"，抢占尖端技术竞争制高点。北斗导航卫星全球组网，"嫦娥四号"首次登陆月球背面，"嫦娥五号"实现地外天体采样，"天问一号"抵达火星，C919 首飞成功，"奋斗者"号

2021 年 5 月 15 日 7 时 18 分，"天问一号"探测器成功着陆于火星乌托邦平原南部预选着陆区，我国首次火星探测任务着陆火星取得成功。图为"天问一号"火星探测器着陆火星画面。

完成万米载人深潜，"雪龙二号"首航南极，"悟空""墨子"和碳卫星等科学实验卫星成功发射，磁约束核聚变大科学装置多项实验取得突破，散裂中子源、500 米口径球面射电望远镜等建成使用，有力彰显我国的综合国力和国际竞争力。

科技有力激发经济和产业发展内生动力。紧紧围绕产业链供应链关键环节、关键领域、关键产品，布局"补短板"和"建长板"并重的创新链。移动通信、油气开发、核电等科技重大专项成果支持新兴产业快速发展，5G、人工智能等新技术推动数字经济、平台经济、共享经济蓬勃兴起。新型显示产业技术和规模全球领先，时速 600 公里高速磁悬浮试验样车下线，新能源汽车产销量连续 6 年位居世界第一。北京、上海、粤港澳大湾区国际科技创新中心加快建设，21 家国家自主创新示范区、169 家国家高新区创新发展引领辐射带动作用不断增强。企业创新主体地位进一步提升，全社会研发经费支出中企业占 76.4%，国内发明专利申请量企业占 65%。科技创新与金融资本的对接渠道更加顺畅，科创板上市企业超 230 家，总市值超 3 万亿元。

科技创新支撑民生改善能力明显增强。坚持以人民为中心的发展思想，努力推出更多惠及民生的科技创新成果。新药创制、重大传染病防治等重大项目取得重要进展，癌症、白血病、耐药菌防治等领域打破国外专利药垄断，多项高端医疗装备加速国产化。以"任务式指挥"成体系开展新冠肺炎疫情防控科研攻关，7 天内分离出新冠病毒毒株，14 天完成核酸检测试剂研发和审批上市，目前 4 款疫苗已符合条件上市，为全国疫情防控取得重大战略成果作出科技贡献。85 万名

科技特派员深入脱贫攻坚一线，实现对建档立卡贫困村科技服务和创业带动全覆盖，为决胜脱贫攻坚贡献科技力量。加强大气、水、土壤污染防治科技攻关，助力打赢污染防治攻坚战。

科技体制改革取得实质性突破。系统推进科技体制改革，科技体制改革的"四梁八柱"基本建立。科技资源统筹配置进一步加强，科研项目和经费管理不断优化。开展扩大高校和科研院所科研相关自主权、推进中央级科研事业单位绩效评价和"绿色通道"试点，加强新型研发机构建设。健全成果转化制度、完善科技奖励制度。完善分类评价机制，突出国家使命导向，出台破除"唯论文、唯职称、唯学历、唯奖项"的"硬措施"。构建科技大监督格局，加强科研诚信和科技伦理体系建设，严肃查处一批科研不端行为，及时向社会公开通报，推动科技界作风学风转变。

科技人才队伍量质齐增。研发人员全时当量从 2015 年 376 万人年增长到 480 万人年以上，高水平创新人才队伍结构进一步优化，领军人才和创新团队不断涌现。在重大科研攻关中加大对科技人才的支持力度，依托重大创新基地培养科技领军人才和创新团队。改进完善院士制度，院士队伍年龄和学科结构进一步优化。实行以增加知识价值为导向的分配政策，开展赋予科研人员职务科技成果所有权和长期使用权试点，为科研人员减负。实施统一的外国人才来华工作许可和外国人才签证制度，开展外国高端人才服务"一卡通"试点。

科技开放合作深度和广度不断拓展。政府间科技合作稳步发展，与多个国家建立创新对话机制，深入实施科技合作伙伴计划。围绕牵头组织国际大科学计划和大科学工程，加强气候变化、空间、健康、能源、农业等国际科技合作。深度参与国际热核聚变实验堆、平方公里阵列射电望远镜等大科学工程。"一带一路"科技创新合作成效明显，科技人文交流、共建联合实验室、科技园区合作、技术转移 4 项行动取得丰硕成果。深入推进内地与港澳的科技创新合作，推动国家重点研发计划基础前沿类专项、国家自然科学基金优青基金项目向港澳开放。

二、科技自立自强是实现高质量发展的必然要求

改革开放以来，我国采取了要素高强度和大规模投入、技术和资本大规模引进即规模扩张的发展模式，通过承接发达国家的离岸外包，迅速嵌入全球价值链、产业链，实现了经济的高速增长。这种发展模式的形成基于两个重要前提，一是我国劳动力、土地等生产要素供给充足，成本远远低于发达国家；二是我国的科技水平与发达国家存在较大的差距，发达国家为了追求较高的贸易增加值，愿意向我们出口一些非关键性的技术和产品，科技自立自强的紧迫性在当时还没有凸显出来。

目前，我国进入高质量发展阶段，面临的国内外环境正在发生巨大变化。首

先，随着我国人口红利衰减、劳动力、土地等要素成本上升，资源环境约束愈加突出，传统以要素投入驱动经济增长和规模扩张的粗放式发展模式难以为继。迫切需要以科技创新突破动力瓶颈，通过效率变革、质量变革，集聚新的发展动能，激发高质量发展的内生动力。

其次，我国科技实力不断增强，与发达国家的差距不断缩小。事实表明，当后发国家科技快速进步、接近发达国家水平的时候，为了保持自己在国际分工中的优势地位，发达国家往往采取各种手段遏制后发国家的追赶。20世纪中后期，日本在成为世界第二大经济体的过程中就曾多次遭到美国的制裁、打压。就中国来看，不仅受到《瓦森纳协定》的制约，一直无法获取西方前沿科技成果，而且当前，美国对中国的打压不断升级，贸易制裁从一般商品领域延伸到高科技领域，使得中国高科技企业一些关键零部件被断供。历史和现实告诉我们，核心技术、关键技术是国之重器，是买不来、讨不来的。依赖他人的核心科技来支撑自己的技术力量，不仅难以从根本上缩小与发达国家的科技差距，而且会沦为发达国家的技术附庸，增加被"卡脖子"的风险，使国家安全和经济安全受到威胁。

最后，新一轮科技革命与产业变革加速发展，以大数据、云计算、物联网、人工智能等新一代信息技术为引领，先进制造、生命科学、新能源、新材料等前沿领域呈现群体突破发展的态势，颠覆性技术不断涌现，新科技革命和产业变革正在重塑全球贸易和产业分工格局，重构全球创新版图。我国要全面建设社会主义现代化国家，就要顺应新一轮科技革命快速演进、研究范式不断变革的要求，摆脱主要依靠跟踪模仿、发达国家技术外溢进行创新的模式，不断激发科技发展的自主性和内生性，提升科技实力。

"十四五"时期是我国开启全面建设社会主义现代化国家新征程的第一个五年，应对各种风险挑战，推进经济高质量发展，向第二个百年奋斗目标进军，比以往任何时候都更加需要发挥科技创新对经济社会发展的支撑和引领作用。只有把关键核心技术牢牢掌握在自己手中，实现科技自立自强，才能在竞争和发展中赢得主动权。

 相关链接：

开局"十四五"：瞄准前沿领域，实现科技自立自强

三、坚定不移走自主创新道路

党的十八大以来，在以习近平同志为核心的党中央高度重视下，在创新驱动发展战略的大力推动下，我国科技创新对经济发展的支撑和引领作用不断显现，

科技实力明显增强，一些领域由跟跑开始进入并跑、领跑阶段。我国发明专利授权量、国际科学论文被引用数位居世界前列。2020 年，全社会研究与试验发展经费支出 24426 亿元，比上年增长 10.3%，与国内生产总值之比为 2.40%；科技进步贡献率超过 60%。据世界知识产权组织（WIPO）评估，我国创新指数居世界第 14 位，已进入全球创新型国家行列。

科技实力正从量的积累迈向质的飞跃、从点的突破迈向系统能力提升。在量子信息、铁基超导、干细胞、合成生物学等基础研究领域取得一批重大原创成果。移动通信、新药创制、核电装备等方面科技水平已跻身世界前列，"复兴号"高铁投入运营、"嫦娥四号"首登月背、C919 大型客机试飞成功、"悟空""墨子"等科学实验卫星成功发射、北斗导航全球组网等，为我国科技自立自强奠定了坚实基础。

我国经济长期向好、人力资源丰富、市场空间广阔、产业体系完备，这都将为发展新阶段科技创新、自立自强提供良好的支撑。未来，以国内大循环为主、国内国际双循环相互促进的新发展格局的构建，必将为提升我国科技质量创造更多的机遇和空间。

2021 年 2 月 22 日，习近平总书记在北京人民大会堂亲切会见探月工程"嫦娥五号"任务参研参试人员代表并参观月球样品和探月工程成果展览。习近平总书记深情寄语航天科技工作者：继续发挥新型举国体制优势，加大自主创新工作力度，为增进人类福祉作出新的更大贡献。作为我国复杂度最高、技术跨度最大的航天系统工程，"嫦娥五号"任务突出彰显了中国自主创新实力，是中国科技自立自强的典范。

"自力更生是中华民族自立于世界民族之林的奋斗基点，自主创新是我们攀登世界科技高峰的必由之路。"习近平总书记站在国家兴盛、民族自强的战略高度深刻论述坚定不移走自主创新道路的重要意义，深切勉励广大科技工作者："要有强烈的创新信心和决心，既不妄自菲薄，也不妄自尊大，勇于攻坚克难、追求卓越、赢得胜利，积极抢占科技竞争和未来发展制高点。"

把关键核心技术牢牢掌握在自己手中。"国之利器，不可以示人。"我们正处于由大向强的发展阶段，对从别人那里拿到关键核心技术，不能抱任何幻想；如果不掌握关键核心技术，科技强国建设就会成为沙滩上的城堡，经不起半点风浪。特别是在单边主义、保护主义上升的情势下，不掌握关键核心技术，必定受制于人，被"卡脖子""牵鼻子"。只有把关键核心技术掌握在自己手中，才能从根本上保障国家经济安全、国防安全和其他安全"。习近平总书记语重心长地嘱咐科技工作者："要增强'四个自信'，以关键共性技术、前沿引领技术、现代工程技术、颠覆性技术创新为突破口，敢于走前人没走过的路，努力实现关键核心技术自主可控，把创新主动权、发展主动权牢牢掌握在自己手中。"

取得一批标志性科技成就。取得一批标志性科技成就对建设科技强国具有根本性带动作用。习近平总书记提出两个发力方向：一是加强对关系根本和全局的科学问题的研究部署，在关键领域、"卡脖子"的地方下大功夫，集合精锐力量，作出战略性安排，尽早取得突破，力争实现我国整体科技水平从跟跑向并跑、领跑的战略性转变，在重要科技领域成为领跑者，在新兴前沿交叉领域成为开拓者，创造更多竞争优势；二是要把满足人民对美好生活的向往作为科技创新的落脚点，把惠民、利民、富民、改善民生作为科技创新的重要方向。

持之以恒加强基础研究。基础研究是整个科学体系的源头和总开关。基础研究薄弱是我国科技创新的突出短板，许多"卡脖子"技术问题，根子就在于基础理论研究跟不上，源头和底层的东西没有搞清楚。加强基础研究首要的是找准方向和目标，持续不断坚持下去。习近平总书记指出了基础研究的两大着力方向：一是瞄准世界科技前沿，抓住大趋势，下好"先手棋"，打好基础、储备长远，实现前瞻性基础研究、引领性原创成果重大突破；二是加大应用基础研究力度，以推动重大科技项目为抓手，打通"最后一公里"，拆除阻碍产业化的"篱笆墙"，疏通应用基础研究和产业化连接的快车道，促进创新链和产业链精准对接，加快科研成果从样品到产品再到商品的转化。近年来，我国基础研究加大力度，2020年我国基础研究占全社会研发总经费的比重首次超过6%，"从0到1"的突破越来越多。2021年《政府工作报告》明确提出，对基础研究要健全稳定支持机制，大幅增加投入，力争在关键核心领域实现重大突破。

知识链接

科技部部长王志刚2021年3月7日在参加全国政协十三届四次会议的民盟界别协商会时表示，2020年我国基础研究占全社会研发总经费的比重首次超过6%，这一比例此前多年排徊在5%左右。

据王志刚介绍，"十三五"期间，中央财政对基础研究经费投入增长了1倍，还首次建设了13个应用数学中心，在物质科学、量子科学、纳米科学、生命科学等方面都取得了一批重大原创成果。

2021年《政府工作报告》提出，2021年要健全稳定支持机制，大幅增加投入，中央本级基础研究支出增长10.6%。"未来五年，我们将进一步采取措施增加基础研究方面的投入。"

加快推进工程科技创新发展。工程科技是推动人类进步的发动机，是产业革命、经济发展、社会进步的有力杠杆。当今世界，新发现、新技术、新产品、新材料更新换代周期越来越短，工程科技创新成果层出不穷，任何一个领域的重大工程科技突破，都可能引发新的产业变革和社会变革。这一切，对工程科技进步和创新提出了新的使命要求。习近平总书记谆谆嘱托广大工程科技工作者："既

要有工匠精神，又要有团结精神，围绕国家重大战略需求，瞄准经济建设和事关国家安全的重大工程科技问题，紧贴新时代社会民生现实需求和军民融合需求，加快自主创新成果转化应用，在前瞻性、战略性领域打好主动仗。"

四、以科技自立自强塑造高质量发展新优势

当前和今后一个时期，我国发展仍处于重要战略机遇期。目前，我国的创新能力还不能适应高质量发展的要求，关键核心技术领域存在较为明显的短板和弱项。"十四五"时期，要"坚持面向世界科技前沿、面向经济主战场、面向国家重大需求、面向人民生命健康，深入实施科教兴国战略、人才强国战略、创新驱动发展战略"，构建科技自立自强的新格局，以科技自立自强推进产业自立自强、经济自立自强，塑造高质量发展新优势。

一是强化国家战略科技力量布局，发挥集中力量办大事的制度优势。首先，加强科技创新的顶层设计和规划。围绕科技强国、制造强国、质量强国、人才强国、数字中国等战略目标，在战略关键领域强化国家战略科技力量布局，增强国家科技创新的体系化发展能力。发挥科技创新对产业创新的引领带动作用，优化科技资源的配置和共享，促进重大科技基础设施、国家重点实验室、国家重大科技项目与产业技术创新形成有效对接。其次，健全社会主义市场经济条件下新型举国体制。围绕国家战略需求和关系国计民生、经济命脉，具有基础性、战略性、全局性、前瞻性的重大关键科技问题，发挥集中力量办大事的制度优势，凝聚和集成国家战略科技力量和社会资源协同攻关，打好关键核心技术攻坚战，力争在较短时间内突破"卡脖子"的遏制，提高创新链整体效能，提升产业基础高级化、产业链现代化水平。最后，进一步完善国家科技规划体系和运行机制，优化重点项目、人才、资金一体化配置。进一步扩大科研院所科研自主权，激发科研人员自主创新的积极性。

二是突出企业创新主体地位，提升企业技术创新能力。企业离市场最近，最了解市场需求，创新动力最强，要充分发挥企业作为技术创新主体的作用，促进各类创新资源向企业集聚。造就一批拥有核心技术能力的行业领军企业，进一步改善中小微企业创新创业环境，挖掘、培育出一批掌握"专精特新"技术的隐形冠军，激发中小微企业群体的创新活力。加强共性技术平台建设，促进创新链与产业链深度融合，推动产业链上中下游、大中小企业协同发展，使企业整体技术创新能力不断提升，支撑产业和产业链向中高端迈进。此外，要完善产权保护制度，形成公平竞争环境和政策激励机制。

三是加大对基础科学研究的支持力度，完善共性基础技术供给体系。科技自立自强就是要把原始创新能力提升摆在更加突出的位置，而原始创新能力主要取决于基础科学研究能力，与美欧等发达经济体相比，我国基础科学研究相对薄

弱。"十四五"时期要推动前瞻性基础研究、引领性原创成果实现重大突破，就要多方式、多渠道加大对基础科学研究的支持力度，优化科研院所、高校、企业科研力量配置，促进资源共享，着力营造出有利于基础研究的良好科研生态，夯实科技强国建设的根基。

四是高度重视人才培养，充分激发人才活力。能否实现科技自立自强最终取决于人才和教育。要高度重视人才培养、引进，造就一批具有国际一流水平的科技领军人才和创新团队。为青年科技人才成长创造良好的条件和环境，着力培养具有国际竞争力的青年科技人才后备军。大力推进素质教育，创新教育理念和方法，扩大科技创新人才规模。要切实保护知识产权，保障科技人才合法权益。要形成鼓励创新和宽容失败的社会氛围，建立更加灵活的人才管理机制、人才评价体系，切实消除人才流动、使用中的政策障碍；进一步提高科技人才收入，完善科技奖励制度，为科技人员创新创业创造有利条件。

五是积极推动国际合作与交流。中国强调科技自立自强并不是要闭门造车。现代科技跨学科、跨领域发展趋势明显，复杂程度大幅提高，任何一个国家都难以仅凭自己的科技力量攻克所有的难关。科技自立自强是相互平等、相互尊重进行科技交流、合作的前提条件。未来，中国不仅要提高自主创新能力，办好自己的事情，也要积极促进更加开放包容、互惠共享的全球科技合作，推动国际科技创新，打造优势领域的"长板"，并将更多的中国科技成果向世界分享，在应对全球性挑战中贡献更多"中国智慧"。

五、强化科技自立自强的行动自觉，全面开启建设科技强国新征程

进入新发展阶段、贯彻新发展理念、构建新发展格局必须强化科技的战略支撑地位，新形势下的科技工作必须坚持"四个面向"的战略方向，以加快科技自立自强为主线，深入实施创新驱动发展战略，全面塑造发展新优势，以科技强国建设有力支撑社会主义现代化国家建设。

坚持和加强党对科技事业的全面领导。学懂弄通做实习近平新时代中国特色社会主义思想，深入学习贯彻习近平总书记关于科技创新的重要论述，推动广大党员干部和全国科技界进一步增强"四个意识"、坚定"四个自信"、做到"两个维护"。完善党对科技工作领导的体制机制，充分发挥党的领导的政治优势，确保科技工作在政治立场、政治方向、政治原则、政治道路上同以习近平同志为核心的党中央保持高度一致。

加强系统谋划和顶层设计。研究制定科技强国行动纲要。发挥国家作为重大科技创新组织者的作用，统筹国家急迫和长远需求，加强科技创新系统规划布局，建立"顶层目标牵引、重大任务带动、基础能力支撑"的国家科技组织模

式，推动科技创新力量布局、要素配置、人才队伍体系化、协同化，强化跨部门、跨学科、跨军民、跨央地整合优势资源和力量，构建更加系统、完备、高效的国家创新体系。

新中国成立以来，党中央始终牢牢把握我国科技创新正确方向，在科技事业发展的每一个关键节点都作出了重大战略部署。2020年6月，我国北斗导航卫星全球组网成功，标志着我国卫星导航系统达到国际先进水平，朝着服务全球的目标全速推进。2020年9月18日，"航天放飞中国梦"航天科普展暨中国航天成就展在福州举行，图为展出的北斗卫星导航系统模型。

打造国家战略科技力量。加快组建国家实验室，重组国家重点实验室体系，以国家使命和创新绩效为导向推动现代科研院所改革。支持领军企业牵头组建创新联合体，推动产业链上中下游、大中小企业融通创新。健全社会主义市场经济条件下新型举国体制，实行"揭榜挂帅"等机制，实施一批具有前瞻性、战略性的重大科技项目，打好关键核心技术攻坚战。加快北京、上海、粤港澳大湾区国际科技创新中心建设，打造一批具有国际竞争力的区域创新高地。

强化基础研究和原创能力。制定实施基础研究十年行动方案，布局一批基础学科研究中心。继续坚持自由探索和目标导向并重，优化基础研究布局，以应用研究带动基础研究，弄通"卡脖子"技术的基础理论和底层技术。加大对基础研究的投入，强化对冷门学科、基础学科和交叉学科的长期稳定支持，建立非共识项目和颠覆性技术的支持机制，完善符合基础研究规律特点的科研评价机制。

完善科技创新体制机制。启动新一轮科技体制改革，推动改革向提升体系化能力、增强体制应变能力转变。落实习近平总书记提出的"抓战略、抓规划、抓政策、抓服务"要求，加快政府职能转变，强化宏观统筹和重大任务组织实施能力，把更多精力聚焦到定战略、定政策和创造优良科研环境、搞好创新服务上来，进一步完善科技评价机制，加快推动科技界作风学风转变。

造就更多高水平科技人才。完善战略科技人才、科技领军人才和创新团队培养发现机制，在重大科技攻关实践中培育锻炼人才，试点基于信任的首席科学家负责制，鼓励青年科技人才脱颖而出。加大人才投入，优化人才布局，构建完备的人才梯次结构。完善国际化人才制度和科研环境，形成有国际竞争力的人才培养和引进制度体系。设立面向全球的科学研究基金，鼓励支持各国科学家共同开展研究。

党中央把科技创新摆在前所未有的战略高度，新时代科技工作使命光荣、责任重大。我们要更加紧密地团结在以习近平同志为核心的党中央周围，在构建新发展格局中展现科技工作新的气象，以优异成绩向建党100周年献礼！

为建成世界科技强国不懈奋斗

习近平总书记在中国科学院第二十次院士大会、中国工程院第十五次院士大会和中国科协第十次全国代表大会上的重要讲话，视野宏阔、内涵丰富、思想深刻，具有很强的政治性、思想性、战略性、指导性，为加快我国科技事业发展、建设世界科技强国指明了前进方向、提供了根本遵循。我们要深入学习贯彻习近平总书记重要讲话精神，自觉肩负起时代赋予的重任，勇攀科技发展高峰，努力建设世界科技强国。

深刻把握实现高水平科技自立自强的战略部署

科技立则民族立，科技强则国家强。习近平总书记指出："我国广大科技工作者要以与时俱进的精神、革故鼎新的勇气、坚忍不拔的定力，面向世界科技前沿、面向经济主战场、面向国家重大需求、面向人民生命健康，把握大势、抢占先机，直面问题、迎难而上，肩负起时代赋予的重任，努力实现高水平科技自立自强！"习近平总书记的重要讲话，对于我们建设世界科技强国、实现高水平科技自立自强具有重要指导意义。

党的十九届五中全会提出"把科技自立自强作为国家发展的战略支撑"。实现高水平的自立自强，是构建新发展格局最本质的特征，是全面建设社会主义现代化国家的必然要求。在这次大会上，习近平总书记对实现高水平科技自立自强提出五个方面重要战略部署和重点任务，深刻回答了新时代实现高水平科技自立自强一系列方向性、根本性、战略性重大问题，是我们建设世界科技强国的行动指南。我们要深刻把握习近平总书记提出的重要战略部署和重点任务，完成好历史赋予我们的光荣使命。

"加强原创性、引领性科技攻关，坚决打赢关键核心技术攻坚战"，要求我们敢于走前人没走过的路，集中精锐力量破解"卡脖子"技术难题，努力实现关键核心技术自主可控，把创新主动权、发展主动权牢牢掌握在自己手中。"强化国家战略科技力量，提升国家创新体系整体效能"，要求我们打造体现国家意志、服务国家需求、代表国家水平的主力军、国家队，充分发挥科技对经济社会发展的支撑和引领作用。"推进科技体制改革，形成支持全面创新的基础制度"，要求我们努力破解阻碍科技创新发展的体制机制难题，充分激发和释放科技作为第一生产力所蕴藏的巨大潜能，为实现高水平科技自立自强提供制度保障。"构建开放创新生态，参与全球科技治理"，要求我们积极融入全球创新网络，主动谋划和积极利用国际创新资源，提高我国科技领域的国际化水平和影响力，让中国科技为推动构建人类命运共同体作出更大贡献。"激发各类人才创新活力，建设全球人才高地"，要求我们既更加重视人才自主培养，又在全球范围内吸引人才、留住人才、用好人才，让人才队伍新鲜血液源源不断，同时建立让科研人员把主要精力放在科研上的保障机制。

自觉肩负国家战略科技力量的光荣使命

工程科技是产业革命、经济发展、社会进步的有力杠杆。习近平总书记指出："中国科学院、中国工程院是国家科学技术界和工程科技界的最高学术机构，是国家战略科技力量。"我们要自觉肩负光荣使命，更好发挥国家队的学术引领作用、关键核心技术攻关作用、创新人才培养作用。

作为国家战略科技力量，中国工程院将从国家急迫需要和长远需求出发，直面问题、迎难而上，把彻底解决"卡脖子"问题、创造出更多"国之重器"作为首要职责，发挥战略引领和学术引领作用，急国家之所急、想国家之所想，打好关键核心技术攻坚战。充分发挥院士群体多学科、跨领域的优势，围绕事关发展全局和国家安全的基础核心领域和前沿领域，突出关键共性技术、前沿引领技术、现代工程技术、颠覆性技术创新，把提升原始创新能力摆在突出位置，努力实现更多"从0到1"的突破。紧扣国家发展新战略、新形势、新要求，敢于探索科学"无人区"，勇于挑战最前沿的科技问题，力争在重要科技领域成为领跑者、在新兴前沿交叉领域成为开拓者，在更高层次更大范围发挥科技创新的支撑引领作用。

聚焦经济建设和事关国家安全的重大工程科技问题，瞄准关键核心技术难题，推动部署一批战略性、储备性技术研发项目，推动院士和工程科技人员进行联合攻关，在攻关中汇聚优秀人才、打造高水平创新团队。坚持应用导向、目标导向、问题导向，瞄准未来科技和产业发展的制高点，努力为推进产业基础高级化、提升产业链供应链现代化水平、提高创新链整体效能作出更大贡献。积极促进企业强化科技创新主体地位、提升技术创新能力，促进工程科技创新成果转化，提高科技成果转移转化成效。

努力打造高水平国家高端科技智库

智库是国家软实力的重要组成部分，在当今世界发展中发挥着越来越重要的作用。习近平总书记强调："要强化两院的国家高端智库职能，发挥战略科学家作用，积极开展咨询评议，服务国家决策。"习近平总书记的重要讲话为我们打造高水平国家高端科技智库提供了根本遵循。

着力打造"创新引领、国家倚重、社会信任、国际知名"的国家高端科技智库，是中国工程院的重要职责使命。我们要坚持以服务党和国家决策为宗旨，以国家战略性需求为导向，以工程科技战略咨询研究为主攻方向，开展前瞻性、针对性、储备性战略研究，进一步提升在党和国家科技决策中的支撑作用。围绕完善国家科技治理体系，推动改革完善科技创新体制机制、整合优化科技资源配置，为推进国家治理体系和治理能力现代化贡献更多智慧。着重发挥院士群体智力优势，加强战略科学家队伍建设，根据行业、产业发展规划和重大工程科技项目实施需求，重点对人工智能、量子信息、集成电路等前沿领域以及新一代信息技术、生物技术、新能源、新材料、高端装备等战略性新兴产业进行综合研判和战略谋划，提出专业化、建设性、切实管用的意见和建议，为有关部门和行业、产业科学决策提供智力支撑。

扎实推进第三方评估，对国家实验室和重大工程专项等开展独立评估，围绕重大科技政策制定、科技方向选择、重大科技计划等积极拓展事前论证评审、事中评估和事后绩效评估评价；按照科学、系统、独立的原则，提供客观、公正、全面的评估意见，为完善科技政策、优化科技管理、促进科技成果转化应用等提供对策和依据，努力推动完善国家重大科技计划和重大工程评估体制机制。

不断深化院士制度改革

院士是我国科学技术方面和工程科技领域的最高荣誉称号。习近平总书记指出："两院院士是国家的财富、人民的骄傲、民族的光荣"，并对院士们提出了四点殷切希望。我们要深入贯彻落实习近平总书记重要讲话精神，不断深化院士制度改革，让院士称号进一步回归荣誉性、学术性，维护院士称号的纯洁性。

党的十八届三中全会以来，我国院士制度改革在完善遴选评审机制、优化学科布局、实行退休退出制度、加强学风作风建设等方面取得了一系列重要成果。党的十九届五中全会提出深化院士制度改革，体现了党中央对两院院士的高度重视和殷切期望。深化院士制度改革，必须坚持党对院士队伍的领导，坚守院士称号荣誉性、学术性本质，坚持问题导向和目标导向，更好发挥院士制度凝才聚智的导向作用。

要进一步发挥院士在科技自立自强中的引领作用，激发院士创新的动力和活力，努力探索科学前沿，提出新的概念、理论、方法，开辟新的领域和方向。杜绝非学术因素影响，让院士更加专注于科研，更加聚焦本专业领域，自觉抵制与学术专业无关的各类活动，决不能把大量时间花在形式主义、官僚主义的各种活动上。避免院士头衔滥用，自觉抵制各种不良风气，对违反学术道德、违规违纪的现象零容忍，清除影响院士队伍建设的消极因素。充分发挥院士增选导向作用，把好院士增选入口关，从服务国家战略需求的全局出发，吸收更多工程科技一线的优秀人才进入院士队伍，不断优化院士队伍学科、年龄和区域结构。在院士评选中"破四唯"和"立新标"并举，大力破除"论资排辈""圈子文化"，不断提升院士队伍质量。

大力弘扬新时代科学家精神

科学家精神是科技工作者在长期科学实践中积累的宝贵精神财富。习近

平总书记提出，希望广大院士做"胸怀祖国、服务人民的表率""追求真理、勇攀高峰的表率""坚守学术道德、严谨治学的表率""甘为人梯、奖掖后学的表率"。深入贯彻落实习近平总书记重要讲话精神，要求广大科技工作者大力弘扬新时代科学家精神，肩负起历史赋予的科技创新重任。

百年奋斗，百年风华。100年来，我们党领导的科技事业从无到有、从小到大，科技工作者让新中国在一穷二白的情况下以"两弹一星"屹立在世界东方，让中华儿女实现了"可上九天揽月，可下五洋捉鳖"。这支力量的代表，是钱学森、朱光亚、王大珩、彭士禄、袁隆平、黄旭华等共和国的脊梁。正是一代代科学家的接续奋斗，为实现中华民族伟大复兴提供了坚实科技支撑。

伟大精神是永恒的。大力弘扬新时代科学家精神，要求广大院士做好"四个表率"，接续一代又一代科学家楷模为国建功的无上荣光，响应党的号召、听从祖国召唤、胸怀赤子之心、挺立时代潮头，保持深厚的家国情怀和强烈的社会责任感，努力创造无愧于人民、无愧于历史的光荣业绩。发扬以爱国主义为底色的科学家精神，始终以"从零开始"的心态积极投身科技创新事业。加强作风和学风建设，坚守学术道德和科研伦理，践行学术规范，让学术道德和科学精神内化于心、外化于行，涵养风清气正的科研环境，培育严谨求是的科学文化。坚持胸怀大局、着眼长远，为国举才、为国育才，培养造就更多具有国际竞争力的青年科技人才后备军，让科技报国的传统薪火相传。

（资料来源：《人民日报》2021年6月16日 13版）

 阅读推荐

1. 倪思洁：《科学大院里的科普国家队》，《中国科学报》2021年5月24日 01版。

2. 王雅婧：《"啃星人""瘦身教练"……天问探火背后的功臣》，中央纪委国家监委网站，2021年5月24日。

3. 刘武艺：《贯彻科技强国战略 加快科技创新步伐》，《学习时报》2020年12月21日 A1版。

 思考题

1. "十三五"时期我国科技创新建设取得了哪些成就？

2. 我们为什么要走自主创新道路？

3. 你认为该如何更好地培养科技人才？

专题五

固本培元

——以乡村全面振兴助力农业农村现代化

　　"十四五"时期我国农业农村发展将迎来双循环战略更加强化农业"压舱石"地位、"三农"工作重心历史性转移、加快促进城乡要素双向流动等多重机遇，也将直面我国发展外部环境不确定性增多、农业综合成本不断抬升、农村生态环境和要素制约问题愈加突出等严峻挑战。为更好抓住机遇、有效应对挑战，根据《中华人民共和国国民经济和社会发展第十四个五年规划和2035年远景目标纲要》（以下简称《纲要》）相关要求，需要从农业、农村、农民三个层面出发，重点推进实现农业高质高效、乡村宜居宜业、农民富裕富足，助力实现农业农村现代化发展。

没有农业农村的现代化，就没有国家的现代化。没有乡村的振兴，就没有中华民族的伟大复兴。实施乡村振兴战略是实现农业农村现代化的必然选择。当前，我国已开启全面建设社会主义现代化国家新征程，"三农"工作转入全面推进乡村振兴、加快农业农村现代化新阶段。2021年的中央一号文件强调，要坚持把解决好"三农"问题作为全党工作重中之重，把全面推进乡村振兴作为实现中华民族伟大复兴的一项重大任务，举全党全社会之力加快农业农村现代化，让广大农民过上更加美好的生活。这为我们以乡村全面振兴助力农业农村现代化指明了方向和路径。

一、乡村振兴战略的伟大意义和实施目标

当前，我国正处在全面建成小康社会，实现第一个百年奋斗目标，开启全面建设社会主义现代化国家新征程，迈向第二个百年奋斗目标的历史新起点上。深入学习和领会乡村振兴战略的伟大意义，才能有更高的站位，增强战略思维的自觉性，推进党的基本路线和基本方略落地生根。

（一）乡村振兴战略的伟大意义

1. 全局性和历史性意义

没有农业农村现代化，就没有整个国家的现代化。在现代化进程中，如何处理好工农关系、城乡关系，在一定程度上决定着现代化的成败。习近平总书记指出，没有农业现代化，没有农村繁荣富强，没有农民安居乐业，国家现代化是不完整、不全面、不牢固的。

从世界各国现代化历史看，随着工业化和城市化的发展，乡村衰落，大量农民涌向城市贫民窟，有的国家甚至造成社会动荡。我国作为中国共产党领导的社会主义国家，应该吸取和借鉴西方国家在现代化进程中处理城乡关系的经验教训，使城乡发展实现优势互补、融合发展。

从新中国成立以来城乡发展历史看，我国依靠农业农村支持，在一穷二白的基础上建立起比较完整的工业体系和国民经济体系。改革开放以来，广大农民为推进工业化、城镇化作出了巨大贡献。当前我国面临正确处理工农关系、城乡关系新的历史关口。我国发展最大的不平衡是城乡发展不平衡，最大的不充分是农村发展不充分。乡村振兴战略，就是为了从全局和战略高度来把握和处理工农关系、城乡关系，解决"一条腿长、一条腿短"的问题。

从实施乡村振兴战略的实践来看，通过第一、第二、第三产业融合发展实现农业的转型升级、提质增效；通过践行"两山"理论、推进产业绿色化和绿色产业化，加快发展生态农业；通过"互联网＋现代农业"，实现电子商务进农村、

为乡村振兴插上信息化翅膀；通过产业扶贫与乡村振兴相结合，持续改善社会民生；通过壮大乡村集体经济，实现乡村产业可持续发展，这些实践已经取得良好的社会效益和经济效益。

乡村振兴战略，关系到农业农村现代化的实现，关系到社会主义现代化的全面实现，关系到第二个百年奋斗目标的实现。因此，包括产业振兴、人才振兴、文化振兴、生态振兴、组织振兴在内的乡村全面振兴，对于全面建设社会主义现代化国家具有全局性和历史性意义。

为保护生态环境，宜昌市兴山县通过水上架桥的方式修建了一条"路景相融"的水上公路，因地制宜发展生态旅游产业。图为车辆行驶在宜昌市兴山县境内的水上公路上。

2.理论和现实意义

党的十九大提出，我国社会主要矛盾已经转化为人民日益增长的美好生活需要和不平衡不充分的发展之间的矛盾。解决的首要问题是城乡之间发展的不平衡、农业农村发展的不充分问题。满足亿万农民对美好生活的新期待，必须把乡村发展摆到国家的战略位置，坚持农业农村优先发展，加快推进农业农村现代化。乡村经济处于整个经济发展的末端，经济要素依然高度集中于大城市和中心城市，农村转型升级面临基础设施、金融环境、人才支撑等现实制约，成为乡村振兴最大的现实瓶颈。党的十八大以来，国家采取了一系列政策、举措扶持和推动"工业反哺农业、城市支持农村"。党的十九大提出，乡村振兴战略正是要从根本上解决新时代社会主要矛盾，解决城乡差别、乡村发展不平衡和不充分的问题，实现"四化"即工业化、城镇化、农业产业化、信息化同步发展，实现城乡融合和可持续发展，从而实现中国共产党的执政宗旨和社会主义的本质要求。

中国共产党坚持以人民为中心，始终把人民放在最高位置，让全体中国人都过上更好的日子，让亿万农民有更多实实在在的获得感、幸福感、安全感，实现共同富裕，践行立党为公、执政为民的执政宗旨。如果在现代化进程中把农村4亿多人落下，一边是繁荣的城市，一边是凋敝的农村，这不符合中国共产党的执政宗旨，也不符合社会主义的本质要求。因此，习近平总书记提出"中国要强，农业必须强，中国要美，农村必须美，中国要富，农民必须富"，不断缩小城乡差距，让农业成为有奔头的产业，让农民成为有吸引力的职业，让农村成为安居乐业的家园。

综上所述，乡村振兴战略对于解决新时代我国社会主要矛盾，实现党的执政宗旨和社会主义的本质要求具有重大理论和现实意义。

3.创新性的实践意义

实现乡村振兴是前无古人、后无来者的伟大创举，没有现成、可照抄照搬的经验。我国的耕地资源也不允许各地都像欧美那样搞大规模农业、大机械作业，只能根据客观条件发展农民合作社和家庭农场两类农业经营主体，实现小规模农户和现代农业发展的有机衔接，发展新型集体经济，走共同富裕的中国特色乡村振兴之路。实施乡村振兴战略是改革开放40多年来不断探索和不断丰富的结果，符合中国的乡村发展规律。从"美丽乡村"建设、社会主义新农村建设、特色小镇建设，再到乡村振兴战略的实施，对城乡关系的处理也经历了从城乡兼顾、统筹城乡，再到城乡融合的发展历程，探索出一条符合中国国情的乡村振兴之路。习近平总书记指出，"要把乡村振兴战略这篇大文章做好，必须走城乡融合发展之路"。城乡融合是未来城乡关系发展的根本出路。

中国经历了几千年的农业社会，创造了辉煌的农耕文明，历史积淀下来的优秀传统文化依靠乡村社会的维系和传承。正如习近平总书记所说，"我国农耕文明源远流长、博大精深，是中华优秀传统文化的根"。这样的国情也决定了在乡村振兴中文化铸魂的重要性。随着城市化的加速推进，农民工大规模进城务工，乡村文化主体和文化生态面临挑战需要重塑。乡村文化振兴，一方面是解决城乡间文化地位不均等、文化公共服务供给不平衡、文化产业发展不充分等问题，弥补城乡文化发展差距。另一方面是对乡村传统美德的继承、弘扬和振兴。整理挖掘中国传统乡土文化中家风家训的内容，比如知书达理、精忠报国、崇德向善、清廉自守、勤政廉洁、耕读传家、自立自强、严于律己、勤劳俭朴、邻里和谐、勤俭持家、德业双修、患难相恤等传统美德，摒弃乡村社会的文化糟粕，抵制拜金主义等对乡村文明的侵蚀，通过乡村文化振兴，实现创造性转化和创新性发展，焕发农村社会主义文明新气象。将优秀传统文化根脉中的思想精华"唤醒"和"活化"，让中华文化精髓在现代乡村得以延续传承，让中华民族的精神品格、精神血脉和文化基因绵延发展，使之融入社会主义先进文化建设，为实施乡村振兴战略提供强大的精神资源。总之，乡村振兴战略既是顶层设计，又符合中国国情，符合中国乡村建设规律，具有创新性的实践意义。

（二）乡村振兴战略的实施目标

《中共中央关于制定国民经济和社会发展第十四个五年规划和二〇三五年远景目标的建议》指出，要坚持把解决好"三农"问题作为全党工作重中之重，走中国特色社会主义乡村振兴道路，全面实施乡村振兴战略，强化以工补农、以城带乡，推动形成工农互促、城乡互补、协调发展、共同繁荣的新型工农城乡关系，加快农业农村现代化。

1. 提高农业质量效益和竞争力

适应确保国计民生要求，以保障国家粮食安全为底线，健全农业支持保护制度。坚持最严格的耕地保护制度，深入实施藏粮于地、藏粮于技战略，加大农业水利设施建设力度，实施高标准农田建设工程，强化农业科技和装备支撑，提高农业良种化水平，健全动物防疫和农作物病虫害防治体系，建设智慧农业。强化绿色导向、标准引领和质量安全监管，建设农业现代化示范区。推动农业供给侧结构性改革，优化农业生产结构和区域布局，加强粮食生产功能区、重要农产品生产保护区和特色农产品优势区建设，推进优质粮食工程。完善粮食主产区利益补偿机制。保障粮、棉、油、糖、肉等重要农产品供给安全，提升收储调控能力。开展粮食节约行动。发展县域经济，推动农村第一、第二、第三产业融合发展，丰富乡村经济业态，拓展农民增收空间。

2. 实施乡村建设行动

把乡村建设摆在社会主义现代化建设的重要位置。强化县城综合服务能力，把乡镇建成服务农民的区域中心。统筹县域城镇和村庄规划建设，保护传统村落和乡村风貌。完善乡村水、电、路、气、通信、广播电视、物流等基础设施，提升农房建设质量。因地制宜推进农村改厕、生活垃圾处理和污水治理，实施河湖水系综合整治，改善农村人居环境。提高农民科技文化素质，推动乡村人才振兴。

相关链接：

乡村振兴 2020 田园报告：藏在深山里的"网红"数字乡村

3. 深化农村改革

健全城乡融合发展机制，推动城乡要素平等交换、双向流动，增强农业农村发展活力。落实第二轮土地承包到期后再延长 30 年政策，加快培育农民合作社、家庭农场等新型农业经营主体，健全农业专业化社会化服务体系，发展多种形式适度规模经营，实现小农户和现代农业有机衔接。健全城乡统一的建设用地市场，积极探索实施农村集体经营性建设用地入市制度。建立土地征收公共利益用地认定机制，缩小土地征收范围。探索宅基地所有权、资格权、使用权分置实现形式。保障进城落户农民土地承包权、宅基地使用权、集体收益分配权，鼓励依法自愿有偿转让。深化农村集体产权制度改革，发展新型农村集体经济。健全农村金融服务体系，发展农业保险。

4. 实现巩固拓展脱贫攻坚成果同乡村振兴有效衔接

建立农村低收入人口和欠发达地区帮扶机制，保持财政投入力度总体稳定，接续推进脱贫地区发展。健全防止返贫监测和帮扶机制，做好易地扶贫搬迁后续

帮扶工作，加强扶贫项目资金资产管理和监督，推动特色产业可持续发展。健全农村社会保障和救助制度。在西部地区脱贫县中集中支持一批乡村振兴重点帮扶县，增强其巩固脱贫成果及内生发展能力。坚持和完善东西部协作和对口支援、社会力量参与帮扶等机制。

二、做好脱贫攻坚与乡村振兴的有效衔接

脱贫攻坚与乡村振兴有效衔接的两个关键：一是对已经脱贫的 832 个贫困县、12.8 万个贫困村和近亿脱贫人口如何做到扶上马、送一程，做到不返贫；二是全国其他的非贫困县、非贫困村与非脱贫人口如何在乡村振兴中衔接学习脱贫攻坚战中形成的体制机制，加快实施农业农村现代化。

（一）脱贫攻坚与乡村振兴有效衔接的整体布局

脱贫摘帽不是终点，而是新生活新奋斗的起点。2020 年脱贫攻坚任务如期完成后，中央经济工作会议要求巩固拓展脱贫攻坚成果，坚决防止发生规模性返贫现象，要做好脱贫攻坚与乡村振兴的有效衔接。当年的中央农村工作会议也强调，脱贫攻坚取得胜利后，要全面推进乡村振兴，这是"三农"工作重心的历史性转移。中共中央国务院 2021 年 3 月 22 日发布的《关于实现巩固拓展脱贫攻坚成果同乡村振兴有效衔接的意见》（以下简称《意见》）是落实习近平总书记在中央农村工作会议讲话精神更具体的文件，也是国家"十四五"经济社会发展计划的重要组成部分。接续推进脱贫攻坚与乡村振兴的有效衔接，下一步"三农"工作的核心任务就是要推动减贫战略和工作体系的平稳转型，把脱贫人口统筹纳入乡村振兴战略，建立长短结合、标本兼治的体制机制。使脱贫地区经济实力显著增强，脱贫地区的农村低收入人口生活水平显著提高，城乡差距进一步缩小，在促进全体人民共同富裕上取得更为明显的实质性进展。

（二）脱贫攻坚与乡村振兴有效衔接的具体政策

从《意见》内容来看，未来我国要通过六大方面共 24 项措施推进脱贫攻坚成果与乡村振兴有效衔接，主要包括建立健全巩固拓展脱贫攻坚成果长效机制；聚力做好脱贫地区巩固拓展脱贫攻坚成果同乡村振兴有效衔接重点工作；健全农村低收入人口常态化帮扶机制；着力提升脱贫地区整体发展水平；加强脱贫攻坚与乡村振兴政策有效衔接；全面加强党的集中统一领导等。

早在 2020 年 3 月 6 日决战决胜脱贫攻坚座谈会上，为了巩固和保持脱贫攻坚的成果，习近平总书记就提出"四个不摘"："摘帽不摘责任"，防止松劲懈怠；"摘帽不摘政策"，防止急刹车；"摘帽不摘帮扶"，防止一撤了之；"摘帽不

摘监管"，防止贫困反弹。因为有些贫困地区摘帽之后，如果后续的各种政策没跟上，可能又会重新回到贫困状态，所以总书记提出"四个不摘"，就是让脱贫变得更具备可持续性。在 2020 年年底中央农村工作会议上习近平总书记又提出脱贫攻坚目标任务完成后，对摆脱贫困的县，从脱贫之日起设立 5 年过渡期。这个政策是给已经脱贫县的定心丸。过渡期内要保持主要帮扶政策总体稳定，现有帮扶政策逐项分类优化调整，合理把握调整节奏、力度、时限，逐步实现由集中资源支持脱贫攻坚向全面推进乡村振兴平稳过渡。全国 832 个国家级贫困县，在逐步有序退出后可以有 5 年过渡期，来保持脱贫的成果可持续性。

在这 5 年过渡期究竟要做好哪些衔接工作，《意见》提供了非常明确具体的政策，为全国各地做好衔接工作提出了更精准的工作指南，有利于各地做好脱贫攻坚与乡村振兴的有效衔接。如何加强对已脱贫地区的有效监测防止大规模返贫，如何在已脱贫的西部地区设立一批国家乡村振兴重点帮扶县等都有明确的工作布置。

（三）要完成"三农"工作从脱贫攻坚到乡村振兴的历史性转移

经过 8 年持续奋斗，脱贫攻坚取得胜利后，要全面推进乡村振兴，这也是"三农"工作重心的历史性转移。巩固拓展脱贫攻坚成果全面实施脱贫攻坚同乡村振兴的有效衔接，加快农业农村现代化建设。乡村振兴与脱贫攻坚，虽说同为"三农"工作，但脱贫攻坚是解决温饱问题，而乡村振兴是解决富有问题，"三农"工作的重心转移是解决全国所有农民如何富有的问题，包括未来的农业如何高质高效，未来的乡村如何宜居宜业，未来的农民如何富裕富足。脱贫攻坚和乡村振兴差别很大，前者主要涉及 1 亿人脱贫问题，后者涉及 6 亿农民问题；前者涉及 12.8 万个贫困村，后者涉及 57 万个行政村；前者主要集中在 832 个国家级贫困县，后者涉及全国 2800 多个县；前者主要解决绝对贫困问题，后者着重解决农业农村现代化问题。

相关链接：

从脱贫攻坚到全面推进乡村振兴

（四）运用脱贫攻坚的宝贵经验做好乡村振兴这篇大文章

2021 年 4 月 6 日，国务院新闻办发布了《人类减贫的中国实践》白皮书，真实记录中国消除绝对贫困的伟大历程，全面介绍人类减贫的中国探索和实践，深入分享中国扶贫脱贫的经验做法，生动展现了中国坚持以人民为中心、让人民过上好日子的坚定信念和务实行动，充分彰显了中国积极参与全球贫困治理、为建设更加美好的世界作出更大贡献的责任担当。

过去的脱贫攻坚，可以说是倾举国之力，这是党的十九届四中全会提出来的我国国家制度和国家治理体系显著优势，也可以说是我们国家集中力量办大事的显著优势。在脱贫攻坚这个重大问题上，我们必须这样做，因为要解决近 1 亿贫困人口问题，1 亿人口是什么概念呢？欧洲最大的人口大国是德国，才 8000 多万人，法国 6000 多万人，英国 5000 多万人，意大利 5000 多万人，所以我们过去 8 年解决的贫困人口，比欧洲最大的国家还要多 1000 多万人口。同样的道理，接下来的乡村振兴要解决惠及我们国家 6 亿农民的问题，让 6 亿农民都能够过上更好的生活，这个问题非常复杂，数量又非常庞大。从这个角度来讲，乡村振兴的力度、规模要比脱贫攻坚大很多。

脱贫攻坚一个非常重要的经验就是举全党全社会之力。在接下来的乡村振兴中，也要举全党全社会之力来推动。早在《乡村振兴战略规划（2018—2022 年）》中，习近平总书记就提出"要让乡村振兴成为全党与全国人民的共同行动"。不是任何国家战略都能享受到这样高规格待遇的，只有非常重大的问题才可能举全党与全社会之力来推动。从这个层面上讲，今天的乡村振兴与过去脱贫攻坚战一样，党政军民学齐动员，五级书记一起抓来促进我国乡村振兴的实施。

我国乡村振兴建设工作的复杂性与艰巨性，需要加强顶层设计，推动政策创新。在国家层面上，我国过去几年乡村振兴战略实施的"四梁八柱"的重要文件都已经制定出来，包括各个部委都制定了乡村振兴的五年规划，各个省、市、县也都制定了本地的乡村振兴规划。前几年全国各个地方已经开展了 3 年的农村人居环境整治项目。随着 2021 年全面实施乡村振兴落地，预计还有更多更具体的文件出台。无论是村庄道路建设、基础设施建设，还是农村村容村貌改善等，需要有更具体的支持政策。乡村振兴要解决的最核心问题是人、钱、地的问题，包括如何让更多进入城市的人享受到城市的公共服务、如何吸引更多人才留在乡村、乡村振兴的钱从哪里来、农村的地怎么才能带来更大的增值收益等。过去几年，国家脱贫攻坚中有很多新政策的探索，哪些政策在乡村振兴实施战略中可以直接移植过来，哪些政策需要在新的背景下进行改革，这些都是有效衔接的一部分。要充分学习脱贫攻坚战的好的做法，做好乡村振兴这篇大文章。

三、促进"十四五"时期农业、农村和农民的全面发展

《纲要》把"基本实现新型工业化、信息化、城镇化、农业现代化，建成现代化经济体系"列为 2035 年的远景目标。当前，农业现代化滞后于新型工业化、信息化、城镇化发展，是制约全面建设社会主义现代化强国的一块"短板"。自 2004 年以来，中央一号文件连续 18 年聚焦"三农"问题，特别是党的十九大首

次提出坚持农业农村优先发展，将农业农村工作摆在优先位置，全力推动"三农"工作高质量发展，我国农业农村发展取得了一系列举世瞩目的成就。但毋庸讳言，当前农业农村发展仍存在高质量农产品供给不足、农村基础设施"最后一公里"问题突出、农民持续增收能力不足等困境以及类似种业这样的"卡脖子"问题，未来农业农村发展"补短板、强弱项"的任务依然艰巨。

"十四五"时期，要全面实施乡村振兴战略，加快农业农村现代化步伐，促进农业高质高效、乡村宜居宜业、农民富裕富足。图为2021年1月21日，在浙江省建德市杨村桥草莓小镇的智慧大棚里，管理人员正在采摘成熟的果实。

"十四五"时期是我国开启全面建设社会主义现代化国家新征程的第一个五年，也是2035年基本实现社会主义现代化的起步阶段，抓好开局、走好起步至关重要。从多维度来审视，"十四五"时期我国农业农村发展将迎来双循环战略更加强化农业"压舱石"地位、"三农"工作重心历史性转移、加快促进城乡要素双向流动等多重机遇，也将直面我国发展外部环境不确定性增多、农业综合成本不断抬升、农村生态环境和要素制约问题愈加突出等严峻挑战。为更好抓住机遇、有效应对挑战，根据《纲要》相关要求，需要从农业、农村、农民三个层面出发，重点推进实现农业高质高效、乡村宜居宜业、农民富裕富足，助力实现农业农村现代化发展。

推动农业高质高效。促进农业农村现代化发展，必须努力实现农业全产业链"高质高效"。传统农业生产规模小、科技含量低、要素投入单一、产品品质不高、经济效益差。站在农业全产业链发展的角度看，要实现农业"高质高效"，必须推动整个农业产业链条上游、中游、下游的高质量发展。就农业产业"上游"而言，应通过保护和利用好种子资源、强化自主创新和知识产权保护、培育壮大育繁推一体化龙头企业等举措，重点解决我国种业中存在的原创核心技术较少、部分品种单产不高、商业化育繁推一体化能力不足等"卡脖子"问题，以显著缩小与美国、法国等种业发达国家的差距，彻底扭转我国种业"大而不强"的局面；就农业产业"中游"而言，产业体系应以"特色化、规模化、标准化、绿色化"为方向，生产体系应以"机械化、信息化、节水化"为目标，经营体系应以"组织化、机制化"为遵循，大力发展符合当地资源禀赋的特色农业产业，为市场提供绿色优质农产品，在更好满足人民美好生活需要的基础上，全面提升农业产业效益，保证农民务农收益赶上或超过进城务工收入；就农业产业"下游"而言，要加大农村第一、第二、第三产业深度融合，延伸产业链条，并借势数字

乡村建设，大力推动农产品品牌建设，着力提高农产品附加值。实现农业"高质高效"，必须牢牢守住粮食安全底线，严守 18 亿亩耕地红线，严禁耕地"非粮化""非农化"，始终端牢中国饭碗。

促进乡村宜居宜业。经过"十三五"时期持续建设，我国广大农村地区早已"旧貌换新颜"，但与城镇相比，乡村基础设施和生活配套建设"最后一公里"问题依然突出，公共服务水平明显偏低，农民稳定增收动力不足。务农收入远低于外出务工收入，乡村青壮年劳动力大量外流，村落空心化、衰败化现象比较普遍。实现农业农村现代化，必须有人愿意留在乡村、流入乡村，尤其是需要有情怀、懂技术、善经营、会管理的"新农人"流入乡村。要做到这一点，乡村必须成为宜居之所、宜业之地。为此，《纲要》提出实施乡村建设行动，对乡村宜居宜业作出了具体部署。乡村建设行动强调坚持以人为本，把人的因素调动起来，把农民的积极性调动起来，让农民成为乡村建设行动的受益者。"十四五"期间应着力弥补乡村基础设施建设短板，解决乡村基础设施"最后一公里"问题，持续改善路、水、电、物流等基础条件，逐步实现城乡基础设施共建共享、互联互通，全面提升农村科教文卫体、养老社保等公共服务水平，推动城乡基本公共服务更为均等化，整治农村人居环境，加快推进美丽乡村建设，厚植农业创新创业土壤，让留在乡村、流入乡村的新老农人拥有干事创业的平等机会，让农业成为有奔头的产业，让农民成为有吸引力的职业，让农村成为安居乐业的美丽家园。

实现农民富裕富足。农民收入主要包括工资性收入、经营性收入、财产性收入和转移性收入，工资性收入是目前农民收入的主要来源，经营性收入和财产性收入则是未来挖掘农民持续增收的潜力所在。增加经营性收入，必须有乡村产业发展作支撑。发展乡村产业绝不是仅仅让农民种地，而是以现代农业技术作支撑，用现代化方式组织生产，目标是发展优质高效农业。西部地区在促进农业发展的同时，要因地制宜激活生态资源价值，推动生态资源产业化和产业生态化，实现生态资源价值再造。增加财产性收入，需要发展壮大乡村新型集体经济，盘活乡村集体资源和资产，让农民在深度融入集体经济中获得有稳定保障的可持续性收入。我国地域辽阔，各地情况千差万别，新型集体经济发展也要从实际出发，因地制宜，不能搞"一刀切"。此外，做好巩固拓展脱贫攻坚成果同乡村振兴的有效衔接，坚决守住不发生规模性返贫的底线，这是实现农民富裕富足的前提和基础。

四、打造乡村振兴新格局，全面推进农业农村现代化

"三农"问题作为我国实现社会主义现代化宏伟蓝图的重中之重，一直备受关注。当前，我国进入全面建设社会主义现代化国家的新发展阶段，"城乡发展

不均衡、农村发展不充分"已成为新时代我国社会矛盾的突出体现。习近平总书记在全国脱贫攻坚总结表彰大会上强调，乡村振兴是实现中华民族伟大复兴的一项重大任务。为此，我们要立足新发展阶段新形势，树立乡村振兴新理念，坚持农业农村优先发展，加强科技兴农，促进教育兴农，加快城乡融合，加快实现共同富裕，打造乡村振兴新格局，进而形成新发展阶段的中国特色社会主义乡村振兴道路。

以加强科技兴农助力乡村振兴。科技兴农即根据各地情况及特点，依托科学技术解决"三农"现实痛点，促进"三农"高质量发展。农业是中国国民经济的重要基石，科技兴农是针对现实国情的正确选择，是推进中国特色社会主义乡村振兴的助力器，是激发乡村振兴活力的原动力。首先，因地制宜促进农业科技成果转化，完善相关流程、机制和示范基地建设，实现科技成果落地生根。例如，北京通州漷县镇种植园，采用水肥一体化设备实现水肥同步管理，大幅降低成本，提高了收益。其次，提升农业技术水平，依托科技创新发展智慧农业、循环农业等新模式，促进农业转型升级，并利用云技术、大数据及抖音、快手等新媒体，发展认养农业、共享农业、"网红＋农产品"等线上线下相融合的新营销模式，打造平台农业。再次，实施"引进＋创新"战略，借鉴成功经验，排除发展痛点，充分利用独特资源，打造"一村一品"的特色农业。最后，注重农业科技人才培育工作，创新工作机制。增强农专科技人才团队建设与培育，深入落实科普工作，大力提升基层科技人员素质；筑巢引凤，工农结合，以工补农，加快实现农村现代化，促进城乡协同发展。

知识链接

浙江省平湖市农业经济开发区突破传统农业园区功能定位为"农业硅谷、农创高地"，力求成为乡村振兴战略的大平台、主阵地、先导区，让资金、人才、服务、科技等资源更多更快更好地回归农村、流向农业、造福农民。按照农村第一、第二、第三产业融合发展要求，提出"产业生态化、园区景区化、农旅一体化"目标，做到"三通一转"（通水、通电、通路、土地流转）。为全面推进乡村振兴战略实施提供了有力保障。

以促进教育兴农助力乡村振兴。习近平总书记强调，乡村振兴应优先发展乡村教育。教育兴农是中国特色社会主义乡村振兴的关键举措。一是发展乡村教育，应全面统筹规划乡村基础教育学校，逐步完善义务教育学校配套设施，推进学校标准化建设，逐步解决教育发展"不平衡不充分"问题，不断缩小城乡差距。二是教师是推动乡村教育发展、提升乡村教育质量的重要主体，地方政府应关注乡村教育人才队伍建设与人才质量提升，逐步改善乡村教育人员教学条件和

福利待遇，完善乡村教育人才政策。三是充分吸收好家风、好民俗等地方文化精华，结合我国德育及教育的基本要求，打造独具乡村特色的德育教育课程体系。四是借助互联网、物联网等现代信息技术，发展"线上＋线下""课堂内＋课堂外"的多维融合教学模式，促进资源共享。

以促进城乡融合助力乡村振兴。"十四五"规划纲要强调，全面实施乡村振兴战略，强化以工补农、以城带乡，推动形成工农互促、城乡互补、协调发展、共同繁荣的新型工农城乡关系，加快农业农村现代化。一是统筹城乡融合总体战略布局，促进城乡资源互补互惠，为城乡共同发展提供新动力。推进乡村建设工作，完善乡村基础设施，加强乡村环境治理，改善乡村风貌，助力乡村振兴。二是不断推进农村改革与创新，鼓励开拓多种经营形式。继续落实土地承包三十年政策，鼓励扶植成立农民合作社，打造家庭农场，积极创新农业经营模式。三是结合新阶段我国城乡发展的实际情况，积极探索土地制度改革，逐步推动形成城乡统一的建设用地市场。在保持乡村特色的基础上推行绿色、生态和可持续发展的经济建设模式，注重产业深度融合，协同发展，完善产业链，促进产业转型升级，助力乡村振兴。

以实现共同富裕助力乡村振兴。全面推进乡村振兴战略，应深入巩固拓展脱贫攻坚成果，努力实现全体人民共同富裕。目前，我国农村贫困人口全部脱贫，贫困县全部摘帽，贫困村全部出列，创造了中华民族扶贫史上的一个奇迹，形成了值得弘扬与传承的中国特色脱贫攻坚精神。在扶贫攻坚过程中，我国不断完善精准扶贫组织保障体系，不断创新扶贫方式，积极探寻扶贫长效机制，加强区域协作与对口支援，充分发挥政府、企业、社会三方协同力量，打造专项扶贫、产业扶贫与社会扶贫相结合的多元化扶贫格局。进入新发展阶段，踏上乡村振兴新征程，应继续稳固脱贫攻坚基础与成效，加强致贫返贫监测，不断完善防止致贫返贫预警体系。防止返贫是乡村振兴战略顺利推进的重要保障，应积极进行脱贫攻坚成果巩固工作后评估，根据评估结果动态调整工作方案，科学预防，从根本上阻断致贫返贫。

以创新乡村治理助力乡村振兴。乡村治理是国家治理的基础和重要组成部分，是乡村振兴实施的关键影响因素。进入新发展阶段，创新乡村治理，应坚持以人为本原则，积极鼓励多主体参与，加强自治、法治与德治"三治"融合。首先，自治是居民参与乡村治理的自发性与主动性的体现，应积极引导并鼓励村民自治，科学组建村民自治组织，完善自治管理流程及相关配套制度，激发乡村治理新动力。其次，法治是乡村治理的法律保障与科学武器，应加强乡村法治宣传与法治教育，提升居民法治意识，注重乡村法律服务平台搭建，夯实乡村治理的法治基础。最后，德治是乡村治理的道德后盾，应传承并弘扬中华传统美德，传播榜样力量，彰显社会正能量。积极宣传与引导善行义举，提升村民道德情操与综合素养，提高居民遵纪守法、助人为乐的自觉性与主动性；鼓励并扶持乡村举办多种形式的文化活动，提供资金支持与专业指导，让乡村文化遍地开花，推动乡村文化大发展大繁荣，构建新阶段乡村文化新生态。

让绿色成为农业生产的鲜明底色

农业绿色发展是大势所趋。推广绿色技术，既要有精准扶持政策，也要有针对性强的到户服务，让农民"用得上、用得起、见实效"，更多绿色技术才能有效转化落地。

一树树桃花压满枝头，树底下的油菜花吐着芬芳，天津市武清区梅厂镇灰锅口村桃林里姹紫嫣红。采用果园绿肥间作模式，果农王秋祥的300多亩桃林近两年效益越来越好：绿肥抑制杂草、保墒肥田，每年仅除草一项就能节省十来万元，桃子的甜度还提高了10%以上，俏销市场。他不禁点赞："这绿色技术真是太实用了！"

眼下正是春耕春管时节，绿色生产成为各地田园的一抹亮色。近年来，适应消费需求升级，农业供给侧结构性改革深入推进，田间地头掀起绿色新风尚，绿色优质农产品供给能力不断提升。2020年，我国新认证绿色、有机、地理标志农产品2.2万个，农产品例行监测合格率达到97.8%。

采访中笔者了解到，虽说绿色生产是潮流，但有的农民还不太接受，有时也未必立竿见影。比如，有的种粮大户说，一体化滴灌技术确实先进，省肥省水，但买设备一次性投入高，觉得不划算。有的农民反映，生物防控集成技术专业性强，操作起来复杂，想用但不容易掌握要领。

当前，提升农业质量效益和竞争力，推进农业绿色发展是大势所趋。那么，如何让更多农业绿色技术落地开花呢？

政策要更精准到位，让更多农民"用得上、用得起"绿色技术。一方面，应鼓励市场主体加快农业绿色技术研发，增加绿色投入品和节能低耗农机供给，充分发挥农机购置补贴等惠农政策的作用，引导生产经营主体购买使用新型环保机具。另一方面，多元化筹措资金，加快推进高标准农田建设，因地制宜铺设节水灌溉管带、地面传感系统等农田设施，为绿色技术应用提质扩面创造良好条件。

与此同时，也要加强和创新服务，促进绿色技术有效转化落地。就拿王秋祥的果园来说，绿肥技术之所以见效显著，离不开当地农科院专家的全程跟踪服务。要创新完善参与机制，鼓励基层农技员多向农户推荐易上手的实

用技术，强化双向反馈和到户服务。在山东省淄博市临淄区蔬菜示范园，开展绿色防控技术集成示范，通过大量技术培训班和示范现场会，让菜农们看着学、跟着干，生物治虫等技术在全区大面积推广应用。

好产品是产出来的，也是管出来的。前不久，我国农残新标准出台，让舌尖上的安全更有保障。各地要加快产地环境、投入品管控等关键环节标准的制定修订，完善农产品质量全程追溯体系，推进标准化生产和全程质量监管，提高农产品品质。同时，也要建立相应的市场准入制度，提高绿色优质农产品的市场认可度，畅通产销对接，让更多好产品卖上好价钱。

绿色是农业高质量发展的鲜明底色。通过技术赋能，让田园多一抹绿意，现代农业就会更生机勃勃，农民丰收的滋味也将更加浓郁甘醇。

（资料来源：《人民日报》2021 年 5 月 7 日 18 版）

 阅读推荐

1. 刘淑文、王岩：《展现乡村文明新气象》，《人民日报》2021 年 5 月 10 日 15 版。

2. 邱泽奇：《乡村振兴与城乡关系再探索：人口生计何以可转换？》，《社会发展研究》2020 年第 4 期。

3. 秦保强：《在乡村振兴上开新局》，求是网，2021 年 4 月 13 日。

 思考题

1. 乡村振兴战略有哪些重要意义？
2. 你对你所在的乡村在"十四五"时期的发展有哪些建议？
3. 你认为现代化的农业农村是什么样的？

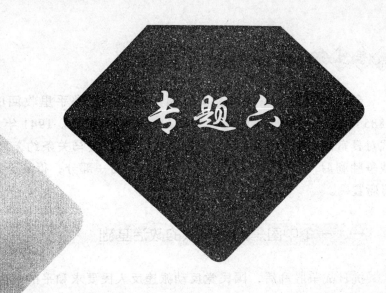

专题六

矢志不移

——坚持一个中国原则，推动
两岸关系和平发展

一水之隔，天涯咫尺，浅浅的台湾海峡承载着两岸人民深深的离愁。解决台湾问题，实现国家统一，是全体中国人民庄严而神圣的使命。1949年以来，中国共产党、中国政府、中国人民始终把解决台湾问题、实现祖国完全统一作为矢志不渝的历史任务。李克强总理在2021年《政府工作报告》中指出，我们要坚持对台工作大政方针，坚持一个中国原则和"九二共识"，推进两岸关系和平发展和祖国统一。高度警惕和坚决遏制"台独"分裂活动。完善保障台湾同胞福祉和在大陆享受同等待遇的制度和政策，促进海峡两岸交流合作、融合发展，同心共创民族复兴美好未来。

台湾与大陆联系历史悠久，康熙时期从明郑手里收回成为福建的一个府，1885年建省。1895年因《马关条约》被日本割去。1941年12月，中国政府正式对日宣战，宣布废除中日之间的一切条约，《马关条约》理所当然作废。抗日战争胜利后，台湾回归祖国。台湾是中国的一部分，得到全部历史史实的证明，毋庸置疑。

一、一个中国是两岸关系的政治基础

抗日战争胜利后，国民党反动派违反人民要求和平的意愿发动内战，在解放战争中被摧枯拉朽，败逃台湾。正当中国人民解放军准备解放台湾的时候，美国武装干涉朝鲜内战，并派遣第七舰队侵入台湾海峡，中国党和政府作出抗美援朝、保家卫国的历史性决策。在美国支持下，蒋介石在台湾打起"中华民国"旗号，与祖国大陆相对抗。一个时期在国际上出现了中华人民共和国代表中国，还是"中华民国"代表中国的争论。1971年联合国2758号决议通过，中华人民共和国代表中国成为国际共识。1949年后的台湾问题，是国家统一前的内部问题。国家统一了，台湾问题就不是问题了。

 相关链接：
海峡两岸对峙格局的形成

台湾与大陆的关系，是一个中国的内部关系。两岸的政治关系、经济关系、法律关系、人员往来关系、军事关系，都不能脱离一个中国的范畴。李登辉提出"两国论"，陈水扁提出"一边一国论"，蔡英文提出"中华民国台湾"都脱离了一个中国的范畴，两岸关系的路就走进死胡同了，连海协会、海基会的协商也不得不停摆。"九二共识"是以一个中国为前提的。坚持"九二共识"，两岸关系的路就走活了，两岸来往就呈现热络状态，两岸交往就可以作出制度性安排，处理两岸关系的部门也可以直接来往，这就给进一步讨论国家统一提供了前提。

一个中国不仅是两岸关系的政治基础，也是两岸和平统一的政治基础。祖国大陆真诚追求和平统一，真诚追求"一国两制"，前提都是建立在一个中国基础上。在这个前提下，海峡两岸可以就正式结束两岸敌对状态、发展两岸关系的规划、和平统一的步骤和安排、探索"一国两制"台湾方案、台湾当局的政治地位、台湾地区在国际上与其地位相适应的活动空间、与实现和平统一有关的其他任何问题展开协商和谈判，达成国家和平统一的目的。但是，如果一个中国的前提没有了，和平统一的可能就丧失了。2005年全国人大通过的《反分裂国家法》，就是针对如果丧失了这一前提，"台独"分裂势力以任何名义、任何方式造成台湾从中国分裂出去的事实，或者发生将会导致台湾从中国分裂出去的重大事变，或者和平统一的可能性完全丧失，国家就得采取非和平方式及其他必要措施，捍卫国家主权和领土完整。

一个中国也是两岸反对"台独"的政治基础。从一个中国的历史和现实理由出发，从一个中国的国际共识出发，"台独"没有立足的历史和现实政治基础。鼓吹"台独"和谋求"台独"都是背叛一个中国立场的，都是背叛中华民族整体利益的，都是抵制和阻扰中华民族复兴事业的，必须坚决反对，必须和谋求"台独"的利益集团及其代表人物作坚决斗争，必须根除"台独"势力。

一个中国还是两岸反对美国干涉的政治基础。1971年中美开始关系正常化进程以后，中美两国签订的三个联合公报均强调坚持一个中国原则，这是中美两国关于两国关系以及涉台问题的基础性文件。但美国自己在国内又通过了一个所谓《与台湾关系法》。美国把台湾当作"棋子"，阻扰中国统一，是我们必须坚决反对的。坚持一个中国原则和中美三个联合公报的原则是中美关系健康发展的政治基础，是我们反对美国对台政策的政治基础。习近平总书记指出："中国人的事要由中国人来决定。台湾问题是中国的内政，事关中国核心利益和中国人民民族感情，不容任何外来干涉。"从历史发展的大趋势看，美国的干涉不能阻止中国的统一。

坚持一个中国的实质，是坚持中国的领土和主权不容分割的立场。"台独"势力意欲"台湾独立建国"、意欲使"台湾成为一个正常的国家"，是不可能得逞的。他们借壳下蛋，以"中华民国在台湾""台湾是中华民国"或者"中华民国台湾"招摇撞骗，是违反国际共识的，是违反一个中国的本质定义的，也是达不到分裂目的的。国家追求和平统一，追求"一国两制"，当然不能允许"台独"势力以任何名义继续存在。这是坚持一个中国的基本含义。

30多年前讨论两岸关系，常常有"时间在哪一边"的议论。有的台湾朋友认为时间在台湾一边，因为台湾有经济发展优势，有所谓"民主制度"优势。30多年过去了，历史证明时间不在台湾一边。大陆的发展不断改变决定台海基本格局的力量对比态势。大陆在中国共产党领导下的民主政治是以人民为中心的民主政治，是有利于国家发展、社会安宁、人民幸福的民主政治。反观台湾的所谓民主，已经被许多台湾人指为劣质的民主，社会混乱、民生福祉受到漠视，是不争的事实。国家统一，实行"一国两制"，对提升台湾人民的中华民族荣誉感、提升台湾人民的生活水平，是完全可以预期的。

二、加强交流合作是两岸同胞的共同愿望

2020年以来，受新冠肺炎疫情影响，两岸交流活动受到一定影响。近几个月

来，在有识人士的积极努力下，两岸交流活动接连不断。关注青年发展、交流抗疫经验、聚焦文化传承、畅议乡村建设……交流活动主题广泛、内容丰富、形式多样，着力于增进同胞了解，弘扬中华文化，推动共同发展。台湾各界同胞冲破层层阻隔，以多种形式踊跃参与，线上线下互动热络亲切。

（一）两岸交流合作势不可当

2020 年以来，尽管受新冠肺炎疫情等突发因素影响，两岸经贸往来依然热络，大陆作为台湾最大出口市场、最大贸易顺差来源地的地位更加凸显。据台湾方面统计，2020 年，台湾与大陆（含香港，下同）贸易总额为 2162.31 亿美元，同比增长 13.46%，较台湾整体进出口增速快 10.7 个百分点；台湾对大陆投资 59.06 亿美元，占其对外投资总额的 33%。尽管民进党当局以疫情防控为由，极力阻挠两岸人员往来和交流，但两岸经贸交流合作克难前行，仍然保持良好发展态势，更加体现大陆市场对台湾经济的重要地位难以撼动，两岸经贸合作乃大势所趋。

大陆是台湾对外贸易逆势增长的主要动力。2020 年以来，疫情在全球蔓延导致世界经济陷入衰退，但得益于严格有效的疫情防控和精准适度的经济扶持政策，大陆经济在全球率先复苏，消费、投资等主要经济指标实现"转正"，2020年 GDP 增速达 2.3%，成为全球唯一实现正增长的主要经济体，同时 GDP 首次突破 100 万亿元，占全球 GDP 比重升至 17%。而全球经济仍难见好转，国际货币基金组织（IMF）最新发布的《全球经济展望报告》预测，2020 年全球经济将萎缩 4.4%。世界贸易组织（WTO）发布的最新贸易预测数据显示，2020 年全球商品贸易至少下降 13%。在此背景下，据台湾方面统计，2020 年台湾整体出口仅增长 4.9%，其中对大陆以外地区出口下降 1.6%，对东盟出口下降 1.3%，对"新南向"政策 18 个目标国出口下降 3.2%。台湾对大陆出口实现两位数增长，更加反映了大陆经济稳步回升对带动台湾贸易增长的重要作用。

知识链接

2016 年 9 月 5 日，台湾当局正式公布启动"新南向"政策推动计划，编列预算 42 亿元新台币帮助台湾厂商拓展商机，目标市场包括东盟 10 国、南亚 6 国及澳大利亚、新西兰共 18 个国家。"行政院"声称，该计划将从医疗、文化、观光、科技、农业 5 大产业切入，希望与 18 个目标国创造互利共赢的新合作模式，建立"经济共同体意识"。

大陆是台商台企投资兴业的最大机遇。2020 年，台湾对大陆投资金额同比增长 41.5%，主要分布于电子零组件制造业（占 26.8%）、批发及零售业（占 23.6%）、金融及保险业（占 8.7%）。不难看到，近年来尽管受中美经贸摩擦、疫情等不利因素影响，大陆仍是多数台商优先考虑的市场，特别是大陆应对疫情过程中表现出的强大韧性和旺盛活力，让越来越多的台商更加坚定深耕大陆市场的决心，台商台企在大陆的快速发展也"反哺"两岸经贸，进一步带动岛内投资和两岸贸易增长。今后一个时期，大陆台商台企依托大陆市场将迎来更大的发展机遇。一是大陆正加快构建以国内大循环为主体、国内国际双循环相互促进的新发展格局，有利于充分激发大陆市场潜力，超大规模市场优势将进一步凸显。二是大陆积极营造市场化、法治化、国际化的营商环境，特别是有利于科技创新的体制机制日益成熟，有利于为广大台商台企提供高质量发展的平台。三是区域全面经济伙伴关系协定（RCEP）的签署和中欧投资协定谈判的完成都将孕育新的市场机遇，而大陆是台商台企进入区域大市场的最佳跳板。四是大陆持续落实落细"31条""26条""11条"等惠台利民措施，继续率先同台胞台企分享大陆发展机遇，并提供更多制度保障。

大陆是台湾产业高质量发展的有力支撑。"十四五"期间大陆将进入全面建设社会主义现代化国家、向第二个百年奋斗目标进军的新发展阶段，经济社会发展更突出高质量发展主题，其中科技创新是高质量发展的重中之重，台湾相关产业及企业到大陆发展大有空间、大有可为。大陆高质量发展的内在要求，将推动两岸产业链转型升级、促进两岸贸易能级提升，进一步刺激岛内高科技企业加强研发、扩大产能，提升产业发展层次和水平。在两岸高端产业合作日益密切的带动下，2020年1月至9月台湾电子零组件业工业产值同比增长10.3%，其中集成电路业产值创历年同期新高，同比增长23.3%，成为台湾制造业产值增长的主要贡献来源。2020年上半年，台湾电子零组件业固定资产投资增长4.5%，占制造业的比重达64.0%。同时，电子零组件业解决岛内就业超过60万人，约占台湾工业就业人口的15%。

大陆是台湾经济稳定增长的强大后盾。两岸相互依存的经贸关系促进两岸经贸合作持续发展。2020年以来，受疫情影响，全球经济陷入衰退，台湾作为外向型经济体，经济表现仍然不错，2020年台湾GDP增长初值为2.98%。其中，台湾从大陆获得贸易顺差达1405.2亿美元，而对大陆以外地区的贸易逆差达278.82亿美元。此外，从台湾GDP构成来看，2020年前三季度，台湾民间消费下降了1.48%。可见，如果没有大陆市场对台湾出口以及岛内投资的拉动，台湾经济将难以避免陷入衰退。

总体来看，两岸经贸合作是由双方存在优势互补的发展基础所决定的，是市场推动资源最优配置的结果，而两岸间已建立的较为稳固的产业链供应链，为两岸经贸合作持续发展提供了源源不断的动力。这种巨大的发展惯性也是推动两岸经贸合作继续向前的大势所在，并非民进党当局依靠"政治之手"所能左右。从近期看，2021年大陆经济恢复性增长将产生新的需求规模，推动两岸经贸合作持

续发展。从中期看，"十四五"期间，大陆将进一步推进高水平制度型开放、推动高质量发展、构建新发展格局，更加注重需求侧管理，形成强大国内市场。目前大陆有4亿中等收入人口，未来10年累计商品进口额有望超过22万亿美元，大陆市场的空间和潜力将成为两岸经贸合作最重要的基础和推动力。从长期看，随着RCEP成员间关税水平逐步降低，以及未来更高水平的中日韩自由贸易协定（FTA）构建，东亚区域经济一体化水平将大幅提升。加之中欧投资协定谈判的完成，区域产业链供应链的融合发展乃大势所趋，台湾唯有乘势而上，进一步推动两岸经贸合作，深化两岸融合发展，才能避免被边缘化的风险。

（二）加强交流合作是两岸同胞的共同愿望

由于历史和现实的原因，两岸关系存在的很多问题一时不易解决，但两岸同胞是一家人，有共同的血脉、共同的文化、共同的联结、共同的愿景，这是推动相互理解、携手同心、一起前进的重要力量。

1. 两岸同胞一家亲，谁也不能割断我们的血脉

两岸同胞一家亲，根植于两岸同胞共同的血脉和精神，扎根于我们共同的历史和文化，这是与生俱来、浑然天成的，是不可磨灭的。不论是几百年前大陆居民跨越"黑水沟"到台湾"讨生活"，还是几十年前大陆居民迁徙到台湾，广大台湾同胞都是我们的骨肉天亲。

 相关链接：
台湾历史演变

2. 两岸同胞命运与共，彼此没有解不开的心结

两岸同胞虽然隔着一道海峡，但命运从来都是紧紧连在一起的。两岸虽然尚未统一，但我们同属一个国家、同属一个民族的事实从来没有改变，也不可能改变。因为我们的血脉里流动的都是中华民族的血，我们的精神上坚守的都是中华民族的魂。台湾同胞因自己的历史遭遇和社会环境，有特定的心态，我们完全理解台湾同胞的心情。熨平心理创伤需要亲情，解决现实问题需要真情，我们有耐心，但更有信心。亲情不仅能疗伤止痛、化解心结，而且能实现心灵契合。我们尊重台湾同胞自己选择的社会制度和生活方式，也愿意同台湾同胞分享大陆发展的机遇。历史不能选择，但现在可以把握，未来可以开创。

3. 两岸同胞血脉相连、同文同种，加强交流是两岸同胞的共同愿望

30多年前，正是人民交流的热切渴望，打破了阻断往来的人为藩篱，开启了隔绝38年的交流大门。这股不断推动两岸关系向前发展的动力，如今同样展现力量。新冠肺炎疫情一度让人们闭门不出，民进党当局对两岸往来的阻挠禁限变本加厉，他们不但全面禁止大陆民众赴台，还制造"绿色恐怖"，对参与两岸交流活动的台湾民众威胁恫吓。然而，即使在2020年疫情最严峻的1至2月，仍然有10万多名台胞来到大陆。两岸经贸更是逆势增长，据海关总署统计，2020年1至8月，两岸贸易额达1589.28亿美元，同比增长10%。这说明，两岸交流的动力来自人民，任何人任何势力都禁止不了、阻挡不了。

4. 加强交流符合两岸同胞的利益福祉

30多年两岸人员往来、经贸合作的实践证明，两岸民间的良性互动，对于巩固与深化两岸关系和平发展具有积极作用。当前两岸关系形势复杂严峻，"台独"分裂势力挟洋自重，不断进行谋"独"挑衅，两岸民众更需要加强交流与合作。以最大诚意、尽最大努力争取和平统一的前景，不管遭遇多少干扰阻碍，两岸同胞交流合作都不能停、不能断、不能少。通过交流合作、深化融合，厚植两岸和平根基，这也是广大台湾民众的共同愿望——最近台湾一份民调表明，超过九成的受访民众希望两岸和平相处，超过八成的民众赞成两岸要交流。

5. 两岸关系好，台湾才会好

"台独"是历史逆流，是绝路。大陆有坚定的意志、充分的信心、足够的能力遏制"台独"。希望广大台湾同胞看穿极少数"台独"分裂分子的"害台"本质和危险性，与大陆同胞共同反对和遏制"台独"，携手维护并推动两岸关系和平发展，共谋、共创中华民族伟大复兴的美好未来。

6. 两岸同胞要齐心协力，持续推动两岸关系和平发展

近年来，两岸同胞共同选择了两岸关系和平发展的道路，开创了前所未有的新局面。为此，双方要巩固坚持"九二共识"、反对"台独"的共同基础，深化维护一个中国框架的共同认知。这个基础是两岸关系之锚，只要这个基础得到坚持，两岸关系的前景就会越来越光明。如果这个基础被破坏，两岸关系就会重新回到动荡不安的老路上去。至于两岸之间长期存在的政治分歧问题，双方应当在一个中国框架内，进行平等协商，作出合情合理的安排。台湾问题是中国的内政，是中国人自己的事，相信两岸中国人有智慧找出解决问题的钥匙来。

中国中央政府多次表态，我们对台湾同胞一视同仁，无论是谁，不管他以前有过什么主张，只要现在愿意参与推动两岸关系和平发展，我们都欢迎。

7. 两岸同胞要携手同心，共圆中华民族伟大复兴的中国梦

实现中华民族伟大复兴，实现国家富强、民族振兴、人民幸福，是近代以来中国人的夙愿，中国梦与台湾的前途是息息相关的。中国政府是真心诚意对待台湾同胞的，愿意认真听取各方意见。只要是有利于增进台湾同胞福祉的事，只要是有利于推动两岸关系和平发展的事，只要是有利于维护中华民族整体利益的事，都会尽最大努力办好，使广大台湾同胞在两岸关系发展中更多受益，让所有中国人都过上更加美好的生活。

三、准确把握两岸关系新形势，推进两岸关系和平发展和祖国统一

台湾问题是中美关系中最重要、最敏感的议题之一，事关中国的核心利益。同时，由于台湾重要的战略地位、第二次世界大战之后的经济发展和政治转型、美台传统关系，台湾问题也事关美国战略利益。准确把握两岸关系新形势，认清美国的真实目的，有助于我们更好地处理两岸关系，推动两岸走向和平统一。

（一）认清美台勾连的本质

美国反华势力"以台制华"和台湾民进党当局"倚美谋独"，早已不是新鲜事。2021年3月，美台勾连的戏码又玩出了新样式。一方面，美国国家航空航天局（NASA）在活动官网上将台湾单列为"国家"，个别反华参议员高调重提所谓

2021年3月28日下午，帕劳总统惠普斯抵达台湾，展开五天四夜的访问，随行的还有美国驻帕劳大使亨尼西-尼兰夫妇。图为亨尼西-尼兰夫妇随帕劳代表团抵达台湾。

"台湾关系强化"议案；另一方面，美国驻帕劳大使随帕劳总统到台湾活动，四处抛头露脸，"美在台协会"和台驻美"经济文化代表处"签署所谓"设立海巡工作小组备忘录"。台面上下各种活动紧锣密鼓，好不热闹。就美国而言，无非是拉上民进党当局这个"小兄弟"，为"反华大合唱"壮些许声势；就民进党而言，则是走夜路吹口哨，自己给自己壮胆。

从操作手法来看，这波美台勾连可谓五花八门，把各种老梗玩得炉火纯青。其一是"碰瓷"。NASA发起的"火星船票"本是一次融合科学与浪漫、颇具大众科普意义的活动，却被主办方拙劣地夹带了暗撑"台独"的"政治私货"。作为美国联邦政府的机构，NASA对中美三个联合公报不会不知，对中美建交以来美国历届政府恪守一个中国政策的历史不会不知。假装不经意地把台湾列为"国家"，这种小聪明既幼稚可笑，又玷污了科普活动的纯洁性。

怎么看，这波操作都透着一股熟悉的味道，是被多家跨国企业玩残的把戏，也毫不例外遭到中国老百姓自发抵制。在涉及国家主权、安全和发展利益的原则问题上，中国人民眼里从来不揉沙子。NASA继续装傻充愣，为少数政客的"反华大合唱"敲边鼓，势必遭到中国人民唾弃和国际社会有识之士反感。

其二是"探界"。中方坚决反对美台之间任何形式的官方往来和签署具有主权意涵的协议，这一立场举世皆知。美国驻帕劳大使公开"访问台湾"，在各种会见、参访、晚宴场合露脸、"打卡"，显然是试图突破中方底线，向"台独"分裂势力发出错误信号。所谓"设立海巡工作小组备忘录"，更是全然不顾台湾问

题的高度敏感性，对"台独"分裂活动推波助澜。这也是美方经常玩弄的手法，摆出一副试图逾越的架势，不断试探一个中国红线。

其三是"修法"。美国号称法治社会，不管多荒唐的事情，一旦成了法案就仿佛有了天大效力，就能赋予联邦政府"长臂管辖"、干涉别国内政的权力。于是，美国国会的反华议员从不吝啬嗓门和力气推动所谓"友台法案"，以为有了这些白纸黑字，在台湾问题上搞小动作就名正言顺了。"媚美谋独"的民进党当局为了傍上美国给大陆添堵，就算吃"莱猪"也在所不惜。

透过现象看本质，老把戏玩不出新花招。美国政府心里明白得很，承认"中华人民共和国是中国的唯一合法政府"，承认"台湾是中国的一部分"是中美关系的政治基础，也是中美建交以来历届美国政府坚持的政策。中美三个联合公报中，双方早已把涉及台湾问题的一个中国原则写得清清楚楚。所以，无论怎么"在危险的边缘试探"，终究口惠而实不至。

世界上没有免费午餐，天上也不会掉馅饼。这些年，与一份份"友台法案"相伴而来的，是水涨船高的军售费，是台湾民众一去不复返的血汗钱；与所谓"台美关系升级"相应兑现的，是开放进口含有莱克多巴胺的肉类制品，台湾人民买点肉吃都提心吊胆。为了"台独"臆想和权力私欲，民进党的当权者不仅不择手段，连颜面都顾不上了。

（二）准确把握两岸统一的历史大势

两岸关系发展面临的风险挑战虽然增多，但从长远看，两岸关系的主导权始终牢牢掌握在祖国大陆手中，两岸关系发展具有坚实的基础与足够的韧性，两岸关系仍朝着总体有利于统一的方向发展。

1. 两岸关系和平发展基础牢固、前景光明

一是两岸关系根基深厚、抗干扰能力强。海峡两岸经济结构具有很强的互补性、关联性。尽管民进党当局企图通过推行"新南向"政策、与美国等探讨供应链重组等形式推动两岸经济脱钩，但事实说明，民进党当局的"去中""远中"经济政策是徒劳的，民进党当局为了一党之私，罔顾广大台湾同胞的利益福祉逆潮流而动、悖民意而行，最终不会得逞。新冠肺炎疫情发生以来，两岸经贸交流、台湾对大陆的经贸依赖度不降反升。大陆不仅成为台湾最大的贸易伙伴和最大的贸易顺差来源地，而且为台湾经济长远发展提供了无比广阔的空间。在人员交往方面，两岸同胞克服暂时困难，通过互联网线上线下相结合的形式，在经济、文化、医疗卫生、教育、青年、基层、民间信仰等领域和界别成功举办了一系列不同主题的交流活动，延续了两岸交流的势头。统计数据显示，现在，有 100 多万台商及其家人长年工作、生活在大陆。这充分表明，两岸经贸合作符合市场经济规律，两岸人员往来符合主流民意期待，两岸关系发展具有强大抗干扰能力，不

是某些人某些势力想"脱钩"、想阻挠就能破坏得了的。

二是有利统一的两岸关系格局日益强化。台湾问题解决的关键在实力，在大陆自身发展。2015年3月，习近平总书记在看望参加政协会议的民革台盟台联委员时强调，"从根本上说，决定两岸关系走向的关键因素是祖国大陆发展进步"。经过几十年的发展，祖国大陆解决台湾问题的实力越来越强，筹码越来越多。改革开放以来，中华民族迎来了从站起来、富起来到强起来的伟大飞跃！中国特色社会主义迎来了从创立、发展到完善的伟大飞跃！中国人民迎来了从温饱不足到小康富裕的伟大飞跃！中国的国际影响力、塑造力不断增强，维护国家安全、捍卫主权和领土完整的能力显著提升。尤其是在经济实力方面，祖国大陆已经对台占据绝对压倒性优势。祖国大陆实力的不断壮大，给统一提供了充足的物质基础与实力支撑。大陆始终牢牢掌握两岸关系发展的主动权、主导权，确保两岸关系大局稳定，确保两岸关系朝有利于统一的方向发展。

2. 坚定推进两岸关系和平发展与祖国统一

面对复杂严峻的台海局势，祖国大陆坚定政治原则、保持战略定力，坚持以人民为中心的宗旨，坚持"两岸一家亲"的理念，扎实推进两岸关系和平发展与祖国统一各项工作，有效维护了两岸关系大局稳定，有效促进了祖国统一。

（1）坚决打击遏制"台独"，维护两岸关系大局稳定。针对岛内"台独"以及域外干涉势力的频繁挑衅，祖国大陆及时亮剑，坚决予以回击。2020年5月29日，《反分裂国家法》实施15周年座谈会在北京人民大会堂隆重举行，会议回顾了《反分裂国家法》实施15年来取得的重要成就，清晰传达了对"台独"绝不手软的明确信号，表明了祖国大陆遏制打击"台独"分裂的坚强决心、维护两岸同胞利益福祉的永恒初心、推进祖国完全统一的必胜信心。为有效遏阻"台独"冒进，塑造台海新局，捍卫国家主权、统一和领土完整，2020年9月以来，中国人民解放军在台海周边密集组织实战化军事演练。11月，第73届世界卫生大会续会作出不将涉台提案列入大会议程的决定，再次粉碎了"台独"势力企图"以疫谋独"、利用参与国际事务操弄"一中一台""两个中国"的阴谋。种种实际行动表明，祖国大陆必将毫不手软、坚决遏制任何形式的"台独"分裂行径。

（2）努力促进两岸经贸合作，切实造福两岸同胞。祖国大陆始终积极推进两岸经贸合作，以两岸人民的福祉利益为依归。在2018年和2019年，基于"两岸一家亲"理念，国务院台办、国家发展改革委经商有关部门先后出台了《关于促进两岸经济文化交流合作的若干措施》（"31条措施"）和《关于进一步促进两岸经济文化交流合作的若干措施》（"26条措施"）。2020年5月15日，为协助台胞台企克服疫情影响，进一步落实落细促进两岸经贸文化交流合作的"31条措施"和"26条措施"，国家发展改革委、国务院台办等十部门联合印发《关于应对疫情统筹做好支持台资企业发展和推进台资项目有关工作的通知》，提出持续帮扶台资企业复工复产、统筹协调推进重大台资项目、积极支持台资企业增资扩产、促进台资企业参与新型和传统基础设施建设、支持台资企业稳外贸、有效引导台资企业拓展内销市场、全面落实税费减免政策、强化金融支持台资企业疫情防控和复工复产、充分保障台资项目合理用地需求、有力支持台资中小企业发展、主动做好台资企业服务工作 11 条具体措施，进一步帮助台胞台企克服困难，为台商台企提供更多发展机遇、同等待遇。2020 年 11 月 3 日发布的《建议》专门就两岸经济合作与台商台企在大陆发展作出安排，指出将"加强两岸产业合作，打造两岸共同市场，壮大中华民族经济""支持台商台企参与'一带一路'建设和国家区域协调发展战略，支持符合条件的台资企业在大陆上市"，表明祖国大陆始终高度重视台胞台企在大陆的发展，始终将台胞台企当成一家人，始终愿意率先同台胞台企分享发展机遇。

（3）持续推动两岸交流交往，增进两岸同胞感情。大陆始终秉持"两岸一家亲"理念，积极鼓励、支持两岸民间各领域的交流合作，举办一系列两岸交流活动，推动两岸民间交流持续发展。2020 年 9 月 19 日，第十二届海峡论坛克服了民进党当局的百般阻挠和新冠肺炎疫情的影响顺利举办。两岸各界围绕经济合作、文化交流、青年交流、基层交流等议题，共忆抗击疫情、共扬中华文化、共推应通尽通、共谋融合发展，取得可贵成果。据不完全统计，约 2000 名台胞参加了论坛的各项活动，9 万名岛内台胞线上收看论坛大会，成为 2020 年疫情发生以来规模最大、台湾参与人数最多的两岸交流活动。随着新冠肺炎疫情趋稳，大陆各地相继举办"第十三届津台会""第三届海峡两岸青年论坛"等交流活动，有力促进了两岸民众交流交往，进一步增进了两岸同胞情谊，夯实了"两岸一家亲"的骨肉亲情。

2020 年 9 月 26 日，第十二届海峡论坛·第四届海峡两岸（漳州）青年交流周在漳州启动。图为两岸青年在活动现场进行交流。

（4）积极探索两岸融合发展新路，深化两岸社会融合。两岸融合发展政策提出后，大陆各地区各部门继续落实落细关于促进两岸经济文化交流合作的"31 条措施"和"26 条措施"，促进两岸经济社会融合发展政策推陈出新。根据国台办发言人介绍，"31 条措施"发布两年多来，100 个地方和部门结合当地实际先后出台了具体实施意见，丰富完善了两岸融合发展的政策，形成了中央地方联动的政策保障体系。2019 年 5 月 29 日，作为两岸融合发展先行先试地区的福建省，率先推出促进两岸融合发展的新政，出台《关于探索海峡两岸融合发展新路的实施意见》，通过满足台胞子女就学需求、扩大对台招生规模、扩大招聘台湾教师

来闽执教、鼓励台湾人才来闽发展等新措施，持续推进"基本公共服务均等化、普惠化、便捷化"，有力促进了两岸融合发展。《建议》也明确提出"支持福建探索海峡两岸融合发展新路"，从国家规划层面支持保障了两岸融合发展。

（5）描绘和平统一的路线图，吹响祖国统一的号角。2019年1月2日，习近平总书记在《告台湾同胞书》发表40周年纪念会上的重要讲话中，全面阐述了推进祖国和平统一的重大政策主张，指明了今后一个时期对台工作的基本思路、重点任务和前进方向。习近平总书记在讲话中提出探索"两制"台湾方案，两岸要应通尽通，具体规划与两岸民主协商"郑重倡议"等新论述、新主张，更是描绘了推进两岸和平统一的路线图，吹响了推进祖国统一的号角，丰富了新时代坚持"一国两制"和推进祖国统一基本方略的重要内涵，成为新时代祖国统一的根本遵循和行动指南。

总而言之，推动两岸关系和平发展，推进祖国和平统一进程是两岸同胞的共同使命，更是不可阻挡的历史潮流。当前阶段的两岸关系尽管遭遇种种势力的挑衅和干涉，但是改变不了台湾是中国一部分、两岸同属一个中国的历史和法理事实，阻挡不了祖国和平统一的光明前景。在祖国大陆积极引领塑造下，在两岸同胞共同努力下，两岸关系必将克难前行，朝着祖国统一的方向迈进。

"祖国必须统一，也必然统一！"两岸同属一个中国的历史和法理事实，是任何人任何势力都无法改变的。中方坚决捍卫国家主权和领土完整、坚决反对"台独"和外部势力干扰的决心，任何时候都坚定不移。无论把台湾列为"国家"还是或明或暗支持"台独"搞分裂，都注定徒劳无功；挟洋自重、"倚美抗中"也只会加剧台海紧张和动荡，给2300万岛内民众带来深重灾难。奉劝美国反华政客和民进党当局，停止兜售美台勾连的"政治私货"，还是认清形势走大路吧。

一个中国原则不容挑衅

近期，美国共和党籍联邦议员汤姆·蒂法尼等美国反华政客违反一个中国原则和中美三个联合公报，公开拿台湾问题滋事，谬称"台湾是一个主权独立的国家"，呼吁拜登政府放弃一个中国政策，与台湾建立"正常外交关系"。2021年3月15日，美国国防部网站刊登军事记者撰写的一篇文章，其中出现"台湾从来不是中国一部分"的错误表述。在美国舆论场中，这些涉台言论颇为极端，公然挑战"世界上只有一个中国，台湾是中国领土不可分割一部分"的历史和法理事实，反映了美国部分政客的无知和误断。

一个中国原则是当今国际社会的普遍共识和公认的国际关系准则。任何国家与中国建立外交关系，必须承认世界上只有一个中国，中华人民共和国政府是代表全中国的唯一合法政府，台湾是中国的一部分。一个中国原则是美国政府对中国作出的严肃政治承诺。美国承诺仅与台湾人民保持非官方关系。所谓"台湾地位未定论"没有任何法律和历史依据。"两个中国"或"一中一台"均系非法。中国建交国不得与台湾地区发展官方关系，不得支持"台独"分裂活动。美国一些反华势力否定基本事实，无视国际关系基本准则，是完全错误的。

当今世界正经历百年未有之大变局，新冠肺炎疫情全球大流行使这个大变局加速演进。"东升西降"是国际力量对比的大趋势，国际格局发生深刻调整。中华民族伟大复兴是美国遏华势力无法阻挡的。近些年，美国战略界一些人研判"台独"意味着战争，美国支持"台独"需要承担的战略风险和成本将难以估计。台湾是中国领土不可分割的一部分，若像一些反华势力所称的那样，美国与台湾地区直接"建交"或承认台湾所谓"主权"地位，那将是对中美建交政治承诺的公然背弃，是对中国主权与领土完整的公然挑衅。如果发生此类已由《反分裂国家法》明列的"将会导致台湾从中国分裂出去的重大事变"，中国政府必将作出坚定回应，采取非和平方式及其他必要措施，捍卫国家主权和领土完整。

当今国际形势已发生重大变化，中美关系未来走向攸关世界和平与发展，美方一些势力图谋利用台湾问题谋取对华竞争的战略利益，铤而走险，必然灰头土脸、得不偿失，特朗普打"台湾牌"对华施压遭遇挫败，已成为前车之鉴。台湾问题是中美关系中最重要、最敏感的核心问题，美方在涉台问题上务必谨言慎行，恪守一个中国原则，避免对中美关系造成损害。在此基础上，中美维持不冲突不对抗、相互尊重、加强沟通、管控分歧，确保台海与亚太地区和平稳定至关重要。

一个中国原则是两岸关系的政治基础。民进党"执政"以来"倚美谋独"，拒不承认"九二共识"，极力阻挠两岸交流合作，以"修法""正名"等手段推动"渐进式台独"，甚至妄想与美国搞"准国家""准同盟"关系，配合美对华遏制政策，成为两岸关系紧张动荡的乱源。当前民进党当局推动所谓"修宪"活动，其若误判形势，胆敢挑战台湾是中国的一部分、两岸同属一个中国的历史和法理事实，必将玩火自焚。岛内社会各界应清醒认识当前台海局势的严峻复杂性，认清"台独"只会给台湾带来深重的祸害，与民进党等"台独"势力切割，与美国部分政客的"害台"言行切割。

（资料来源：《人民日报海外版》2021年4月1日 03版）

阅读推荐

1. 王在希：《拜登上台后的中美关系与台湾问题》，昆仑策网，2021 年 2 月 10 日。

2. 董拔萃：《浅谈美国大选后的中美关系与台海局势》，华夏经纬网，2020 年 12 月 3 日。

3. 柴逸扉：《有"九二共识"才有两岸关系春暖花开》，《人民日报海外版》2021 年 2 月 25 日 03 版。

 思考题

1. 为什么说一个中国是两岸关系的政治基础？

2. 两岸交流合作对两岸人民有什么好处？

3. 台湾当局"卫福部长"陈时中说大陆疫苗不安全，如果是你，你会怎么反驳他？

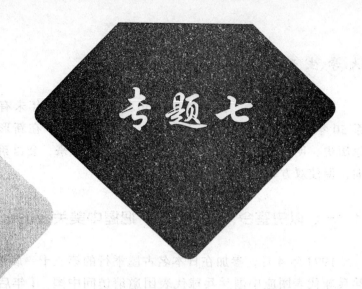

专题七

登高望远

——为新形势下中美关系找到正确方向

中美关系是当今世界上最复杂的双边关系之一，既有合作也有竞争，既有共同利益也有严重分歧；既有守成大国与新兴大国的结构性矛盾，也有意识形态与社会制度的尖锐对立，还有文化与民族性的巨大差异。中美关系能否有效管控分歧，制止过快下滑的态势和速度，避免两国关系跌入"修昔底德陷阱"，需要大智慧、大格局、大视野、大手笔。

2021年是中美"乒乓外交"50周年，面对百年未有之大变局，回顾中美关系50年来的历史演变，有过对抗，也有过合作。在新形势下，要铭记历史，反思历史，明确双方合作远远好于对抗。面向未来，要准确把握中美关系的正确方向，促使双方朝着健康稳定的方向发展。

一、以史鉴今，面向未来，把握中美关系正确方向

1971年4月，参加在日本名古屋举行的第三十一届世界乒乓球锦标赛的美国乒乓球代表团应中国乒乓球代表团邀请访问中国。1年后，中国乒乓球队回访美国。访问期间，两支球队都受到彼此国家和人民的热烈欢迎与热情接待。中美"以小球转动大球"，融化了两国历时20多年相互隔绝的坚冰。

相关链接：

回顾50年前的中美"乒乓外交"

50年前，毛泽东主席、周恩来总理和尼克松总统、基辛格博士等中美两国老一辈领导人，从两国人民共同利益出发，以非凡的战略眼光和政治勇气，作出了重新开启两国交往大门的战略决策，亲自决策并推动实施了中美"乒乓外交"。1971年7月，基辛格博士秘密访华。1972年2月，尼克松总统访问中国，中美实现"跨越太平洋的握手"，翻开了两国关系的新篇章。

50年来，中美关系历经风雨不断向前，取得历史性成就，不仅给两国和两国人民带来了实实在在的利益，也有力促进了世界的和平、稳定与繁荣。

1979年建交以来，中美双边贸易额不断增长。尽管遭遇新冠肺炎疫情，2020年两国货物贸易额仍逆势增长8.3%，达5800多亿美元。2021年第一季度，中美贸易额同比增长61.3%。中美经贸合作长期是双向互惠的。

中美携手推动达成气候变化《巴黎协定》，为全球气候变化合作提供重要动力。2021年4月22日，习近平主席应拜登总统邀请出席"领导人气候峰会"并发表重要讲话，表示中方期待同包括美方在内的国际社会一道，共同为推进全球环境治理而努力。2021年4月，中美还在上海发表了《中美应对气候危机联合声明》。中美合力应对1997年亚洲金融危机和2008年国际金融危机，为维护国际金融稳定、促进世界经济复苏作出了重要贡献。中美在东帝汶开展粮食安全三方合作，在非洲联手抗击埃博拉疫情，双方在反恐、防扩散、禁毒、疾病防控、维和等领域开展了良好协调与配合，在中东等地区热点问题上保持沟通与协调。

中国领导人亲自参与和推动中美民间往来。习近平主席多年来高度重视并亲自推动两国民间交往，同美国艾奥瓦州老朋友历时30余载的友谊、帮助年近8

旬的加德纳女士完成其丈夫重游福建鼓岭遗愿的故事，广为传颂。

自 1972 年中美乒乓球队实现互访后，两国乒乓球界经常进行交流。2002 年中国乒乓球队应邀访问芝加哥和洛杉矶，双方老中青三代运动员以球会友，续写"乒乓外交"情谊。中美在文化艺术交流、自然灾害应对等方面保持密切交流协作，在共同抗击新冠肺炎疫情中相互支持帮助。

中美已建立 50 对友好省州、232 对友好城市。疫情期间，两国各界人士仍然频繁通过电话、书信、视频等多种方式保持沟通交流。上述成果凝聚了中美两国几代人的心血，值得倍加珍惜。

纪念"乒乓外交"50 周年，回首中美关系发展的风雨历程，为的是总结过去，把握现在，开辟未来。从这段历史中，我们至少可以得出以下 3 条重要启示。

第一，中美应该也完全可以实现和平共处、合作共赢。50 年前中美之所以能够在长期对立隔绝的状态下实现破冰并随后开启正式建交大门，50 年来中美之所以能够在诸多领域开展合作并取得积极成果，根本原因是双方能从两国和两国人民的共同利益出发，在尊重彼此的政治制度和发展模式的基础上求同存异。

1972 年发表的《上海公报》明确指出，中美两国社会制度和外交政策有着本质的区别，同意各国不论社会制度如何，都应根据尊重各国主权和领土完整、不侵犯别国、不干涉别国内政、平等互利、和平共处的原则来处理国与国之间的关系。双方还声明，中美关系走向正常化符合所有国家利益。《上海公报》《中美建交公报》和《八一七公报》共同确认了中美相互尊重、平等相待、求同存异等处理两国关系的准则，构成了中美关系的政治基础。

知识链接

《上海公报》是中华人民共和国政府与美国政府之间所签署的第一个联合公报，是美国总统尼克松 1972 年 2 月访问中国期间在上海与中华人民共和国国务院总理周恩来签署的，全称是《中华人民共和国和美利坚合众国联合公报》，于 1972 年 2 月 27 日签署，并于 1972 年 2 月 28 日发表。《上海公报》的发表，标志着中美两国政府经过 20 多年的对抗，开始向关系正常化方向发展，为两国建交奠定了基础。

《中美建交公报》是指 1978 年 7—12 月中美两国就实现两国关系正常化举行谈判，同年 12 月双方就建交达成协议，12 月 16 日（华盛顿时间 12 月 15 日），双方同时发表了《中华人民共和国和美利坚合众国关于建立外交关系的联合公报》，宣布两国于 1979 年 1 月 1 日起正式建立外交关系，决定于 1979 年 3 月 1 日互派大使并建立大使馆。公报重申美国承认中国的立场，即只有一个中国，台湾是中国的一部分，美国承认中华人民共和国政府是中国唯一合法政府。

《八一七公报》是1982年8月17日美国与中国发表有关军售台湾问题的公报。美国与中国在1979年建交时，对军售台湾问题因未能达成共识而搁置。1981年里根上台后，继续讨论此棘手问题，双方经过冗长的谈判过程，于1982年8月间达成协议，发表公报。

中国无意否定美国或任何其他国家的政治制度和发展道路，也不谋求在世界上推广中国的政治制度和发展道路，但如果有人要挑战中国共产党、中国政治制度和领导体制，中国人民也绝不会答应。中国将坚定捍卫国家主权、安全、发展利益。

中美两国存在一些分歧是正常的，关键是要相互尊重、平等相待，以建设性方式加以管控和处理，确保中美关系沿着正确方向发展。

第二，作为最大的发展中国家和最大的发达国家、世界前两大经济体、联合国安理会常任理事国，中美承担着特殊国际责任和义务，两国拥有广泛而重要的共同利益。中美合作可以办成有利于两国和世界的大事，中美对抗对两国和世界肯定是灾难。

各国从没有像今天这样休戚与共、紧密相连，人类是一个命运共同体。没有哪一个国家能够独善其身、包打天下，只有同舟共济、团结协作，才是正确方向。中美两国应顺应时代发展潮流，以更广阔胸襟和视野看待和处理彼此间关系，努力构建不冲突不对抗、相互尊重、合作共赢的新型大国关系，为促进世界和平与发展作出重要贡献。

作为拥有14亿人口的发展中大国，中国市场潜力不可限量。中国正抓紧构建以国内大循环为主体、国内国际双循环相互促进的新发展格局，将进一步打造市场化、法治化、国际化营商环境，这必将为包括美国企业在内的各国企业提供更广阔发展空间。我们乐见美国在华企业获得成功，同中方一道维护产业链、供应链安全稳定，更好实现互利共赢。

新冠肺炎疫情是人类共同的敌人，抗疫应该成为中美合作的新平台。两国医学专家、科研团队、企业应就疫苗研发、疫情防控开展更多合作，为全球共抗疫情作出贡献。

气候变化事关人类前途命运，需要各国携手应对。中美应同其他各方一道加强《巴黎协定》的实施，办好生物多样性公约第15次缔约方大会、联合国气候变化框架公约第26次缔约方大会等活动，为更好应对全球气候环境挑战作出努力，构建人与自然生命共同体。

中方愿继续与美方就反恐、防扩散等国际地区问题在联合国、二十国集团等多边框架内加强合作，共同维护地区和世界的和平、稳定与发展。

第三，民间交往是中美关系健康稳定发展的重要基础和不竭动力。"国之交在于民相亲"。"乒乓外交"50年来，中美民间交往在维护和促进中美关系发展中的作用愈加重要。中美社会各界的交流与往来，有利于加深两国相互理解和友谊，有利于促进两国人民共同利益，有利于中美关系健康发展。近年来美方一些人抱持冷战零和思维，不断给两国正常民间交流制造干扰、设置障碍，是站在了历史的错误一边和两国人民的对立面，注定不得人心。

人民是历史的创造者，中美民间友好交往的故事每天都在发生。2021年3月，第五届中美省州立法机关合作论坛在线上成功举办，中美双方各7个省州立法机关负责人出席并发言。中美友好机构共同主办了"中美农业圆桌论坛"，两国政府农业部门负责人，地方、企业、院校代表和美国国会议员等踊跃出席并发来视频，积极探寻经贸、教育、智库等领域交流合作机遇。4月，双方还在北京举办了"乒乓外交"50周年纪念活动，王岐山副主席、美国前国务卿基辛

2021年4月24日，中美"乒乓外交"50周年纪念活动在北京举行，中美各界人士约400人通过现场与会或线上视频方式参加了纪念活动。图为两国人士在进行乒乓球切磋。

格发表重要视频致辞，中美政商学体各界代表参会，当年"乒乓外交"亲历者隔空对打乒乓球，现场气氛热烈感人。

我们要认真倾听两国人民求和平、促发展、谋合作的心声，为两国地方、企业、智库、媒体、民间团体等开展交往合作创造有利条件，让更多人成为中美关系的参与者、受益者、支持者。

面向未来，中美两国人民友好交往的势头不可阻挡，中美关系保持稳定发展也是两国人民和国际社会的共同期盼。希望美方与中方一道继承和发扬"乒乓外交"所承载的精神，以习近平主席和拜登总统通话精神为指引，认清世界大势，顺应时代潮流，聚焦合作，管控分歧，推动中美关系健康稳定向前发展，同各国一道携手推进世界和平与发展的崇高事业。

二、确保相互依存与新型中美关系的构建

自建交以来，中美两国打破了彼此之间长期隔离的状态，并从有限接触到全面相互依存，两国之间的利益攸关度不断提升。作为全球最重要的双边关系之一，中美关系的总体稳定，为世界和平发展和繁荣稳定提供了重要保障。但是，近年来两国关系的良性互动受到干扰，甚至在一些领域呈现出对立态势。时值美

国政府更替之际，两国关系再次来到重新定位的十字路口，对于未来中美关系的走向，中国国家主席习近平在致电祝贺拜登当选美国总统时指出："希望双方秉持不冲突不对抗、相互尊重、合作共赢的精神，聚焦合作，管控分歧，推动中美关系健康稳定向前发展，同各国和国际社会携手推进世界和平与发展的崇高事业。"中国的立场不仅符合两国人民的根本利益，而且反映了国际社会的共同期待，为构建新型中美关系指明了方向。面向未来，中美两国必须规避冷战期间美苏以确保相互摧毁为基础的恐怖平衡，通过确保相互依存不断夯实中美关系健康稳定发展的牢固基础。

（一）相互依存与和平共处的理论逻辑

一般来讲，经济全球化是指人类在经济上相互依存程度不断提升的进程。随着经济全球化的深入发展，各国人民越来越生活在一个矛盾的世界之中。"一方面，物质财富不断积累，科技进步日新月异，人类文明发展到历史最高水平；另一方面，地区冲突频繁发生，恐怖主义、难民潮等全球性挑战此起彼伏，贫困、失业、收入差距拉大，世界面临的不确定性上升。"这说明，经济全球化进程中日益紧密的全球相互依存并不必然带来世界各国的共同繁荣与和平稳定，尤其是近年来中美实力对比的加速变化，使人们对世界和平前景的担忧不断加大。在全球化进程中世界前两大经济体能否和平共处的讨论中，一些认为中美必将走向对抗的论调受到热捧。艾利森将中美关系同古希腊雅典与斯巴达的关系进行类比，指出中美两国可能会陷入所谓的"修昔底德陷阱"。作为一种警醒，这种论调从反面给出了中美关系发展必须避免的情形。但作为学术观点，这种论调无疑对全球相互依存时代世界政治性质的变化缺乏基本的理解。

在过去半个多世纪经济全球化迅猛发展的阶段，世界保持总体和平，主要大国间也未曾爆发大规模战争。尤其是冷战结束后，东西方两大阵营的军事对峙不复存在，取而代之的是全球大市场的加速形成，全球相互依存以前所未有的步伐向前推进。随着全球相互依存的"双刃剑"效应日益凸显，人们越来越不确定大国之间的高度相互依存是和平共处的稳定器还是引发矛盾冲突的助推器。关于相互依存与和平共处的关系问题，学界早在20世纪60年代就已开始较为系统的研究。库珀较早从国际经济相互依存的视角建立了国际关系中政治因素与经济因素之间的联系，并分析了经济相互依存对国内和外交政策的影响以及国内和外交政策对这些影响的回应，为系统的相互依存研究奠定了基础。随着研究的深入，学界逐步形成了两种截然不同的观点：一种认为国家之间的相互依存有助于双方和平共处；另一种认为国家之间的相互依存会增加双方发生冲突的可能性。

在国际关系的自由主义理论流派中，国家之间相互依存的基础是能给双方带来收益的较为紧密的贸易联系，而冲突带来的贸易中断必定使双方"得自贸易的收益"遭受损失，这一观点拥有深厚的古典政治经济学基础。在亚当·斯密和李嘉图等英国古典政治经济学代表看来，一国繁荣发展源于市场规模的扩大，其政策含义在于推动自由贸易和参与国际分工。在日益紧密的贸易联系中，双方都可以获得福利改进。美国学者罗森克兰斯基于历史和 20 世纪 80 年代的相互依存研究指出，一种真正的相互依存关系已经出现，它极大地增加了和平的收益，通过国家间贸易实现和平发展已成为通往繁荣甚至是通往世界领导地位的主要道路。罗森克兰斯的设想是美国应从旧的军事力量竞争中重新定位，全力投入世界经济贸易中去，从而避免核战争，确保繁荣。21 世纪以来，信息技术的发展进一步降低了时间与空间对贸易的限制，并催生了新的贸易类型和贸易规则，世界因此变得更为扁平。各国经济交往范围的扩大不断夯实国家之间和平共处的经济基础。

但是，政治现实主义者对相互依存和平论提出了批评和质疑。他们认为，相比国家繁荣，国家的生存与安全才是优先目标。因此，政治考量优先于经济考量，生存与安全比经济繁荣更为重要，这也是国家愿意牺牲经济收益而进行贸易制裁、中断贸易往来的根本原因。即便是经济收益，也会由于相对收益和分配问题而使贸易双方发生摩擦和冲突。同时，由于相互依存的非对称性，依赖性较小的行为体常常将相互依存作为一种权力来源。新现实主义的代表沃尔兹更是直言不讳地指出，紧密的相互依存意味着交往的密切，从而增加了发生偶然冲突的机会；如果相互依存的各国之间的关系无法得到规范，必然发生冲突，偶尔也将诉诸暴力；如果相互依存的发展速度超过中央控制的发展速度，相互依存便会加快战争的来临。一些实证研究甚至表明，相互依存和冲突之间的关系似乎是曲线型的，低度到中度的相互依存降低了发生对立争端的可能性，而广泛的经济相互依存非但没有抑制冲突，反而增加了国家间军事化争端的可能性；尤其是高度的相互依存，不论是对称的还是不对称的，都最有可能增加冲突。还有研究指出，由于存在相互依存的武器化，全球相互依存使国家之间的竞争更为残酷，并且有些领域国家之间的权力极端分化，后来的竞争者难以甚至是不可能实现赶超。因此，全球经济体系中的既得利益国与后发崛起国之间的矛盾不可调和，冲突难以避免。

尽管两种观点对相互依存的影响有不同的认识，但都未否认低政治领域对高政治领域的影响，都存在以下共同的逻辑：一是贸易对福利有促进作用。尽管经济收益不一定是国家的优先目标，但相互依存能够给双方带来经济收益，否则国家不会有对外加强经济交往的动机。二是较高的相互依存会增加发生冲突的成本。尽管一些国家可能不计成本挑起争端和冲突，但对理性国家而言，冲突导致的"脱钩"损失将不会被排除在冲突的成本与收益计算之外。三是相互依存是一种影响国家政策和国际关系的工具。尽管在经济等低政治领域的相互依存可能对国家在军事和安全等高政治领域的关系产生截然相反的影响，但低政治领域与高

政治领域之间联系的日趋紧密赋予相互依存更大的能动性，为避免冲突或降低冲突的烈度提供了更大空间。因此，干扰中美和平共处的很多问题，并不是双方日益紧密的相互依存造成的，而需要从各领域相互依存的程度与结构中去寻找原因。

（二）中美相互依存关系的现实挑战

2013年6月，习近平主席同时任美国总统奥巴马会晤时就构建中美新型大国关系达成共识。双方认为，面对经济全球化迅速发展和各国同舟共济的客观需求，中美应该可以走出一条不同于历史上大国冲突对抗的新路；双方同意，共同努力构建新型大国关系，相互尊重、合作共赢，造福两国人民和世界人民。然而，到特朗普政府时期，中美关系遭受建交以来最为严峻的挑战，清华大学国际关系研究院中外关系数据库数据显示，2020年10月中美关系分值为-8.2，为中美建交以来的最低点，也创下1951年7月开启朝鲜战争停战谈判以来的最低点。与朝鲜战争时期中美关系恶化不同的是，当前中美关系急剧降温是发生在两国高度相互依存的背景下。相互依存不仅没有保障两国关系的良性互动，还成为特朗普政府对华施压的借口，并带来两国关系剧烈的波动，这使人们对两国相互依存的积极意义产生了怀疑。

之所以出现当前中美关系的这种情势，根源并不在于两国相互依存"过度"，而是在于对相互依存的治理和管控不足，因此需要更加深入地理解经济全球化背景下的中美相互依存。在对经济全球化的理解中，要考虑器物、制度和观念三个基本维度。在器物层面上，随着分工的深化和市场的扩大，商品和服务以及资本、劳动和技术等生产要素的跨国流动的规模和速度加大加快；在制度层面上，原本具有"地方性"的规则在全球范围内越来越得到普遍的尊重或日益具有普遍适应性，同时世界的运转对非中性的国际规则高度敏感依赖；从观念层面看，借助于传媒革命，尤其是信息技术革命，不同人、不同族群、不同国家的价值观念和意识形态，在交流与碰撞中呈现出趋同与分化的趋势。因此，中美相互依存的现实挑战也大体包括器物、制度和观念三个层面。

在器物层面，中美经贸交往出现负面影响。自2017年起，美国政府先后对华输美产品启动"232调查"和"301调查"，不断升级两国经贸摩擦，两国经贸往来受到严重干扰。特朗普和一些美国政客声称，美国在中美经贸交往中吃亏了，中国损害了美国企业和工人的利益。事实上，很多研究表明，无论过去还是现在，中美贸易总体上对美国就业和收入水平产生的是积极影响；美国的制造业、产业工人甚至普通消费者均从中美贸易中获得了收益。但是，美国国内不同部门、不同产业和领域、不同社会群体从中美经贸交往中所获取的收益分配是不平衡的，一些竞争力不足或下降的部门、产业和群体难免受到冲击。这种伴随中美经贸关系发展而出现的负面效应在中国也是一样，但问题不在经贸交往本身，根源在国内政府治理能力与效率问题。同样，中美贸易摩擦给美国带来的损失也是不平衡的，这也是特朗普政府频繁调整对华贸易摩擦的范围、力度和节奏的原因，目的在于平衡美国国内不同利益集团的利益诉求。

在制度层面，规则对接凸显利益分歧。国际规则的普遍适用性提高是当今经济全球化的主要特征之一，并且国际规则日益成为经济全球化的重大甚至决定性影响因素。关于经济全球化的驱动力，多边贸易体制和区域贸易安排一直是驱动经济全球化向前发展的两个车轮。作为全球最大的两个经济体，中美之间的经贸规则对接与融合符合时代发展潮流和各方利益。但是，长期以来，美国作为国际规则体系的主导者占有更多非中性规则收益。在面临崛起的新兴大国和国际规则体系的新加入者时，美国仍极力维护国际规则的垄断权，维护现有国际规则体系中与自身实力、责任和义务越来越不相匹配的各种权力和权利。这导致中国提升国际制度话语权的合理诉求被认为是对美国利益的挑战，中国也被一些美国政客指责为世界贸易组织（WTO）等多边贸易规则的破坏者，后者声称要对华实行新的"规锁"战略。事实上，美国批准中国加入WTO和给予中国永久性正常贸易关系待遇，并非导致美国失业和其他相关问题的根本原因，反而为大多数美国人带来了实实在在的好处。同时，中国在遵守WTO规则、服从贸易争端仲裁方面的表现可圈可点，并不比美国和欧盟等其他WTO成员的表现差。

在观念层面，威胁认知损害相互信任。特朗普政府上台后，基于对中国威胁的错误认知，美国对华战略定位发生了重大调整。2017年12月，美国政府发布《国家安全战略报告》指出，"中国和俄罗斯对美国的权力、影响力和利益提出了挑战，这将侵蚀美国的安全和繁荣"。2018年1月，美国国防部发布《国防战略报告》，将中国定位为"战略竞争对手"和"修正主义国家"。2020年5月，美国政府发布《美国对华战略方针》称，为了应对中国在经济、价值观和安全方面给美国带来的挑战，美国将通过"全政府方针"和回归"有原则的现实主义"保护美国利益并推进美国的影响力。在区域战略上，美国拉拢日、印、澳在印度洋—太平洋区域加紧推进"印太战略"，旨在通过政治、外交、军事等综合手段维护和巩固美国霸权地位，并围堵中国战略空间和削弱中国国际影响力。美国还在台湾、涉港、涉疆、涉藏等问题上干涉中国内政，并挑战中国涉海主权和权益。美国的这些战略举措与行动，严重破坏了中美之间的相互信任，从而严重侵蚀两国关系良性互动的政治基础。

（三）构建新型中美关系的时代要求

从历史来看，中美关系发展拥有坚实的政治基础。《上海公报》《中美建交公报》《八一七公报》确立了一个中国原则，确认了相互尊重、平等相待、求同存异的关系准则。在奥巴马政府时期，中美通过加强战略沟通，拓展务实合作，妥善管控分歧，推动构建中美新型大国关系不断取得新的突破，并增进了两国人民和世界人民共同利益。构建中美新型大国关系带给我们的根本启示是，"双方要坚持不冲突不对抗、相互尊重、合作共赢的原则，坚定不移推进中美新型大国关系建设"。如今，在百年未有之大变局的时代背景下，无论是中美关系发展的外部环境还是内部基础都在经历新的重大变化。面对中美关系的时代之变，唯有构建新型中美关系才能打破大国冲突对抗的传统规律、开创大国关系发展新模式。具体而言，新型中美关系要实现以下四个方面的超越。

一是超越确保相互摧毁的大国关系。冷战期间，美苏两大阵营的军事对抗并未导致双方大规模的军事冲突和全面战争，从而维持了两个超级大国的长期和平。但是，这是一种确保相互摧毁战略的核恐怖平衡，它使整个世界时刻处于战争边缘的不安之中。自从核武器诞生后，有核国家都在考虑"拥有多少核武器才能确保自身安全"的问题。20世纪60年代，美国时任国防部长麦克纳马拉提出了"确保摧毁"标准并指出，如果想制止对美国或其盟友的核攻击，美国必须拥有切实可靠的确保摧毁能力。由此，确保相互摧毁便成为美苏相互威慑战略的核心内容。除了美苏确保相互摧毁的核恐怖平衡，冷战期间美苏长期和平的政策和条件还包括意识形态的长期对立、尊重对方的势力范围、分化对手、忍受战略不透明、不完全但高度的经济隔绝等。毫无疑问，这些建立在确保相互摧毁基础上的各种政策都与当今时代环境格格不入，也无法带来真正的世界和平。

二是超越冷战思维的大国关系。冷战思维主要指在冷战期间美苏两个超级大国处理国家间关系和解决国际争端的一种思维模式，其本质是一味追求自身狭隘利益的霸权思维和强权逻辑。过去百余年来，国际秩序演变的主要线索是美国霸权的形成和扩张。第二次世界大战后期，美国利用其相对实力优势，开始谋求为其主导地位提供机制保障，推动建立了维护和拓展其霸权利益的国际贸易规则和多边国际机构。同时，美国积极实施联盟战略，倾力打造为其霸权服务的以美国为中心的联盟体系，推动实现"美国统治下的和平"。2008年金融危机爆发后，美国经济受到巨大冲击，政府债务水平急遽攀升，霸权体系的庞大支出难以为继。尽管如此，特朗普政府仍大力推行"美国优先"的外交政策，不仅要求贸易伙伴调节贸易顺差，实现所谓"公平贸易"，还威胁

在2020年美国大选中，拜登以领先2万多张选票的优势战胜特朗普成为美国第46任总统。图为拜登总统就职典礼现场。

退出多边制度体系，企图以遏制和讹诈的方式维持其霸权地位。事实证明，在世界各国命运休戚与共的当今时代，美国崇尚对抗和强权的冷战思维不仅遭到世界人民的反对，也得不到美国国内民众的支持。在 2020 年美国总统选举中，美国选民用选票对特朗普政府的政策给出了自己的评价。

三是超越零和博弈的大国关系。不可否认，任何国家尤其是大国之间，必定会存在利益的分歧甚至是冲突。但这并不意味着国家之间的交往是零和的，相反，只要围绕利益分歧和冲突展开谈判，所有各方都能够实现非零和的收益。这是因为，任何基于冲突的谈判如果失败，则双方都会受损；任何通过谈判达到的协议对双方来说都会比没有达成任何共识要好。由此可见，不管多么严重的冲突，都内在地包含促使冲突双方进行合作的共同基础，也即是双方都试图避免因谈判失败而受损，同时希望实现双赢。这为国家超越零和博弈、和平解决争端提供了理论依据。在过去 40 多年的双边交往中，中美两国合作领域日益拓展，合作基础日益牢固，共同利益日益广泛，并且在很多方面已形成"你中有我，我中有你"的利益交融格局。中美关系发展的历史和现实都表明，两国合则两利、斗则俱伤。

四是超越社会制度差异的大国关系。在历史发展进程中，中美各自选择了不同的制度和发展道路，这是中美关系正常化以来两国关系稳定发展的重要背景和前提。中国始终坚持中国共产党领导，坚定不移走中国特色社会主义道路，也正因如此，中国取得了举世瞩目的发展成就，为世界和平与发展作出了巨大贡献。但是，面对中国的快速发展，一些美国政客鼓吹"中国威胁"，将国内不断累积的各种问题与矛盾归咎于自身制度面临的外部挑战，甚至声称对华接触政策未能实现改变中国的目标而全面失败，渲染双方意识形态对立和制度之争。这些言论与主张不仅无助于解决美国当前面临的各种问题与矛盾，还会损伤自身的制度自信。作为人类制度文明建设的重要成果，中美社会制度各有特色，也都存在进一步发展的空间。中美完全可以相互尊重、相互借鉴，实现两种制度和平共处、共同发展。针对当前中美关系中出现的波折，两国要重开对话、重启合作、重建互信，只要双方秉持客观理性态度，不断增进彼此了解和利益交融，就一定能够找到一条不同社会制度、不同文化背景国家的和平共处之道。

（四）确保相互依存与中美关系的未来

从历史发展大势来看，中美关系尽管当前遇到各种困难，但终将要回到新型大国关系的正确轨道上。正如习近平主席所指出的，构建中美新型大国关系是一项前无古人、后启来者的事业，没有现成经验和模式可以照搬，出现一些困难甚至波折不足为怪。有问题并不可怕，关键是我们要共同解决问题，而不能被问题牵着鼻子走。当前，中美关系正处于一个奠定未来稳定发展新基础的

重要阶段，毫无疑问，这种基础绝不是要将两国关系退回到相互孤立和隔离的状态，也不是要将两国关系推向武器化的相互依存，而是需要在重要领域确保相互依存。

首先，在全球产业链和价值链中确保相互依存。中国制造业具有全球最完整的产业链条，制造业规模居全球首位，是世界上唯一拥有全部工业门类的国家。在全球 500 余种主要工业品中，中国有 220 余种工业品产量居世界第一。一些产业的领先优势逐步确立，但中国制造业总体上仍处于全球价值链中低端，部分产业对外依赖度很高。据统计，在 26 类产业中，与世界差距大和巨大的产业分别有 10 类和 5 类，占比 57.7%；产业对外依赖度高和极高的产业分别有 2 类和 8 类，占比 38.5%。当前，中国的很多"卡脖子"技术主要来自美国，特别是美国对华进行科技打压的中高端芯片，80% 以上依靠国外，其中都涉及美国技术。但也应该看到，中国是美国科技产品的重要出口和消费市场。在贸易方面，美国是中国主要的出口市场和外汇来源国之一，中国则是美国重要的农产品出口市场。中美在全球产业链和价值链中的相互依存关系，符合两国共同利益，也使两国不可能实现全面"脱钩"。在美国政府推行"脱钩"政策的背景下，中国要着力夯实中美产业链和价值链中确保相互依存的国内基础，促进技术创新和突破"技术瓶颈"，提升产业、产品和产业链上的位置优势，推动形成中美更加对称和平衡的相互依存关系。同时，要防范出现为了规避"脱钩"风险却又强化"脱钩"的"脱钩悖论"。

其次，在全球规则体系中确保相互依存。贸易的迅速增长与国际贸易规则的发展与完善相辅相成。当前，国际自由贸易发展之路已步入"基于规则的贸易"阶段，其基本特征是发达国家企图通过修改或设立新规则来保障自身利益并制约新兴经济体强有力的竞争。这也从侧面反映了制度和规则在国际经济合作与竞争中的重要性。近年来，特朗普政府采取的各种"退群"行动，不是要放弃国际规则的主导权，而是企图有针对性地改造现有国际规则，并主导国际体系改革朝着更加有利于自己的方向发展。在联合国成立 75 周年纪念峰会的讲话中，习近平主席指出，"各国关系和利益只能以制度和规则加以协调，不能谁的拳头大就听谁的"。这是有效应对各国之间矛盾与分歧的基本途径，也是中国推进规则等制度型开放的基本原则。制度型开放是对接现有国际通行规则、不断推动构建以规则为导向的开放型世界经济的开放。它是适应经济全球化发展新阶段要求的必然选择，也是协调中美关系的必要手段。当前，美国试图用新的所谓高标准国际规则抬升中国对接国际规则的门槛与代价，阻碍中国市场对接国际市场的步伐。在此背景下，中国要不断夯实适应国际新规则的国内基础，在加快对接和融入美国主导的国际规则体系的同时，不断推动自身实力转化为制度性话语权，引领国际新规则的制定。

最后，在全球治理行动中确保相互依存。在一个相互依存达到前所未有高度的时代，面对世界政治经济的复杂形势和全球性问题，任何国家都不可能独善其身，也不可能将实现自身利益建立在损害他国利益之上。在责任义务上，要以公平为导向，坚持"共同但有区别的责任"。国际社会中的每个成员都必须为解决全球性问题作出贡献，但每个成员根据自身能力、特点以及通行的国际法原则允许所承担责任的范围、大小、方式和时限等方面存在差异。对中美两个大国来说，要在应对全球性挑战上发挥各自优势，推动全球治理行动取得务实成果。美国在全球治理行动中拥有强大的经济、金融、科技和军事实力以及成员众多的联盟体系支撑；中国在全球治理行动中拥有集中力量办大事的制度优势，在全球发展治理等领域积累了丰富的经验。人类面临的日益紧迫的全球性问题需要中美这两个世界上经济体量最大的国家和人类事务最大的利益攸关方携手承担责任，不断做大人类共同利益的"蛋糕"，推动经济全球化朝着更加开放、包容、普惠、平衡、共赢的方向发展。

经济全球化的深入发展赋予中美大国关系新的时代内涵。在两国共同利益不断拓展的同时，两国之间的利益分歧也日益凸显，并因此给两国关系带来新的风险和挑战，尤其是在不公正不合理的国际经济旧秩序未能得到根本改变的情况下。为避免中美关系陷入历史上大国关系的"修昔底德陷阱"，除了要摒弃确保相互摧毁的恐怖平衡思维、冷战思维、零和博弈思维和制度竞争思维，更要通过确保相互依存为其提供有力保障。

相关链接：
中美正在走向"修昔底德陷阱"吗？

在新的历史时代，构建新型中美关系是历史发展的必然趋势，也是世界各国的民心所向。当前中美关系中出现的波折需要更加全面、紧密和平衡地确保相互依存，共同克服相互依存的武器化倾向，不断夯实两国关系健康稳定向前发展的牢固基础，从而推动构建以协调、合作、稳定为基调的新型中美关系。

三、合理避免冲突，推动中美关系健康稳定发展

2020年，由于美国对华发动全方位打压，全球最大的两个经济体在政治、经济、外交及民间交往上的摩擦不断加深。环球时报舆情调查中心第九次全球民意调查显示，在与美国有关的诸多事务中，中国约68.5%的受访者特别关切"（美国）与中国的紧张关系"，而除中美以外的其他14国（本次调查在全球16个国家进行）有45.1%的受访者选择该选项。可以说，除美国外，其他15国受访民

众都将中美之间的紧张关系列为最关注的话题。

（一）认清中美关系紧张的实质

回顾近几年中美关系紧张的表现，主要有以下几个方面。

抗疫：蓬佩奥有关疫情的各种不实之言，早就被各方以大量的事实"打脸"。英国《自然》期刊 2020 年 4 月连发三次社论，呼吁立即停止新冠病毒污名化；世界卫生组织等国际组织以及包括安东尼·福奇等在内的美国医学专家纷纷发声辟谣，反对蓬氏的病毒起源谬论；甚至美情报机构国家情报总监办公室也发表声明承认，新冠病毒"既非人为制造也非基因改造"。中国政府更是基于事实，发布多份官方文件以澄清真相，详细陈述了中国政府高效率的抗疫行动及对全球的贡献，有力地驳斥了美方政客言论。

经贸：蓬佩奥拾人牙慧，一再发表"老套"说辞，既与事实不符，更毫无逻辑。40 多年来，中国力推改革开放，已从计划经济转向市场经济，目前全国非公有制经济的 GDP 占比超过 60%，非公有制企业占企业总数近 80%，吸纳全国城镇劳动人口 70% 以上；国有企业改革逐步深化，绝大多数已改造为股份制企业；竞争、有序、开放、统一的全国大市场日益完善。至于世贸规则，中国入世后仅用 6 年时间就履行完毕所有的产业开放承诺，且开放的部门超过入世承诺，达到 120 多个；中国目前的贸易加权平均关税率只有 4.4%，不仅远低于其他发展中国家，也接近欧盟和美国等发达经济体的水平，中国已成为国际自贸体系的坚定捍卫者。而反观美国，近年来单边主义及保护主义高涨，不断挥舞关税与制裁大棒，挑起全球贸易摩擦；高喊"美国优先"，频频"退群"，并且多方瘫痪世贸组织等国际多边治理体系，与中国反差明显。

科技：华为、字节跳动等都是民营公司，为了进入西方市场，他们遵守当地法规，不仅严格执行数字本地化等要求，并在信息安全合规等方面主动与当地监管当局合作。而美方却在毫无证据的情况下，大肆栽赃并勒令中企在短期内退出美国市场，让人震惊。面对大搞"棱镜门""梯队系统"等全球监控与情报收集计划的美国，世人无不见识到其颠倒黑白、蛮横霸道的一面。美方举止不仅招致中方强烈反对，就是美国等西方国家持保守政见者也看不下去了。大量美国年轻人发声反对政府封禁 TikTok 的举措，而《华盛顿邮报》《纽约时报》等媒体则抨击美方此举是剥夺民众表达自由，有违民主价值观。

政治：在蓬佩奥口沫横飞、大言不惭地谈论中国的所谓"宗教和民族"问题时，却完全无视美国自身积重难返的种族歧视顽疾，也完全无视中国在民族宗教事业上不断进步的基本事实。仅就宗教而言，目前中国各类宗教信众近 2 亿人，其中 2000 多万人是穆斯林，宗教团体约 5500 个，依法登记的宗教活动场所 14 万多处；新疆现有清真寺 2.44 万座，平均每 530 个穆斯林就拥有一座清真寺，而美国全国的清真寺数量还不及新疆一地的1/10。在香港与南海问题上，蓬佩奥之流更是暴露了其傲慢的嘴脸，其对《香港国安法》、"一国两制"和涉南海的历史常识与相关国际法的无知和居心险恶，不值一驳。

（二）中美双方应寻求合理避免冲突的切实路径

伴随新一届美国政府上台，各方普遍期待中美双方尽快找到推动双边关系走出困境、重回正轨的切实路径。美国前总统卡特表示坚信美中两国人民要和平不要冲突，呼吁双方放弃零和竞争，找回互信，恢复相互尊重。美中关系全国委员会主席欧伦斯撰文指出，如果特朗普政府采取的对抗性对华政策得以逆转，美国人民将立即受益，双边关系的基调也将得到改善。

当前，两国应该共同努力、相向而行，秉持不冲突不对抗、相互尊重、合作共赢的精神，聚焦合作，管控分歧，推动中美关系健康稳定发展，给两国人民带来更多实实在在的利益，为抗击新冠肺炎疫情、促进世界经济复苏和维护地区和平稳定作出应有贡献。需要指出的是，中方致力于同美方发展合作关系，但这种合作，必然是有原则的合作。台湾、涉港、涉疆等问题是中国内政，事关中国主权和领土完整，美方应该尊重中国的核心利益，慎重行事。

如何处理分歧，是中美双方必须回答好的一个课题。为了维护两国民众福祉与世界和平稳定，双方都有必要在有不同看法的问题上，做到相互尊重、平等相待，以建设性方式妥善管控和处理。中美双方应该重新建立各种对话机制，准确了解彼此的政策意图，避免误解误判。在这方面，双方曾经积累了大量经验。美国前财政部部长雅克布·卢在公开活动中回忆了亲身参与中美战略与经济对话的经历，强调双方要通过对话协商，在有共同目标的领域找到合作方式，在有意见分歧的领域找到改变和进步的路径。在中美两国元首通话中，拜登总统也表示，美方愿同中方本着相互尊重的精神，开展坦诚和建设性对话，增进相互理解，避免误解误判。应该说，这样的思路如果能够落到实处，将有助于中美关系尽快回归正轨。

事实早已证明，正确的政治决断，是保证中美关系不脱离正确航向的基本前提。多考虑合作，不蓄意对抗，才是两国之福。作为世界前两大经济体和联合国安理会常任理事国，中美两国在应对各类全球性问题上也存在广阔合作空间。联合国秘书长古特雷斯表示，希望看到中美关系的"重启"。国际社会普遍期待中美合作能为处于动荡变革期的世界注入更多稳定性。

打开机遇之窗，推动中美关系健康稳定发展，可以造福于两国人民和世界各国人民。共同开辟中美关系的光明未来，是顺应民意和大势的正确事情，双方理当行动起来。

（三）推动中美关系健康稳定发展

一要相互尊重，不干涉彼此内政。中方一贯尊重美国人民的自主选择，无意挑战或取代美国，愿与美国和平共处，共同发展。希望美方也能够尊重中国的核心利益、民族尊严和发展权利，停止对中国共产党和中国政治制度的抹黑诋毁，停止纵容甚至支持"台独"分裂势力的错误言行，停止在香港、新疆、西藏等中国内部事务上损害中国主权和安全。

二要加强对话，妥善管控矛盾分歧。双方应按照两国元首 2021 年 2 月 11 日通话精神，切实从两国人民的根本福祉出发，以发展的眼光、开放的胸襟和包容的精神，激活或建立各领域、各层面的对话机制，就双边关系中的广泛问题以及重大国际和地区问题坦诚对话，准确把握彼此的政策意图，厘清中美关系的主要症结，探寻管控敏感问题、化解风险障碍的有效途径。中方愿与美方进行开诚布公的沟通，开展解决问题的对话。

三要相向而行，重启两国互利合作。面对此起彼伏的地区热点和层出不穷的全球性挑战，中美需要合作的领域不是变少了，而是更多了，可以合作的空间不是变窄了，而是更宽了。双方比以往更有能力办成有利于两国和世界的大事。当前形势下，双方可由易到难，积极互动，积累善意。希望美方尽快调整政策，放弃对中国产品加征不合理关税，放弃对中国企业和科研教育机构实施各种单边制裁，放弃对中国科技进步进行无理打压，为两国合作提供必要条件。抗击新冠肺炎疫情、应对气候变化、推动世界经济复苏是眼下国际社会最紧迫的三大任务，中方愿意在这三个领域同美方协调政策，加强合作，携手为世界作出积极贡献。

四要扫除障碍，恢复中美各领域交流。两国民间交流不应受到政治关系起伏的左右。希望美方尽快解除对中方教育、文化、新闻、侨务等团体在美活动的各种限制，解除对美国地方政府及各界对华交往的阻吓，鼓励和支持两国恢复高校、研究机构、留学生等正常的人文交流项目。中方愿意相向而行，以开放态度共同为两国人民的相互往来营造良好环境。

推动中美关系健康稳定发展，是两国人民和国际社会的共同期盼。中美两国应共同努力、相向而行，推动中美关系向改善的方向发展，共同维护亚太地区和平稳定，为促进世界和平与发展作出历史性贡献。

 相关链接：
推动中美关系"辞旧迎新"实现健康稳定发展

中美间积极合作关系至关重要

2021年3月18—19日举行的中美高层战略对话吸引了全世界的目光。这次对话是及时的、有益的，加深了相互理解。有观点指出，尽管中美双方在一些问题上仍存在重要分歧，但中美可以开展合作的领域加起来"仍是一份长长的清单"。美方应当认清事实，同中方相向而行，聚焦合作、管控分歧，推动中美关系健康稳定发展。

"冰冻三尺非一日之寒"，不能指望一次对话就能解决中美之间的所有问题，但是对话有助于双方开启坦诚、建设性、理性对话和沟通的过程。实际上，就在此次对话之后，中美双方同意按照两国元首2月11日通话精神，保持对话沟通，开展互利合作，防止误解误判，避免冲突对抗，推动中美关系健康稳定发展。同时，双方均致力于加强在气候变化领域的对话合作，并将建立中美气候变化联合工作组。这显露出向积极方向转变、向聚焦合作方面转变的迹象。

中美间应积极合作的呼声在中美学界、企业界从未缺席。在3月20—21日召开的中国发展高层论坛2021年会上，中美关系是各方关注的重中之重。与会嘉宾在疫情防控、气候合作、人文交流、经贸往来等领域，为中美可以开展的合作拟定了"一份长长的清单"。

基辛格博士在年会视频演讲中指出，中美是两个伟大的社会，有着不同的文化、不同的历史，现代科技、全球化传播和全球化经济，要求两个社会作出比以往更大的努力进行合作，"因为世界的和平与繁荣取决于两个社会之间的理解"。基辛格博士强调指出，世界上工业和科技大国之间、中美之间，积极的合作关系至关重要。

从历史上看，基辛格博士1971年7月访华，中美关系多年坚冰开始消融。此后中美关系正常化进程正是历史发展和实践的结果。不难看到，在关系正常化之前，中美之间吵过架、较过劲，一度激烈对抗过。但是，在除了合作之外的所有相处方式都尝试过之后，中美最终选择了求同存异这条道路。中美两国"合则两利，斗则俱伤"，绝不是一句空话。

原中共中央党史研究室副主任章百家认为，尽管两国之间始终存在一些矛盾，两国关系的发展也经历了不少曲折，但不可否认，两国现已形成的密切联系是历史上前所未有的。毋庸讳言，当前中美关系正处在一个十分困难的时期。中美关系所要翻越的雪山、走过的草地，就是两国历史、文化、价值观和

社会制度差异给两国相互理解和交往所带来的困惑，"我们的目的地就是中美两国与世界的和平、发展、合作、共赢。和谐而不同的世界将是美妙的"。

企业的视角更加务实。高通公司首席执行官史蒂夫·莫伦科夫指出，当中美两国企业携手在中国乃至全球推动创新并引领商业成功，未来将变得无限可期，"两国围绕数字技术变革开展长期合作，将具有令人振奋的前景"。

事实证明，中美合作顺应两国民意和历史潮流，这无论是对中美两国还是对世界而言，都具有十分重要的意义。美方应当在正确看待认识中国的基础上，妥善处理矛盾分歧、开展互利合作，与中方相向而行，找到一条能够管控分歧，又能够兼顾彼此利益最大公约数的相处之道，推动中美关系早日回到健康稳定发展的正确轨道。

（资料来源：《经济日报》2021年3月23日 04版）

 阅读推荐

1. 刘明：《以深邃的历史眼光透视中美关系》，《环球》2021年第4期。
2. 陈小茹：《三个联合公报：开启中美关系新局的"密钥"》，《中国青年报》2021年3月19日 05版。
3. 裴广江、胡泽曦：《推动中美关系健康稳定发展——专家学者解读中美高层战略对话》，《人民日报》2021年3月21日 03版。

 思考题

1. 中美"乒乓外交"对中美关系的发展有什么启示意义？
2. 新型中美关系是怎样的？
3. 你认为该如何合理避免中美冲突，推动中美关系健康稳定发展？

专题八

合作共赢

——高举多边主义大旗，深入推进构建人类命运共同体

当前，新冠肺炎疫情仍在全球蔓延，给世界经济带来严重冲击，世界经济复苏任务十分艰巨。在经济全球化背景下，各国经济彼此依存，利益交融前所未有，开放融通是不可阻挡的历史趋势，唯有以诚相待、普惠共享，才是根本之计。当前形势下，国际社会应加强团结合作，高举多边主义大旗，深入推进构建人类命运共同体，帮助世界早日恢复昔日的和平与安宁。

2021年5月6日，习近平主席同联合国秘书长古特雷斯通电话时指出："世界需要真正的多边主义。各国应该按联合国宪章宗旨和原则办事，不能搞单边主义、霸权主义，不能借多边主义之名拼凑小圈子，搞意识形态对抗。"2020年9月21日，习近平主席在联合国成立75周年纪念峰会上发表重要讲话时指出，我们将始终做多边主义的践行者，并呼吁世界各国重申对多边主义的坚定承诺，推动构建人类命运共同体，在联合国旗帜下实现更大团结和进步！

一、世界需要多边主义

当前，世界格局加速演变，传统安全和非传统安全威胁不断出现、相互交织，人类社会面临的全球性挑战日趋复杂严峻。在全球性威胁和挑战面前，任何国家都不可能独善其身，维护和践行真正的多边主义才是唯一正确选择。

（一）多边主义是人间正道

当今世界正经历百年未有之大变局，而这场突如其来的新冠肺炎疫情至今依然没有消退的迹象。百年未有之大变局和疫情的叠加与交织，导致全球经济陷入严重衰退，世界进入动荡变革期。面对世界之变与时代之变，习近平主席审时度势、高瞻远瞩，向国际社会提出了蕴含中国智慧的一系列理念、倡议和举措，倡导多边主义，推动国际社会就克服当前全球危机凝聚共识、提振信心，呼吁各国和衷共济，携手构建人类命运共同体，从而为全球摆脱当前危机提供了明确思路。

当前新冠肺炎疫情依然在世界各地蔓延，各国民众的生命安全和身体健康正遭受巨大威胁。不仅如此，疫情还对国际经济体系、全球产业链和价值链以及社会生产生活方式造成了严重的冲击。中国是遭受新冠肺炎疫情首轮大规模袭击的国家之一。疫情暴发之初，我们对新冠病毒特征、传播途径和防治方法等均没有必要的认识，也没有可供借鉴的经验。然而我们在防控疫情方面摸着石头过河，率先控制疫情，并且很快恢复经济增长，民众的日常生产生活秩序基本上回归正常。中国的成就，成为全球新冠肺炎疫情防治防控工作中一份极具参考价值的答卷，也是一份操作性极强的方案。

相关链接：

中国抗疫：世界该有的视角

在当前国际形势下，习近平主席提出构建人类卫生健康共同体理念，全面系统地阐述了中国对国际抗疫合作的理念和主张。呼吁各方秉持以人民为中心的发展理念，坚持人民至上、生命至上；坚持多边主义原则，强调团结合作是战胜疫情最有力的武器，各国要以团结取代分歧，以理性消除偏见，并且倡导各方积极支持世界卫生组织发挥关键领导作用，加强国际联防联控和远程医疗，共同构筑全球抗疫的防火墙。

新冠肺炎疫情全球大流行，既凸显了当前全球治理体系的缺陷和不足，也彰显了全球治理理念中多边主义原则的重要性。首先，我们应该坚决反对单边主义思路。狭隘、自私的单边主义算计显然是对多边主义理念和原则的重大背离，大肆推行单边主义不得人心，是逆历史潮流而动，是固守冷战思维的危险举动，扰乱了正常的全球贸易秩序，极大地破坏了全球业已形成的产业分工体系。因此，为了全人类的共同利益，我们必须坚决反对威胁世界经济复苏的保护主义行径和侵蚀现行国际秩序的单边主义霸凌行径。

其次，我们应该大力弘扬多边主义的理念与原则。多边主义原则具有明显的国际道义力量。新冠肺炎疫情发生以来的现实一再证明，人类社会是一个命运共同体，多边主义是人间正道。为此，中国率先示范多边主义的外交实践，与各国分享中国抗疫成功的经验，向各国提供力所能及的医疗援助，并积极开展疫苗研发的国际合作，努力帮助新兴市场和发展中国家尽快控制疫情。这些举措再次生动诠释了在重大危机面前，中国始终同世界其他国家同呼吸、共命运，携手应对各种风险挑战的伙伴精神。

中国以自身的实际行动诠释了多边主义的外交理念。我们也呼吁并希望国际社会坚持共商共建共享的全球治理观，维护以联合国为核心的国际体系，坚定维护联合国的权威和地位，恪守《联合国宪章》的宗旨和原则，支持联合国更有效地凝聚全球共识。坚定维护以规则为基础、透明、非歧视、开放、包容的多边贸易体制，增强世界贸易组织的有效性和权威性，反对单边制裁和"长臂管辖"，维护公平竞争的市场经济原则，促进自由贸易。为了实现这个目标，我们应该超越意识形态的藩篱，尊重彼此根据自身国情选择的社会制度、经济模式和发展道路，推动构建更加平等均衡的全球伙伴关系。

（二）世界需要真正的多边主义

当前，多国疫情出现反弹，世界经济复苏乏力，不稳定性不确定性明显上升。在这种困难局面下，一些国家却利欲熏心，趁机打起"伪多边主义"算盘，试图拼凑小圈子，搞意识形态对抗，多边主义面临被曲解与滥用之忧。对这种"以多边主义之名，行单边主义之实"的行径，应当保持高度警惕，更需要清醒认识到什么才是世界需要的真正的多边主义。

人类文明史是一部抗击困难、挑战和灾难的斗争史。正是一次次同舟共济、团结合作，人类社会才能赢得胜利。作为人类团结的有力武器，基于《联合国宪章》的多边主义体现了人类社会从战争到和平、从特权到平等、从垄断到协商的历史进步。新冠肺炎疫情的蔓延，让各国对多边主义的重要性有了更加深刻的认识：人类是休戚与共的命运共同体。

然而，多边主义正遭受前所未有的挑战：多边机制赤字不断增加、单边主义愈演愈烈、"退群""弃约"频频上演。不仅如此，现行多边主义的发展长期受到霸权国家制约，权威不充分、有效性不足，不断被边缘化。更要看到，"本国优先的多边主义""俱乐部式的多边主义""有选择的多边主义"等形形色色的"伪多边主义"，从集团政治和冷战思维出发，借多边之名行单边之实。相比起单边主义，它们更具迷惑性，带来的危害也更大。不仅无法汇聚全人类应对共同挑战的合力，反而会把世界推向分裂甚至对抗。因此，面对种种难题，坚持真正的多边主义应成为国际社会的共同选择。

真正的多边主义，是各国携手应对人类共同挑战。当下，疫情反复、经济衰退、气候变化等全球性挑战，是国际社会迫切需要解决的任务，没有一个国家能够独善其身。各国应积极参与疫苗国际合作，减少对国际贸易的人为制约。大国尤其要发挥表率作用，带头提供全球公共产品，维护多边主义在抗击疫情、经济恢复和可持续发展中的积极作用。

2021 年 5 月 5 日，七国集团（G7）外长会议闭幕。这场会议再次高调宣布西方联盟的回归，强化炒作"中俄威胁论"，暴露出美英等国想要回归强权的政治意图。图为七国集团外长会议现场。

真正的多边主义，应坚持开放包容，不搞封闭排他。多边主义的要义是国际上的事由大家共同商量着办，世界前途命运由各国共同掌握。明确这一点，践行多边主义的方向才能更加清晰。如今，个别国家嘴上喊着"支持多边主义"，行动上却大搞"小圈子""新冷战"，排斥、威胁、恐吓他人。这种虚伪行径无法给人类带来福祉，只会造成相互隔离甚至隔绝，把世界推向分裂甚至对抗。搞"小圈子""新冷战"、

搞封闭排他、"脱钩"断供，绝不是多边主义。摆脱意识形态偏见，最大程度增强合作机制、理念、政策的开放性和包容性，共同维护世界和平稳定，才是多边主义的价值所在。

真正的多边主义，是各国无论大小都能从中获益。多边主义的目标是实现共同繁荣。它不是某些国家用来收割世界财富的游戏规则。任何国家都没有资格依仗自身实力地位来单方面拉单子、提要价。同时，每个国家国情不同，都需要走

符合本国国情的发展道路。任何国家都不应盼着别人输，而要致力于同他国一道赢，实现共赢共享。那些将本国利益置于全球利益之上，不尊重多样性，试图割裂世界，搞唯我独尊的行为，最终只会反噬其身。

真正的多边主义致力于改革和完善全球治理体系。这就意味着多边主义的理念必须转化为应对全球性问题的可执行方案和有效力的行动。多边机构既是践行多边主义的平台，也是维护多边主义的基本框架，是将多边主义由理念转化为全球治理各领域务实行动的机制保障。多边主义是现有国际秩序的根基和支柱，真正的多边主义致力于维护联合国、世贸组织、世卫组织等全球多边机构的权威性和有效性，并在广泛协商、凝聚共识基础上推动国际金融货币体系、全球经贸体系、世界公共卫生体系等的改革和完善。

真正的多边主义有赖于负责任大国积极发挥示范引领作用。《联合国宪章》是公认的国与国关系的基本准则，国际社会要在此基础上进行治理，不能"谁拳头大谁说了算"。2021年5月3日举行的G7外长会议，本应聚焦合作，却制造分歧，干涉他国内部事务。这正是少数国家无视国际规则，搞例外主义和双重标准的真实体现。应该看到，国际规则不是少数国家的专利和特权，任何违背普遍公认的国际法则，不遵守国际协定的行径，无论包装得多么冠冕堂皇，都是对多边主义的背弃。要重振多边主义，世界主要大国应成为坚持《联合国宪章》宗旨和原则的模范者、遵循国际规则的引领者、为全球福祉提供必要国际公共产品的先行者。尤为重要的是，世界主要大国应引领国际社会牢固树立人类命运共同体理念，高扬开放、包容、合作、共赢的旗帜，坚守和平、发展、公平、正义、民主、自由的全人类共同价值，进一步加深和拓展多边主义的内涵与外延。

真正的多边主义应坚持共商共建共享的原则。多边主义的核心要义在于要认识到国际上的事应由大家共同商量着办，世界前途命运应由各国共同掌握。世界多极化、经济全球化、文化多样化的历史潮流奠定了多边主义的根基，国家不分大小、强弱、贫富，都是国际社会的平等成员，应持续推动建设性改革和完善全球治理体系，从而确保各国尤其是发展中国家能够公正公平地参与国际事务决策，共享全球发展的成果。

真正的多边主义，是要公平正义，不搞霸凌霸道。"一时强弱在于力，千秋胜负在于理"。世界要公道，不要霸道。公平正义的核心是推动国际关系民主化，由各国共担治理责任，共促和平发展。要维护以联合国为核心的国际体系、以国际法为基础的国际秩序，维护多边机构的权威性和有效性，坚持通过制度和规则来协调规范各国关系。国际规则应该以国际法为基础，由大家一起制定，不是少数国家的专利和特权，容不得例外主义和双重标准。

真正的多边主义，是要合作共赢，不搞零和博弈。全球性问题越复杂，越需要群策群力。各国要在平等和相互尊重基础上开展对话合作。任何国家都不应盼

着别人输，而要致力于同他国一道赢，实现普遍安全、共同繁荣。要摒弃冷战思维、零和博弈的旧理念，坚持互尊互谅，恪守互利共赢的合作观。要开展你追我赶、共同提高的田径赛，而不是搞相互攻击、你死我活的角斗赛。埃及外交事务委员会秘书长希沙姆·齐迈提说，"希望真正的多边主义能够成为更多国家的外交实践准则，令我们在面临复杂的全球挑战时能够携手向前"。

真正的多边主义，是要聚焦行动，不搞坐而论道。多边主义如果不能聚焦问题，解决问题，就立不住、走不远。各国行动不能短视，当共计天下之利，将本国利益寓于全球利益之中，共同在历史前进的逻辑中前进，在时代发展的潮流中发展。大国尤其要发挥表率作用，带头提供全球公共产品。大国要有大国的样子，要展现更多责任担当。

相关链接：
王毅提出践行真正多边主义的四点主张

2021年是各国重建信任的关键之年。习近平主席在2021年世界经济论坛"达沃斯议程"对话会上强调，解决好这个时代面临的课题，出路是维护和践行多边主义，推动构建人类命运共同体。在维护和践行多边主义的道路上，中国历来重信守诺，行动有目共睹。从和平共处五项原则到人类命运共同体精神，体现出为世界谋大同、为人类作贡献的责任担当。新冠肺炎疫情发生以来，中国已陆续向80多个发展中国家提供疫苗援助，向50多个国家出口疫苗，为消除"免疫鸿沟"不断努力；中国承诺力争在2030年前实现碳达峰、2060年前实现碳中和，时间远远短于发达国家所用的时间；中国还尽己所能开展南南合作，共建"一带一路"，向发展中国家提供帮助。此外，区域全面经济伙伴关系协定成功签署、中欧投资协定谈判如期完成，都有力回击了单边主义、保护主义。中国真正切实地推动和遵守多边主义，顺应时代发展潮流，符合各国共同利益。

2021年是中国共产党成立100周年，也是新中国恢复在联合国合法席位50周年。站在新的历史起点上，中国将继续做世界和平的建设者、全球发展的贡献者、国际秩序的维护者和公共产品的提供者，与各方一道，奉行真正的多边主义，共建人类命运共同体。

二、在疫情之下维护和践行真正的多边主义

世界迫切需要促进共同应对挑战、实现共同发展之力。这是真正的多边主义所汇聚的力量，这是构建人类命运共同体的实践所激发的力量。

2021年5月7日，在联合国安理会本月轮值主席国中国倡议下，安理会以

视频方式举行"维护国际和平与安全：维护多边主义和以联合国为核心的国际体系"高级别会议。坚持多边主义，捍卫《联合国宪章》宗旨和原则，支持联合国在国际事务中发挥更大作用，是本次会议达成的重要共识，充分表明维护和践行真正的多边主义是国际社会的共同选择。

维护和践行真正的多边主义，必须准确把握多边主义的要义，筑牢国际合作的基础。从2020年9月出席联合国成立75周年系列高级别会议并发表重要讲话，到2021年1月出席世界经济论坛"达沃斯议程"对话会并发表特别致辞，从2021年4月出席领导人气候峰会并发表重要讲话，到2021年5月6日同联合国秘书长古特雷斯通电话，习近平主席多次阐述中国有关维护和践行多边主义的重要主张，为解决紧迫的全球性问题注入信心和动力。"多边主义的要义是国际上的事由大家共同商量着办，世界前途命运由各国共同掌握""多边主义离不开联合国，离不开国际法，也离不开各国合作"……习近平主席阐述的重要主张，站在全人类共同利益的高度，站在历史正确的一边，引导人们深入思考什么是世界需要的真正的多边主义。

维护和践行真正的多边主义，必须秉持开放包容、厉行法治、协商合作、与时俱进的精神，坚持共商共建共享原则。需要清醒看到，那些借多边主义之名拼凑小圈子、以多边主义之名行霸权主义之实的行径，不仅破坏国际合作环境，而且危害各国人民福祉。任何损害多边机构权威性和有效性的集团政治，任何削弱多边主义公正性和平等性的意识形态对抗，都与人类共同利益背道而驰。正确选择应当是：要合作共赢，不要零和博弈；要公平正义，不要霸凌霸道；要聚焦行动，不要坐而论道；要尊重多样，不要唯我独尊。

维护和践行真正的多边主义，必须起而行之，聚焦问题，解决问题，以共计天下之利、长远之利的实际行动，促进世界持续和平和全球可持续发展。关键考验面前，尤其需要大国担当道义，展现高举多边主义旗帜的真本色。中国以行动表明，中国始终是多边主义的倡导者、维护者、践行者和开拓者。

维护和践行真正的多边主义，必须坚持以国际法则为基础。在20世纪前半叶人类两度身历惨不堪言的战祸之后，联合国应运而生，《联合国宪章》成为公认的国与国关系的基本准则。按照各国共同达成的规则和共识来治理，而不是由一个或几个国家来发号施令，这是国际社会的共同愿望。正是在以联合国为核心的国际体系、以国际法为基础的国际秩序基础上，依靠多边机构的有效运行，全球治理才取得巨大进步。事实证明，按照国际法则办事是保障各国合法权益、避免弱肉强食的有效途径。任何恃强凌弱，妄图靠胳膊粗、拳头大说了算的行径，无论包装得多么冠冕堂皇，都是对国际法则的破坏，都是对多边主义的背弃。

维护和践行真正的多边主义，必须坚持协商合作。"历史和现实一再告诉我们，当今世界，如果走对立对抗的歧路，无论是搞冷战、热战，还是贸易战、科

技战，最终将损害各国利益、牺牲人民福祉。"冷战思维、零和博弈的旧理念，以邻为壑、自私自利的狭隘政策，垄断发展优势的片面做法，必须丢进历史的垃圾堆。要提倡公平公正基础上的竞争，开展你追我赶、共同提高的田径赛，而不是搞相互攻击、你死我活的角斗赛。信任是国际关系中最好的黏合剂，破解信任赤字才能实现协商合作。国家间要坚持互尊互谅，通过战略沟通增进政治互信，要恪守互利共赢的合作观，保障各国平等发展权利，促进共同发展繁荣。

维护和践行真正的多边主义，必须坚持与时俱进。世界正经历百年未有之大变局，既是大发展的时代，也是大变革的时代。防控新冠肺炎疫情、推动世界经济复苏是当务之急，应对气候变化是紧迫任务，落实联合国《2030年可持续发展议程》是中长期行动目标……世界迫切需要能跟上时代甚至引领时代的理念来指导实践，多边主义也要守正创新、面向未来。既要坚持多边主义的核心价值和基本原则，也要立足世界格局变化，着眼应对全球性挑战需要，在广泛协商、凝聚共识基础上改革和完善全球治理体系。只有这样，多边主义才能真正为推动世界和平发展、增进各国人民福祉服务。

知识链接

联合国《2030年可持续发展议程》于2016年1月1日正式启动。新议程呼吁各国采取行动，为今后15年实现17项可持续发展目标而努力。这17项目标是：（1）在全世界消除一切形式的贫困；（2）消除饥饿，实现粮食安全，改善营养状况和促进可持续农业；（3）确保健康的生活方式，促进各年龄段人群的福祉；（4）确保包容和公平的优质教育，让全民终身享有学习机会；（5）实现性别平等，增强所有妇女和女童的权能；（6）为所有人提供水和环境卫生并对其进行可持续管理；（7）确保人人获得负担得起的、可靠和可持续的现代能源；（8）促进持久、包容和可持续的经济增长，促进充分的生产性就业和人人获得体面工作；（9）建造具备抵御灾害能力的基础设施，促进具有包容性的可持续工业化，推动创新；（10）减少国家内部和国家之间的不平等；（11）建设包容、安全、有抵御灾害能力和可持续的城市和人类住区；（12）采用可持续的消费和生产模式；（13）采取紧急行动应对气候变化及其影响；（14）保护和可持续利用海洋和海洋资源以促进可持续发展；（15）保护、恢复和促进可持续利用陆地生态系统，可持续管理森林，防治荒漠化，制止和扭转土地退化，遏制生物多样性的丧失；（16）创建和平、包容的社会以促进可持续发展，让所有人都能诉诸司法，在各级建立有效、负责和包容的机构；（17）加强执行手段，重振可持续发展全球伙伴关系。

全球性问题越复杂，越需要群策群力。全人类面对的挑战越棘手，越需要勠力同心。当前，新冠肺炎疫情仍在全球蔓延，世界经济复苏面临不确定性，国际热点问题延宕难解，气候变化等非传统安全挑战层出不穷。国际社会更应深刻认识到，要解决人类面临的全球性问题，必须让多边主义的火炬照亮人类前行之路，团结起来开展全球行动、全球应对、全球合作。为了开创人类共同的美好未来，世界迫切需要促进共同应对挑战、实现共同发展之力。这是真正的多边主义所汇聚的力量，这是构建人类命运共同体的实践所激发的力量。

三、积极构建人类命运共同体，推动全球抗疫合作

2017 年 1 月 18 日，习近平主席在联合国日内瓦总部发表了题为《共同构建人类命运共同体》的重要演讲。针对事关全人类发展远景的重大问题，习近平主席高屋建瓴地向国际社会提出了"构建人类命运共同体，实现共赢共享"的中国方案。该方案不仅体现了"四海一家""天下大同"等中华民族传统文化精髓，还彰显了中国"以人为本"的全球治理理念。四周年之后再回望，人类命运共同体理念的高瞻远瞩越发彰显。特别是在全球遭受新冠肺炎疫情危机冲击之际，人类命运共同体理念指明了共建人类卫生健康共同体的价值目标、实现路径和行动纲领。作为人类命运共同体理念在全球卫生治理领域的理论延伸，共建人类卫生健康共同体成为国际社会携手合作抗疫的主旋律。以共建人类卫生健康共同体为指导，中国通过展开艰苦卓绝和彪炳史册的抗疫斗争，成为全球卫生安全的守望者和护佑者。

（一）构建人类命运共同体的现实意义

首先，人类命运共同体理念是国际社会共建人类卫生健康共同体的价值目标，也是新时代全球卫生治理的理论创新。人类命运共同体理念所强调的共同利益观、相互依存观和可持续发展观构成了共建人类卫生健康共同体的理论根基。人类已经成为你中有我、我中有你的命运共同体，利益高度融合，彼此相互依存。全球传染病控制是最能体现各国利益共享的领域。世界各国在全球疫情控制方面的共同利益，决定了各国唯有同舟共济，将共同命运观内嵌于外交战略理念，外化于外交政策实践之中，才能更好地保护好人类赖以生存的地球家园。作为世界第二大经济体，中国在全球卫生安全领域与世界各国休戚与共。中国越发展，与世界各国的共同利益越发无法分割，中国也必将更好地促进全球公益。共建人类卫生健康共同体与基于全球公益的人类命运共同体理念一脉相承。正所谓，世界好，中国才能好；中国好，世界才更好。在传染病面前，没有任何国家能成为"桃花源"。人类命运共同体理念是中国为维护全人类长远利益而采取的

一项富有远见卓识的可持续发展战略。作为人类命运共同体理念的自然延伸，人类卫生健康共同体理念决定了中国的全球卫生治理战略并不是应急式的权宜之计，而是中国为实现全球可持续发展和全球卫生正义所提出的百年大计。

其次，人类命运共同体理念为如何共建人类卫生健康共同体指明了路径。病毒无国界，任何国家，不管多么强大，都无法单枪匹马地应对层出不穷的全球卫生威胁。"大道不孤，天下一家。"开展多边合作是有效防控全球疫情的必由之路，也是实现人类卫生健康共同体的唯一通途。正所谓，"积力之所举，则无不胜也；众智之所为，则无不成也"。人类命运共同体理念倡导坚持多边主义，这是中国传统文化所强调的众智众能治理天下观的完美诠释。习近平主席明确强调，多边主义是维护和平、促进发展的有效路径。要坚持多边主义，维护多边体制权威性和有效性。2020年6月，习近平主席以视频方式会见欧洲理事会主席和欧盟委员会主席时强调，无论国际形势如何变化，中国都将站在多边主义一边。这充分说明，多边主义已经成为中国主张构建人类命运共同体和共建人类卫生健康共同体的指导方针。

践行多边主义，重要的是要充分发挥国际组织的积极作用。习近平主席在《共同构建人类命运共同体》演讲中指出，禽流感、埃博拉、寨卡等疫情不断给国际卫生安全敲响警钟。世界卫生组织要发挥引领作用，加强疫情监测、信息沟通、经验交流、技术分享。新冠肺炎疫情暴发以来，中国反复强调世界卫生组织在全球疫情防控中发挥领导力的重要性，并在二十国集团、亚太经合组织、金砖国家、上海合作组织等多边机制强调了全球抗击疫情的多边合作之路；通过在全球与区域层面与世界各国积极探讨疫情应对机制，充分践行了共建人类卫生健康共同体的多边主义原则。

最后，积极推动共建人类卫生健康共同体展示了中国在全球治理中的负责任的行动派角色。大道至简，实干为要。构建人类命运共同体，关键在行动。中国支持建设好亚洲基础设施投资银行等新型多边金融机构，为国际社会提供更多公共产品。通过向国际社会提供力所能及的公共产品，中国成为人类命运共同体的构建者和全球治理的贡献者。具体在全球卫生治理领域，中国通过积极提供全球卫生公共产品，将构建人类命运共同体的美好愿望转化为共建人类卫生健康共同体的伟大实践。

"大道之行也，天下为公。"中国以提供全球公共产品来促进人类命运共同体的构建，正是中国传统文化中的"天下大同"思想和"以天下为己任"信念在新时代的外化体现。面对新冠肺炎疫情危机，作为构建人类命运共同体具体实践延伸，以公共产品供应为行动纲领，推动构建人类卫生健康共同体，成为全球卫生治理的中国方案。在第73届世界卫生大会视频会议开幕式上，习近平主席庄严承诺，中国新冠疫苗研发完成并投入使用后，将作为全球公共产品，为实现疫苗在发展中国家的可及性和可担负性作出中国贡献。在 2020 年 11 月召开的第三届巴黎和平论坛上，习近平主席宣布，中国愿继续同各国分享抗疫经验和诊疗技术，提供必要医护物资，履行中国疫苗作为全球公共产品的承诺，帮助国际社会特别是发展中国家提高应对突发公共卫生事件能力，推动构建人类卫生健康共同体。

 相关链接：

中国疫苗助力全球抗疫

习近平主席在日内瓦万国宫的历史性演讲为"世界怎么了、我们怎么办"这一关乎人类命运的重大问题提供了答案，从人类命运共同体理念所延伸的共建人类卫生健康共同体的宏伟价值目标，不仅厚重有力地承载了中国对建设美好世界的不懈追求，而且充分彰显了中国对以人为本的生命权和健康权的庄严守护。习近平主席在第 73 届世界卫生大会视频会议开幕式上呼吁，让我们携起手来，共同佑护各国人民生命和健康，共同佑护人类共同的地球家园，共同构建人类卫生健康共同体！中国开展的抗击新冠肺炎疫情的英勇斗争表明，人类命运共同体理念已经成为全球卫生治理的价值引领和理论先导。共建人类卫生健康共同体不仅是人类命运共同体理念在全球卫生治理领域中的伟大实践和生动诠释，也是从全人类发展的高度为指明人类未来发展道路而贡献的重大理论创新。

（二）在人类命运共同体理念指引下推动全球抗疫合作

应对新冠肺炎疫情的实践再次表明，人类是一个休戚与共的命运共同体，国际社会比以往任何时候都更需要团结和合作，更需要采取协调、有力的行动。只有秉持人类命运共同体理念，同舟共济、守望相助，才能真正强化合作，凝聚起战胜疫情的强大合力。

突如其来的新冠肺炎疫情，使全球陷入第二次世界大战结束以来最严重的公共卫生危机。习近平主席指出："在应对这场全球公共卫生危机的过程中，构建人类命运共同体的迫切性和重要性更加凸显。"唯有秉持人类命运共同体理念，团结协作、携手应对，国际社会才能战胜疫情，维护人类共同家园。

1. 人类是一个休戚与共的命运共同体，只有构建人类命运共同体才是人间正道

习近平主席同国外政要就疫情防控通电话时指出，"新冠肺炎疫情的发生再次表明，人类是一个休戚与共的命运共同体""只有构建人类命运共同体才是人间正道"。这些重要论述，不仅彰显了全球团结抗疫的重要性和紧迫性，也阐明了疫情与全球化浪潮之间的深刻关联。

在突如其来的疫情面前，人类的命运从来没有像今天这样紧密相连。短短几

个月，210多个国家和地区，数十万人失去了宝贵的生命……这次疫情的传播速度之快、感染范围之广、防控难度之大，使深陷其中的人们真切地感受到：病毒没有国界，疫情不分种族。疫情在世界范围的快速蔓延，不仅严重危害世界公共卫生安全，还对全球经济、金融、政治等产生巨大负面影响。面对这一全人类的共同危机，没有任何一个国家可以独善其身，没有任何一个地区可以置身事外。国际社会比以往任何时候都更需要团结和合作，更需要采取协调、有力的行动。只有秉持人类命运共同体理念，同舟共济、守望相助，才能真正强化合作，凝聚起战胜疫情的强大合力。

战胜全球性的风险挑战，需要各国通力合作，共同应对。人类生活在同一个"地球村"，越来越成为你中有我、我中有你的命运共同体。经济全球化决定了全球各国不仅能够共享便利，也同担风险，人类疾病流行趋势的变化就是明证。在全球化进程中，资本、技术、信息、人力等资源在世界范围内更加频繁地流动，使分居各大洲的人们"同病毒之间，只隔了一个航班的距离"。没有哪个国家能够独自应对人类面临的各种挑战，也没有哪个国家能够退回到自我封闭的孤岛。如果各国不能从构建人类命运共同体的高度通力协作，世界和平与发展将面临重大障碍，甚至可能遭受更大灾难。

疫情带来的灾难不会改变人类开放融通的历史大势，只有构建人类命运共同体才是走出困境的"不二法门"。在全世界最需要齐心协力团结抗疫时，一些国家的政客却将疫情政治化，甚至鼓吹新冠肺炎疫情暴发表明全球化时代已经结束。这种逆全球化的回头浪，给世界联合抗疫蒙上一层阴霾。诚然，经济全球化是一把"双刃剑"，既为全球发展提供强劲动能，也带来一些新情况新挑战；既有美好愿景，也有风险挑战；既存在向上向好的确定性，也有突变偶然的不确定性。构建人类命运共同体，就是要适应和引导全球化，消减负面影响，让其更好惠及每个国家、每个民族。"一体化的世界就在那儿，谁拒绝这个世界，这个世界也会拒绝他。"面对疫情给世界发展带来的巨大冲击，正确的选择是确立人类命运共同体意识，在守望相助、风雨同舟中携手抗疫，在开放融通、合作共赢中维护全球产业链供应链稳定畅通，尽力恢复世界经济。

2. 团结合作是战胜疫情最有力的武器，让合作的阳光驱散疫情的阴霾

"团结合作是战胜疫情最有力的武器。"面对疫情在全球扩散的阴霾，必须凝聚国际社会团结协作的合力，调动全球资源打赢这场疫情阻击战。

携手抗疫与恢复世界经济社会发展并重。在二十国集团领导人应对新冠肺炎特别峰会和第73届世界卫生大会视频会议开幕式上，习近平主席都强调要加强国际宏观经济政策协调。新冠肺炎疫情在全球蔓延后，快速流转的世界供应链不得不一度按下暂停键。疫情带来的公共卫生危机、资本流动性危机，再加上石油等大宗商品价格下跌等一系列挑战，使世界经济陷入衰退的风险不断攀升。疫

情及其引发的伴生、次生灾害还会随着时间的推移继续显现。从实施有力有效的财政和货币政策、加强金融监管协调到共同维护全球产业链供应链稳定等，在联合防控疫情的同时，各国更应该联手加大宏观政策对冲力度，防止世界经济陷入衰退。

充分发挥联合国等国际组织的重要作用。不管是全世界联合抗疫，还是疫后携手恢复发展，都不是无主体无组织的自发行为，需要一定的组织机构协调保障，有序推进。习近平主席在阐释人类命运共同体理念时指出："国际上的事应该由大家商量着办。"第二次世界大战以后相继形成的一系列国际组织，是人类在"大家商量办"方面的创造之举，也是当前全世界携手抗疫的重要平台。作为联合国下属的一个专门机构，世界卫生组织从疫情发生后一直为全球携手抗疫发挥领导作用：及时发出警告、实时更新疫情动态、竭力避免疫情政治化、协调疫苗研发……我们仍要继续发挥联合国及其组织、二十国集团、国际货币基金组织、世界贸易组织等的枢纽作用，保证其有效运转，推动国与国、地区与地区之间增进理解、加强合作，在多边组织搭建的平台上凝聚全球合力。

重视国际法规和国际关系原则的调节作用。国际关系演变积累了一系列公认的原则。这些原则应该成为构建人类命运共同体的基本遵循。相应的国际法规和国际关系原则，为抗疫合作交流、化解矛盾提供基本依据。各国应遵循基本规则的底线，不能因一国私利破坏基本的国际规则，比如，国家主权平等、不干涉他国内政、不非法使用武力、和平解决国际争端、善意地履行国际义务等原则。应遵循国际关系原则的"软约束"，以这些公认的原则来规范、评价国家和地区之间抗疫的协商交流、互助互动，使抗疫行动有规可依、有法可遵、有约可守。

3. 秉持人类命运共同体理念，积极开展抗疫国际合作

"加强疫情防控国际合作是发挥我国负责任大国作用、推动构建人类命运共同体的重要体现。"疫情发生以来，从中央到地方，从政府到民间，中国举全国之力投身疫情防控的国内总体战阻击战，并积极参与全世界的联合抗疫，用实际行动兑现人类命运共同体的世界倡议和承诺。

着眼全球公共卫生安全，做好中国国内疫情防控。从 2020 年 1 月 3 日起，定期与世卫组织、有关国家和地区等及时、主动通报疫情信息，中国的抗疫行动始终秉持人类命运共同体理念，助力全球公共卫生安全。从习近平主席 2020 年 1 月 20 日作出"要及时发布疫情信息，深化国际合作"的重要指示开始，中国的国内抗疫行动始终在世界开放中推进、在国际合作中深化。170 多个国家领导人、50 多个国际和地区组织负责人以及 300 多个外国政党和政治组织向中国领导人来函致电、发表声明表示慰问支持。在国际社会的支持帮助下，通过最全面、最严格、最彻底的防控举措，我们以巨大的代价和牺牲取得疫情防控重大战略成果，为全球疫情防控赢得了时间、注入了信心。作为一个拥有 14 亿人口的发展中国

家，一心一意做好自身防控，及时有效地控制疫情，确保国家稳定安全，这是中国为守护全人类生命安全、维护世界各国人民健康福祉作出的重大贡献。

部分乌拉圭甲级联赛球员在首都蒙得维的亚百年纪念体育场内接种了首剂中国科兴新冠疫苗。该批疫苗是由北京科兴中维生物技术有限公司捐赠给南美洲足联的，主要用于保障美洲杯等国际足球赛事的顺利举行。图为乌拉圭球员正在接种中国科兴新冠疫苗。

践行负责任大国担当，为世界提供"硬核"支持。"中国将进一步发挥负责任大国的作用，在力所能及的范围内承担更多国际责任和义务。"这是中国为推动构建人类命运共同体所作出的庄严承诺。第一时间发布病毒基因序列等信息，毫无保留同各方分享防控和救治经验，尽己所能为有需要的国家提供支持和帮助……从一批批援助物资、一份份诊疗和防控经验、一组组派遣医疗专家队伍中，国际社会看到了中国为践行人类命运共同体理念展开的具体行动。在世界大家庭中，每个国家都有各自的需要和难题，但人类也要维护共同的利益，应对共同的困难，全力搞好疫情防控仍是当务之急。团结起来、联防联控是目前各国最大的共同利益。从理念到行动，中国从推动构建人类命运共同体出发，以负责任大国的担当为全球抗疫注入动力。

四、为共建更加美好的世界贡献中国智慧和中国方案

人类命运共同体理念顺应时代发展潮流，契合各方期待，闪耀着穿越时空的思想光芒，一经提出便得到国际社会广泛支持和积极响应。如今，人类命运共同体理念已经深入人心，为国际社会共迎挑战、共谋发展、共促安全提供了重要方向指引和强大精神力量，成为引领人类前进方向的一面旗帜。

（一）回答"时代之问"的中国智慧

自 2008 年国际金融危机以来，国际环境持续发生深刻复杂变化。随着新一轮科技革命和产业变革深入发展，各国相互联系、相互依赖更加紧密，经济全球化深入发展的大方向不可逆转，但世界发展的不确定性不稳定性明显增加，单边主义、保护主义、霸权主义对世界和平与发展构成威胁，经济全球化遭遇强劲逆风。面对百年未有之大变局和进入动荡变革期的世界，国际社会需要"不畏浮云遮望眼"的方向指引，希望看到"乱云飞渡仍从容"的定力信心。

早在 2012 年 12 月，习近平主席同在华工作的外国专家代表座谈时就指出，

"国际社会日益成为一个你中有我、我中有你的命运共同体"。2013年3月，习近平主席在莫斯科国际关系学院的演讲中强调，"人类生活在同一个地球村里，生活在历史和现实交汇的同一个时空里，越来越成为你中有我、我中有你的命运共同体"，这一阐述被认为超越双边关系范畴，"向世界讲述了对人类文明走向的中国判断"。

2015年9月，习近平主席在第70届联合国大会一般性辩论上发表重要讲话，提出要建立平等相待、互商互谅的伙伴关系；营造公道正义、共建共享的安全格局；谋求开放创新、包容互惠的发展前景；促进和而不同、兼收并蓄的文明交流；构筑尊崇自然、绿色发展的生态系统。时任联合国秘书长潘基文表示，习近平主席"在联大系列峰会上全面论述了人类命运共同体的主要内涵"。2017年1月，习近平主席在联合国日内瓦总部发表演讲，提出"世界怎么了、我们怎么办"这一"时代之问"，并给出了"中国解答"：倡导国际社会坚持对话协商，建设一个持久和平的世界；坚持共建共享，建设一个普遍安全的世界；坚持合作共赢，建设一个共同繁荣的世界；坚持交流互鉴，建设一个开放包容的世界；坚持绿色低碳，建设一个清洁美丽的世界。用"五个坚持""五个世界"清晰搭建起构建人类命运共同体"大厦"的"四梁八柱"，为解决人类难题、推动共同发展提供了科学答案。

2017年12月，在中国共产党与世界政党高层对话会上，习近平总书记面向各国政党领导人再次系统阐述了人类命运共同体的深刻内涵和努力方向，倡导各方努力建设一个远离恐惧、普遍安全的世界，远离贫困、共同繁荣的世界，远离封闭、开放包容的世界，山清水秀、清洁美丽的世界，号召各国政党顺应时代发展潮流、把握人类进步大势、响应人民共同期待，把自身发展同国家、民族、人类的发展紧密结合在一起，凝聚不同民族、不同信仰、不同文化、不同地域人民的共识，共襄构建人类命运共同体的伟业。各国政党普遍认为，习近平总书记这一重要讲话是新时代的"中国共产党宣言"，让各国政党看到了人类命运共同体和美好世界图景的新希望。

新冠肺炎疫情全球蔓延，让国际社会更加感受到人类是"你中有我，我中有你""守望相助，同舟共济"的命运共同体。2020年5月，习近平主席在第73届世界卫生大会开幕致辞时指出，人类是命运共同体，团结合作是战胜疫情最有力的武器，宣布中国为推进全球抗疫合作的五大举措，呼吁各国携起手来，共同构建人类卫生健康共同体。2020年12月，习近平主席在出席联合国成立75周年纪念峰会时再次强调指出，新冠肺炎疫情对全世界是一次严峻考验，人类已经进入互联互通的新时代，各国利益休戚相关、命运紧密相连。全球性威胁和挑战需要强有力的全球性应对。发出了团结互助、共克时艰的时代最强音。

人类命运共同体重要理念蕴含着中国传统文化哲学中协和万邦、天下大同等

价值追求，蕴含着整体观念、系统思维和辩证方法，不仅指出了人类走向美好世界的努力方向，而且提供了走向美好世界的实践路径，成为拥有凝聚国际社会共识的强大思想力量。人类命运共同体理念已写进联合国一系列成果文件，成为国际社会重要共识；联合国秘书长古特雷斯强调"习近平主席关于人类命运共同体的理念，是对国际社会的重要贡献"，"中国正身体力行，推动构建人类命运共同体"；第71届联合国大会主席汤姆森强调，"在我看来，构建人类命运共同体是人类在这个星球上唯一的出路"。

（二）推动人类进步的中国方案

面对层出不穷的全球性问题，推动构建人类命运共同体重要理念既解决认识的问题，也解决实践的问题，不仅为"建设一个什么样的世界"提供了科学解答，而且为"如何建设这个世界"提供了切实可行的路径支撑。在人类命运共同体旗帜指引下，中国近年来为解决全球问题、推动人类进步提出了一系列切实可行的中国方案。

面对强权政治、结盟对抗等陈旧逻辑对当今时代世界和平与安全的威胁，习近平主席利用国际场合深入阐述中国主张，号召国际社会摒弃一切形式的冷战思维，树立共同、综合、合作、可持续的新安全观，构建对话不对抗、结伴不结盟的伙伴关系，大国之间努力建立不冲突不对抗、相互尊重、合作共赢的新型关系，大国对小国平等相待，统筹应对传统和非传统安全威胁，营造公平正义、共建共享的安全格局，让和平的阳光普照大地，让人人享有安宁祥和。

面对发展失衡、治理困境、数字鸿沟、公平赤字引发的逆全球化思潮，习近平主席主张国际社会不能因为经济全球化遇到问题就全盘否定，而要适应和引导好经济全球化，消除经济全球化的负面影响，让其更好惠及每个国家、每个民族，强调"大家一起发展才是真发展，可持续发展才是好发展"，倡导国际社会加强宏观政策协调，共同推动经济全球化朝着更加开放、包容、普惠、平衡、共赢的方向发展。

面对文明隔阂、文明优越等阻碍人类文明共同发展进步的沉疴顽疾，习近平主席多次系统阐述中国的文明观，主张各种文明没有优劣之分，应坚持相互尊重、平等相待，美人之美、美美与共，开放包容、互学互鉴，与时俱进、创新发展；主张尊重世界文明多样性，以文明交流超越文明隔阂、文明互鉴超越文明冲突、文明共存超越文明优越；强调要加强世界上不同国家、不同民族、不同文化的交流互鉴，夯实共建人类命运共同体的人文基础。

面对气候变化、自然灾害、重大传染性疾病对人类生存发展带来的挑战，习近平主席倡导国际社会像对待生命一样对待生态环境，牢固树立尊重自然、顺应自然、保护自然的意识，坚持走绿色、低碳、循环、可持续发展之路。倡导国际社会平衡推进联合国《2030年可持续发展议程》，积极推动《巴黎协定》实施，并强调要帮助发展中国家减缓和适应气候变化。

面对中国与世界关系正在发生的历史性变化，习近平主席从历史与现实、理论与实践、历史与使命等角度深入阐述中国的和平发展道路，强调"世界好，中国才能好；中国好，世界才更好"，中国维护世界和平、促进共同发展、打造伙伴关系、支持多边主义的决心不会变。

相关链接：

王毅：世界必将因中国而更美好

（三）知行合一的中国贡献

"大道至简、实干为要"。在共建人类命运共同体的伟大事业中，中国坚持知行合一的原则，追求桃李不言、下自成蹊的境界，以实际行动为共建人类命运共同体作出了重要贡献。

中国坚定不移地通过自身发展推动世界发展。中国经过艰苦卓绝的努力如期完成新时代脱贫攻坚目标任务，近1亿贫困人口实现脱贫，全面建成小康社会的目标如期实现。中国加快构建新发展格局，将从供给和需求两个方向为世界经济发展提供全新机遇和广阔空间，为世界经济复苏和健康可持续发展注入强劲动力。中国正越来越由世界发展的受益者变成世界发展的带动者，将更多地通过自身高质量发展为世界经济健康可持续发展提供强劲支撑。

中国坚定不移地推进"对话不对抗、结伴不结盟"的伙伴关系建设。中国坚定奉行独立自主的和平外交政策，积极发展全球伙伴关系，积极推动构建总体稳定、均衡发展的大国关系框架，积极推动建设相互尊重、公平正义、合作共赢的新型国际关系。

中国坚定不移地推动高质量共建"一带一路"。在中国同相关各方共同努力下，"一带一路"框架内的各领域合作机制陆续搭建，经贸投资往来不断加强，重大工程项目扎实推进，给"一带一路"沿线国家和地区经济社会发展提供了重要助力。"一带一路"已经成为当今世界最广泛的国际合作平台，成为国际社会共享的机遇之路、繁荣之路。

中国坚定不移地推动经济全球化和全球治理健康发展。习近平主席多次围绕推动经济全球化和全球经济治理体系改革完善进行深入阐述，为经济全球化和全球治理健康发展提供了思想理念指引。中国积极维护多边贸易体制主渠道作用，促进国际贸易投资自由化便利化，倡导推动多边贸易机制能够更加有效地践行开放市场、促进发展的宗旨，维护自由贸易和多边主义，积极推动收窄发展鸿沟。

中国坚定不移地投身国际抗疫合作。中国坚定支持世卫组织发挥领导作用，毫无保留地与国际社会分享抗疫经验，向 150 多个国家和 9 个国际组织提供抗疫援助，为有需要的 34 个国家派出 36 支医疗专家组，向各国提供 2000 多亿只口罩、20 亿件防护服、8 亿份检测试剂盒。中国共产党同世界上 100 多个国家的 230 多个政党就加强抗击疫情国际合作发出共同呼吁，积极推动构建人类卫生健康共同体。

中国坚定不移地推动构建人类命运共同体的多元立体支撑。中国以身作则、率先垂范，与越来越多的国家建立双边命运共同体，与相关国家就打造周边命运共同体、亚太命运共同体、中国—东盟命运共同体、中非命运共同体、中阿命运共同体、中拉命运共同体达成重要共识。同时，中国积极倡导建设互联网命运共同体等，积极倡导建设合作共赢、公平合理的气候变化治理机制，多边、民主、透明的全球互联网治理体系等，获得国际社会积极响应，构建人类命运共同体的多元立体格局正日益形成并不断完善。

（四）共建美好世界的共同追求

人类命运共同体理念既是理念引领，也是实践指南，它引导各国正确看待自身与外部世界的关系，指引了世界和平发展的方向，为不同文明交流互鉴、不同社会制度和平共处提出了新思路，已成为广受国际社会欢迎的重要公共产品，成为各国共建美好世界的共同追求，得到世界各国人民高度认同。构建人类命运共同体的国际民意基础日益深厚，未来前景广阔。

发挥联合国等多边国际机构的作用，推动人类命运共同体理念在国际层面落地生根。构建人类命运共同体必须坚持多边主义，要加强联合国、二十国集团、上海合作组织、亚太经济合作组织、金砖国家合作机制、世界卫生组织等全球性、区域性和专门性国际组织的作用，进一步强化各国相互尊重、平等协商和精诚合作意识，携手构建更加有效的多边机制，推动全球治理向着更加公正合理的方向转变。

高举全人类共同价值的旗帜，打造文明交流互鉴的交往新路。人类命运共同体以全人类共同价值为思想基础，这一思想从国际社会现实出发，在尊重不同国家、不同制度、不同文化等客观差异的同时，寻求全人类共同价值的最大公约数。人类命运共同体与联合国所倡导的和平、发展、公平、正义、民主、自由的崇高目标高度一致，构成不同国家、不同群体彼此交往、相互合作、共同发展的思想观念基础。人类命运共同体蕴含的尊重文化多样、促进文明对话、维护民族平等重要理念已经成为国际社会普遍接受的共同价值，为构建人类命运共同体奠定了坚实的社会基础。

继续发挥中国的带动作用，用中国方案切实推动人类命运共同体走深走实。

着眼于早日战胜疫情，推动构建人类卫生健康共同体，中国将积极开展国际抗疫合作，中国新冠疫苗研发完成并投入使用后，作为全球公共产品，为实现疫苗在发展中国家的可及性和可担负性作出中国贡献，彰显同舟共济的命运共同体意识。中国将坚定不移地深化"一带一路"国际合作，建设更高水平开放型经济新体制，在消除贫困、应对气候变化等问题上积极参与国际合作，带动越来越多的国家和地区参与构建命运共同体，形成凝心聚力的磅礴力量。

同舟共济扬帆起，乘风破浪万里航。面向未来，中国愿同各国一道，深化交流、共谋合作，在开放中创造机遇，在合作中破解难题，携手创造人类更加美好的明天！

人类命运共同体的责任共担

2020年初肆虐全球的新冠肺炎疫情以沉痛的代价再次警醒人们，人与自然、人与人是休戚与共、紧密相连的命运共同体，再次证明习近平总书记首倡的构建人类命运共同体的深远意义。党的十八大以来，习近平总书记在多个国际场合呼吁、阐释构建人类命运共同体，这是中国共产党面对世界百年未有之大变局给出的中国方案，体现了中国作为负责任大国的担当与作为，也是当代中国对世界的重要理论贡献，符合时代发展潮流和人类文明进步方向。构建人类命运共同体，不仅需要不同文明利益共享、交流互鉴，更需要破除强权政治和霸权行径，实现公平正义、责任共担。

促进和维护世界和平与发展需要责任共担

一般来说，责任担当可以从两个不同方面来理解：一是职责义务担当，指向行为主体应当担当或履行的道德义务、职责，这个意义上的责任概念与义务概念大致相当。二是行为后果担当，指向行为主体要对自身行为及其结果负责。简言之，责任担当就是应当做什么以及承担由自己的行为而引发的后果。构建人类命运共同体，要求世界各国政府、各种非政府组织等作为全球治理的主体、参与者，要做到利益共享与责任共担。

"察势者明，趋势者智。"当今世界，人类正处在大发展大变革大调整时期，和平、发展、合作、共赢的时代潮流更加强劲的同时，人类面临的全球性问题数量之多、规模之大、程度之深前所未有。正像党的十九届五中全会所指出的，国际环境日趋复杂，不稳定性不确定性明显增加，经济全球化遭遇逆流，世界进入动荡变革期，单边主义、保护主义、霸权主义对世界和平与发展构成威胁。因此，从构建人类命运共同体的理念出发，推动世界各国

共同参与全球治理，需要世界各国以负责任的精神共商共建共享，同舟共济、风险共担，共同维护和促进世界和平与发展。

构建人类命运共同体主要有两个维度，一是人与自然的维度。人类生存于同一个地球，人与自然是生命共同体，人类必须尊重自然、顺应自然、保护自然，人类对大自然的伤害最终会伤及人类自身，这是无法抗拒的规律。因此，从保护地球家园，实现人与自然和谐共生，推动人类可持续发展的角度看，构建人类命运共同体需要各个国家、各个民族共同承担起合理利用自然、保护环境、治理污染的责任。自近代工业革命以来，西方发达国家利用自身的科技、经济实力，甚至不惜动用武力、发动战争，占有和消耗了大量资源。根据公平公正的原则，恪守共同但有区别的责任原则，发达国家应该负担起更多的保护资源和环境的责任。二是人与人、群体与群体之间的维度。由于地球资源的有限性，对资源的争夺和占有往往引起人类不同群体的争斗，甚至爆发大规模战争。解决人与自然的关系，最终目的是要解决不同国家、不同民族之间的矛盾和冲突。各个国家和民族要体认到地球上的人类是同呼吸共命运的一个整体，越来越成为你中有我、我中有你的命运共同体。因此，习近平主席高瞻远瞩地提出构建人类命运共同体，实现责任共担、合作共赢，这是推进构建全球治理体系的必要内容，是抵御风险挑战的必备条件。

携手应对全球性挑战需要责任共担

"人类社会发展史，就是一部不断战胜各种挑战和困难的历史。"全球性威胁和挑战需要全球性的应对，没有哪个国家能够独自应对人类面临的各种挑战，也没有哪个国家能够退回到自我封闭的孤岛。

世界性的问题需要世界各国政府和组织从全球视野、整体性思维层面作出努力，真正将应对复杂的全球性挑战作为共同的责任。如果以邻为壑、隔岸观火，别国的威胁迟早会变成自己的挑战。中国提出的构建人类命运共同体理念，倡导无论是在应对自然灾害、瘟疫暴发，还是维护经济秩序、政治安全、生态保护等方面，都要守住道德底线和国际规则，根据权利义务对等原则，承担起维护世界和平与发展的职责。中国政府率先垂范，从理念到行动，从规划蓝图到"一带一路"框架下中国与世界各国合作共赢的具体方略逐步实施，我们在以实际行动为国际社会提供更多全球公共产品，承担大国责任，展现大国担当。与此形成鲜明对比的是以美国为首的一些西方发达国家表现出来的强权政治和霸权行径。仅以环境保护为例，美国推卸环保责任，曾多次退出各项协议，如退出《巴黎协定》，至今未批准《生物多样性公约》，不批准《京都议定书》，否认自身约束性量化减排任务；不批准《巴塞尔公约》，为全球塑料垃圾等治理进程设置障碍，将大量废弃垃圾转移至发展中国家，给当地和全球环境带来了极大危害。

推动形成全球治理新格局需要责任共担

当今世界，世界多极化、经济全球化、社会信息化、文化多样化都在深入发展，弱肉强食的丛林法则、你输我赢的零和游戏不再符合时代逻辑，和平、发展、合作、共赢成为世界人民的共同呼声。世界治理体系正在呈现多元化、民主化发展趋势，特别是21世纪以来，新兴市场国家和广大发展中国家群体性崛起，极大地推动了世界多极化的进程，当前占世界经济总量比重接近40%，对全球经济增长的贡献率已达80%。国际力量对比的重大变化使世界政治格局更为均衡，有利于维护世界和平、促进共同发展。所有主权国不分大小、强弱、贫富都是国际社会平等成员，都有责任承担自己的义务。全球事务应由各国共同治理，主权平等、对话协商等应是国际关系公认的准则，虽然目前多元责任国际秩序的建构仅仅是一个开端，还存在诸多不确定性，但它给国际社会试图摆脱历史性的权力政治与霸权主义的怪圈提供了选择。通过多元责任担当建立一个公平、正义、合作与和平的全球秩序，是当前解决全球问题的新期望。

第二次世界大战后，以联合国为核心的国际体系为世界带来了70多年的和平稳定和发展繁荣。60多年前，我们提出和平共处五项原则，得到国际社会广泛认同和支持，成为国际关系基本准则和国际法基本原则。党的十八大以来，我们提出推动构建人类命运共同体的理念，受到各方普遍欢迎和高度评价，被载入联合国一系列决议。我们要乘势而上、顺势而为，坚定维护以联合国宪章宗旨和原则为核心的国际秩序和国际体系，为全球治理体系改革和建设贡献中国智慧和中国方案。中国共产党是一个有世界责任担当的大党，习近平总书记指出："中国共产党是为中国人民谋幸福的政党，也是为人类进步事业而奋斗的政党。中国共产党始终把为人类作出新的更大的贡献作为自己的使命。"推动构建人类命运共同体，就是中国共产党承担的大国责任、彰显的大国情怀。

（资料来源：《光明日报》2021年1月4日 15版）

 阅读推荐

1. 张梦旭：《"多边主义不仅是一种选择，更是一种需要"》，《人民日报》2021年5月10日 03版。

2. 蒲俜：《中国始终是维护和践行多边主义的重要力量》，《解放军报》2021年2月1日 04版。

3.《深化交流共谋合作 更好造福各国人民》,《人民日报》2021年5月8日 01版。

 思考题

1. 为什么说世界需要多边主义?
2. 中国在维护和践行多边主义方面作出了哪些努力?
3. 谈谈你对构建人类命运共同体的看法。

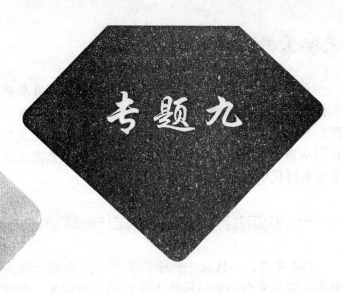

专题九

风雨前行

——开启党的对外工作新征程

　　百年风雨，春华秋实。2021 年是党的百年华诞，也迎来党的对外工作 100 年。100 年来，党的对外工作伴随中国共产党诞生、发展、壮大全过程，在中国新民主主义革命、社会主义革命和建设、改革开放和社会主义现代化建设事业中发挥了重要作用，为国家独立、人民解放、民族复兴、世界和平、人类进步作出了重要贡献。

党的外事工作是我们党百年来波澜壮阔奋斗史的重要内容，是党和国家总体工作的重要组成部分，见证了中华民族迎来从站起来、富起来到强起来的伟大飞跃。当前，外事工作面临的形势更加复杂、任务更加繁重、使命更加光荣，需要我们从历史中汲取前行的力量，把准我国所处的历史方位和世界发展大势，奋力推进新时代中国特色大国外交。

一、中国共产党百年对外工作光辉历程

100 年来，一代又一代中国共产党人紧紧依靠人民、团结带领中国人民接续奋斗，迎来实现中华民族伟大复兴的光明前景。在这一历史进程中，党的外事工作在各个历史时期，坚定维护国家利益和民族尊严，为我们党的发展壮大、国家的富强、民族的复兴作出了重要贡献。党的百年外事工作史可分为 4 个时期。

（一）1921—1949 年，新民主主义革命时期

这一时期，党的外事工作从无到有、由小到大，为实现新民主主义革命目标，为新中国发展建设和外交外事事业打下了坚实基础。

第一，探索形成党的对外方针政策和对外交往模式，提出党的创始阶段对外工作思想理论。我们党对外交往具有鲜明的政党性和国际主义性，主要工作对象是苏联和共产国际。日本发动侵华战争后，党确定了建立抗日民族统一战线和国际统一战线的策略方针。抗日战争胜利后和解放战争时期，根据国内外形势变化，毛泽东先后提出"两个阵营""一切反动派都是纸老虎"著名论断和"另起炉灶""打扫干净屋子再请客""一边倒"三大方针。

第二，初步建立党的外事工作体制机制、组织架构和指导原则。1931 年 11 月，中华苏维埃共和国临时中央政府在瑞金成立，设立了"九部一局"的政府机构，外交人民委员部是其中之一。1939 年 1 月，中共中央南方局在重庆成立，周恩来为书记。1947 年 5 月 1 日，中共中央外事组在山西临县三交镇正式成立。

第三，在处理对外关系方面积累了宝贵经验。中国共产党的创建得到了国际上的积极帮助。1935 年 1 月遵义会议开始确立以毛泽东为主要代表的马克思主义正确路线在中共中央的领导地位，中国共产党更加坚定了处理对外关系的独立自主原则。抗战期间，我们党以更灵活的方法来观察和分析外部世界，主动开展对美英等西方国家工作。

第四，为新中国开展外交外事工作培养了干部队伍。党中央在延安 13 年间，建设了一支听党指挥、忠于人民的外事干部队伍。抗日战争胜利后，周恩来陪同毛泽东赴重庆同国民党进行谈判，随后率领我们党代表团同国民党当局进行了长达 1 年多的谈判斗争，很多同志成为新中国成立后外交外事工作中坚力量。1948

年，中央外事学校成立，大多数学员在新中国成立后从事外交外事工作。很多饱经革命斗争考验的干部根据党中央的决定，投身外交外事工作。

（二）1949—1978年，社会主义革命和建设时期

这一时期，党的外事工作主要任务是冲破西方敌对势力对新中国的孤立、遏制、包围和威胁，维护民族独立、国家主权和安全，争取有利于社会主义建设的国际和平环境。

第一，着眼于反对霸权主义和战争威胁，扩大对外友好合作，提出"和平共处五项原则""中间地带""三个世界"等重要理论思想。20世纪50年代，我国同印度和缅甸一致同意以和平共处五项原则作为指导相互关系的基本原则。50年代末60年代初和70年代，毛泽东先后提出"两个中间地带"和"三个世界"划分的战略思想。

第二，努力建立和发展同世界各国友好合作关系，迎来两次建交高潮。1949年10月3日，苏联成为第一个与新中国建交的国家，掀起第一次建交高潮。20世纪70年代初，我们党抓住国际形势变化契机，迎来第二次建交高潮。到1976年，我国建交国已有113个，包括当时世界上绝大多数国家。

第三，积极运筹大国关系，实现重大突破。着眼于20世纪70年代世界格局变化，毛泽东主席、周恩来总理作出富有战略远见的重大决策。1972年2月，尼克松总统访华。2月28日，中美在上海发表《中美联合公报》，标志着两国关系正常化进程的开始，这是中美关系史上的一件大事。1972年9月，日本首相田中角荣访华，双方签署《联合声明》，实现中日邦交正常化。中国同欧洲共同体也建立了正式关系。

第四，坚定维护国家主权安全，有力提升国际地位。经过艰苦卓绝斗争，我国赢得抗美援朝战争伟大胜利，极大增强了中国人民民族自信心和自豪感，有力维护了新中国主权安全和革命成果，空前提高了我国国际地位。我国坚定维护国家主权和领土完整。国防和科技事业取得"两弹一星"等突破性成就。

第五，积极参与国际事务，维护世界和平与发展崇高事业。周恩来总理率团出席1955年4月在印度尼西亚举行的万隆会议，打开中国同亚非国家广泛交往的大门。1971年10月25日，第26届联合国大会以压倒性多数通过第2758号决议，恢复中华人民共和国在联合国

1971年10月25日，第26届联合国大会以压倒性多数通过第2758号决议，恢复中华人民共和国在联合国的一切合法权利。图为提案通过时，代表们热烈鼓掌，欢呼这是全世界人民和一切主持正义的国家的胜利。

的一切合法权利。中国作为联合国创始会员国和安全理事会常任理事国，为践行《联合国宪章》的宗旨和原则、维护世界和平与促进共同发展、加强各国友好合作、推动人类进步事业作出重要贡献。

（三）1978—2012 年，改革开放和社会主义现代化建设新时期

这一时期，党的外事工作主要任务是配合国家经济建设，为改革开放营造良好合作环境、周边环境、安全环境、舆论环境，构建对外关系新格局。

第一，科学判断时代主题和世界大势，提出对外方针政策和指导思想。党的十一届三中全会后，邓小平提出和平与发展是当代世界两大问题、世界大战打不起来的判断，把党的工作重心转移到经济建设上来。在苏东剧变关键时刻，邓小平强调要坚持四项基本原则，确保我国正确发展方向。党的十三届四中全会后，我们打破西方国家制裁。江泽民提出推动建立公正合理的国际政治经济新秩序，倡导尊重世界文明多样性。胡锦涛提出同各国人民携手努力，推动建设持久和平、共同繁荣的和谐世界。我国新兴大国地位和影响力得到世界公认。

第二，同主要各方关系走向深入，提出"大国是关键、周边是首要、发展中国家是基础、多边是重要舞台"的外交总体布局。1979 年 1 月，中美建交。1978年 8 月，中日签订《中日和平友好条约》。1989 年 5 月，中苏关系正常化。1991年，中国同东盟开启对话进程。世纪之交，我国深入推动同主要大国建立面向 21世纪双边关系，积极发展同周边国家睦邻友好关系，加强同其他发展中国家友好合作关系。

第三，拓展深化对外开放格局，取得重要发展成就。我国于 2001 年加入世界贸易组织，妥善应对 1997 年亚洲金融危机和 2008 年国际金融危机，经济总量从 1978 年世界第 11 位跃居 2010 年世界第 2 位。

第四，多边外交领域日趋活跃，深入参与或创建国际机制。2001 年 6 月，第一届上海合作组织峰会在上海举行。2001 年 10 月，亚太经合组织第九次领导人非正式会议在上海成功举办。2008 年 8 月，我国在北京成功主办第 29 届夏季奥运会。2010 年 5 月，我国在上海成功主办第 41 届世界博览会。

（四）2012 年党的十八大以来，中国特色社会主义进入新时代

这一时期，在以习近平同志为核心的党中央坚强领导下，在习近平新时代中国特色社会主义思想指导下，党和国家事业取得历史性成就、发生历史性变革。在新的历史起点上，习近平总书记以大国领袖的战略远见和使命担当，着眼于中华民族伟大复兴战略全局和世界百年未有之大变局，带领我们不断开创新时代中国特色大国外交新局面，党的外交外事工作取得了举世瞩目的重大成就。中国国际地位和影响力提升到前所未有的高度，日益走近世界舞台中央，不断为人类发

展进步作出新的更大贡献。

第一，形成并确立了习近平外交思想的指导地位。习近平外交思想是习近平新时代中国特色社会主义思想的重要组成部分，是马克思主义基本原理同中国特色大国外交实践相结合的重大理论结晶，是以习近平同志为核心的党中央治国理政思想在外交领域的集中体现，是新时代我国对外工作的根本遵循和行动指南。习近平外交思想以"十个坚持"为核心要义，明确了新时代我国对外工作的历史使命、总目标和必须坚持的一系列方针原则，深刻揭示了新时代中国特色大国外交的本质要求、内在规律和前进方向。习近平主席牢牢把握中国和世界发展大势，作出当今世界正经历百年未有之大变局、我国发展仍处于重要战略机遇期等一系列重大论断，提出了推动构建人类命运共同体、构建新型国际关系、共建"一带一路"等一系列富有中国特色、体现时代精神、引领人类发展进步潮流的新理念新主张新倡议。

第二，充分发挥元首外交战略引领作用，积极开展主场外交和重大对外活动。习近平主席成功出席纪念联合国成立70周年和75周年高级别会议、二十国集团领导人峰会、金砖国家领导人会晤、上海合作组织元首峰会、亚太经合组织领导人非正式会议、世界经济论坛达沃斯年会等重要多边会议，就事关世界和平发展和人类前途命运的重大问题深刻阐述中国主张，维护和践行多边主义，有力引领世界变局发展方向。习近平主席成功主持二十国集团领导人杭州峰会、北京亚太经合组织领导人非正式会议、"一带一路"国际合作高峰论坛、中非合作论坛北京峰会、上海亚信峰会、中国国际进口博览会、亚洲文明对话大会、中国共产党与世界政党高层对话会、中国—中东欧国家领导人峰会等一系列重大主场外交活动，发挥主导引领作用，取得一系列重大突破性成果，我国全球影响力和国际议程塑造力显著增强。新冠肺炎疫情下，习近平主席出席二十国集团领导人应对新冠肺炎特别峰会、第73届世界卫生大会视频会议开幕式，主持中非团结抗疫特别峰会并发表重要讲话，宣布重大抗疫合作举措，呼吁国际社会携手构建人类卫生健康共同体。习近平主席在领导人气候峰会上提出应对气候变化挑战、加强全球环境治理的"六个坚持"主张，倡导共同构建人与自然生命共同体。新冠肺炎疫情发生以来，习近平主席同百余位外国领导人及国际组织负责人通过线下线上方式会谈会见、通电话、互致电函，为我国同世界各国关系发展、推动国际社会团结抗疫指明了前进方向，注入了强劲动力。

第三，倡导推进共建"一带一路"重大倡议，全面开拓对外开放与国际合作新局面。习近平主席提出并推动"丝绸之路经济带"和"21世纪海上丝绸之路"重大倡议，"一带一路"建设秉持共商、共建、共享原则，践行开放、绿色、廉洁理念，追求高标准、惠民生、可持续目标，致力于推动政策沟通、设施联通、贸易畅通、资金融通、民心相通，实现高质量发展，成为全世界广受欢迎的公共产品和构建人类命运共同体的重要实践平台。我国成功举办中国国际进口博览会、中国（北京）国际服务贸易交易会、中国—东盟博览会等大型活动，对外开放达到前所未有新高度。2020年我国和东盟首次互为第一大贸易伙伴，首次成为欧盟最大贸易伙伴，首次成为全球最大外资流入国。如期完成中欧投资协定谈判，同有关各方签署区域全面经济伙伴关系协定，宣布积极考虑加入全面与进步跨太平洋伙伴关系协定，展现致力于开放合作的坚定决心。

相关链接：
中国成为世界第一大外资流入国

第四，深化拓展全方位、多层次、宽领域、立体式对外工作布局，打造全球伙伴关系网络。深入发展中俄新时代全面战略协作伙伴关系，保持中俄战略协作高水平。强调美方同中方相向而行，共同致力于构建不冲突不对抗、相互尊重、合作共赢的中美关系，对美方损害我国利益言行进行坚决斗争反制，坚定捍卫国家主权、安全、发展利益。加强同欧洲国家和欧盟沟通合作，积极打造中欧和平、增长、改革、文明四大伙伴关系，深化气候变化、环境保护和数字经济等领域合作，共同维护多边主义。积极推动同周边国家睦邻友好合作，同东北亚、南亚、中亚、中东、南太国家关系稳步增强，同东盟等地区组织合作不断拓展。与非洲、拉美等发展中国家团结合作持续深化，同非盟、拉共体等关系更加紧密。

第五，积极引领全球治理体系改革和建设，贡献中国智慧、中国理念、中国方案。习近平主席在联合国大会等重大场合庄重宣示，中国坚定维护以联合国为核心的国际体系，坚定维护以国际法为基础的国际秩序，有力回击一些国家鼓吹的所谓"以规则为基础的国际秩序"。在和平安全、经济社会、生态文明、气候变化、文明互鉴等领域，习近平主席全面阐述中国的国际秩序观、全球治理观、新安全观、新发展观、人权观、生态观、文明交流观等重要理念，强调大家的事情大家商量着办，坚决回击单边主义和霸凌行径，沉重打击"文明冲突论""种族优劣论"，有力引领了全球治理体系和国际秩序变革方向。习近平主席在第75届联合国大会一般性辩论讲话中宣示中国碳达峰和碳中和目标，在气候雄心峰会上宣布中国国家自主贡献新举措，引领全球应对气候变化新征程。在中方推动和各方积极响应与共同努力下，亚洲基础设施投资银行、金砖国家新开发银行、丝路基金等机制得以创立，成为具有重要国际影响力的多边金融机构。我国积极推动朝鲜半岛、伊朗核建设、阿富汗等地区热点问题和平解决，深入参与海洋、极地、外空、反腐败等领域规则制定，深入开展国际反恐合作，彰显负责任大国担当。

第六，有效防范化解各类风险挑战，坚定维护国家利益和民族尊严。在台湾、涉港、涉疆、涉藏、涉海、涉疫、人权等一系列重大问题上，敢斗善斗，坚定捍卫国家政治安全，坚定维护国家利益和民族尊严。在台湾问题上坚定维护一个中国原则，在涉港、涉疆、涉藏、人权等问题上打赢多场硬仗，决不允许任何外部势力干涉中国内政。有力应对海上侵权挑衅，维护南海大局稳定。坚决反对单边制裁和"长臂管辖"。践行外交为民理念，增强海外利益保障能力。深入参与世界贸易组织、国际货币基金组织、世界银行等国际机构改革，维护包括我国在内的发展中国家正当权益。

第七，持续增进同世界各国交流互鉴。全面宣介习近平新时代中国特色社会主义思想和习近平外交思想，向国际社会深入解读中国共产党的性质、宗旨和原则，阐明中国的道路制度、发展方向和战略意图，阐释中国构建新发展格局将为世界各国带来重要新机遇。全方位宣介我国疫情防控经验成效和对全球抗疫的积极贡献，加强同有关国家治国理政经验交流，倡导不同文明间平等对话、交流互鉴、共同发展。

第八，坚持外交大权在党中央，加强党中央对外交外事工作的集中统一领导。在中央全面深化改革总体部署下，中央外事工作领导小组改为中央外事工作委员会，加强外交外事工作的顶层设计、总体布局、统筹协调、整体推进、督促落实。在党中央集中统一领导下，政党、人大、政府、政协、军队、地方、人民团体等对外交往蓬勃开展，党总揽全局、协调各方的对外工作大协同局面不断巩固。

党的十八大以来，对外工作取得的历史性、开创性成就，根本在于习近平总书记的亲自指挥、亲自部署、亲力亲为，在于以习近平同志为核心的党中央坚强领导和中国特色社会主义制度强大优势，在于习近平新时代中国特色社会主义思想和习近平外交思想的科学指引，在于全党全国人民的同心同德共同奋斗。

二、中国共产党的世界使命和担当

中国共产党始终把为人类作出新的更大的贡献作为自己的使命。中国共产党所做的一切，就是为中国人民谋幸福、为中华民族谋复兴、为人类谋和平与发展。中国共产党人的历史自觉、国际视野和世界关怀，昭示了中国共产党始终不渝的初心使命和责任担当。

（一）中国共产党的世界使命

习近平总书记指出："中国共产党是为中国人民谋幸福的政党，也是为人类进步事业而奋斗的政党。"为世界谋大同，是中国共产党百年来一以贯之的追求。

大道之行，天下为公。在人类思想史上，没有一种思想理论像马克思主义这样对人类产生了如此广泛而深刻的影响，马克思主义极大地推进了人类文明进程。五四运动后，中国共产党成为马克思主义的忠诚信奉者、坚定实践者。在中国这片古老的土地上，因为有了中国共产党，马克思主义得以生根发芽，进而枝繁叶茂、结出累累硕果。

在 20 世纪世界反法西斯战争中，长达 14 年的中国人民抗日战争开始时间最早、持续时间最长，是名副其实的东方主战场。在抗日战争时期，在民族危亡的历史关头，中国共产党以卓越的政治领导力和正确的战略策略，指引中国抗战的前进方向。中国共产党人勇敢战斗在抗日战争最前线，支撑起中华民族救亡图存的希望，成为全民族抗战的中流砥柱。中国共产党作为夺取抗日战争胜利的民族先锋，为世界正义事业、为人类文明发展作出了巨大贡献。

 相关链接：

抗日战争的中流砥柱

1949 年中华人民共和国的成立，极大地鼓舞了亚非拉人民的民族解放运动，推动了世界文明发展进程，促进了人类和平、民主、进步和发展。20 世纪 70 年代中期，针对美苏对峙的局面，中国共产党提出"三个世界"的战略思想，结成最广泛的国际统一战线，反对超级大国的霸权主义和战争政策。"三个世界"战略思想，至今依然具有重要的时代价值，闪耀着科学的光芒。

在 20 世纪 50 年代，毛泽东就指出："中国应当对于人类有较大的贡献。"中国特色社会主义进入新时代，习近平总书记强调："中国共产党始终把为人类作出新的更大的贡献作为自己的使命。""中国人民不仅要自己过上好日子，还追求天下大同。"中国共产党传承着中华民族追求天下大同的优秀文化传统，肩负起为世界谋大同的神圣使命。

当今世界正经历百年未有之大变局，面对单边主义、保护主义、霸权主义等对世界和平与发展的威胁，面对全球气候变化、环境污染、重大传染病流行等共同挑战，习近平主席提出构建人类命运共同体理念。构建人类命运共同体理念主张"把我们生于斯、长于斯的这个星球建成一个和睦的大家庭，把世界各国人民对美好生活的向往变成现实"。构建人类命运共同体理念充分彰显了中国作为负责任大国的担当，为人类文明发展进步贡献了中国智慧和中国方案。为了推动构建人类命运共同体，中国大力促进"一带一路"国际合作，推动建设相互尊重、公平正义、合作共赢的新型国际关系，积极参与引领全球治理体系改革和建设，致力于建设持久和平、普遍安全、共同繁荣、开放包容、清洁美丽的世界，中国成为国际社会公认的世界和平的建设者、全球发展的贡献者、国际秩序的维护者。

作为拥有 9500 多万党员的世界上最大的政党，中国共产党有大党的样子，有大党的眼界、气度、胸怀和智慧。改革开放以来，我们党带领中国人民成功开创了中国特色社会主义道路，不但为科学社会主义注入强大生机与活力，展现了 21 世纪马克思主义的理论光辉，而且拓展了发展中国家走向现代化的途径。中国特色社会主义的成功实践，当代中国的现代化成就，生动揭示了这样一个真理：现代化经验不应由欧美国家垄断，人类通往现代化的路径并非只有欧美国家一种模式，每个国家都可以探索适合自己国情的现代化道路。中国的发展给世界上那些既希望加快发展又希望保持自身独立性的国家和民族提供了全新选择，为解决人类问题贡献了中国智慧和中国方案。这是当代中国共产党人对世界现代化事业、对人类文明发展的伟大贡献。

（二）中国共产党的世界担当

中国共产党的世界担当，源自中华民族深厚的思想积淀和历史传承，源自马克思主义政党的信仰、信念和使命，有着深厚的历史、文化、思想、实践渊源。中国共产党的世界担当，源自中华优秀传统文化。中华民族在 5000 多年文明发展历程中，形成了兼爱非攻、亲仁善邻的和平志向，以和为贵、和而不同的和谐理念，大道之行、天下为公的博大情怀。中国共产党的世界担当，源自中国共产党的使命自觉。习近平总书记明确指出："中国共产党是世界上最大的政党。大就要有大的样子。"这种"大"不仅仅是指数量之大、规模之大，更是指胸怀之大、气象之大、担当之大。当前，人类面临的全球性问题数量之多、规模之大、程度之深前所未有，挑战层出不穷、风险日益增多，全球治理任务日益繁重。在这样一个人类前途命运向何处去的重大历史关头，人类社会比以往任何时候都更加急切地呼唤世界大党的世界担当。从中国与世界的关系看，我们与世界的关系正站在新的历史起点上。事实证明，只有世界好，中国才能发展好；反过来，只有中国发展好，世界才能变得更好。这些都要求，中国共产党作为一个有担当的政党，必须按照习近平总书记的要求，建设成为规模宏大、充满活力、坚强有力、勇于担当的党，迎难而上，自觉地把为人类谋和平与发展、为世界谋大同的使命担在肩上。

中国共产党是为中国人民谋幸福的党，也是为人类进步事业而奋斗的党。在 100 年波澜壮阔的奋斗实践中，我们党书写了为人类谋和平发展、为世界谋大同的壮丽篇章，雄辩地证明中国共产党是有世界担当精神和能力的政党。

建党之初，中国共产党就把为人类谋解放的崇高目标鲜明地镌刻在自己的旗帜上，高扬国际主义的精神。这是我们党同一切剥削阶级政党的重要区别，是我们党先进性的重要体现。新中国成立之际，毛泽东郑重宣布："我们的民族将从此列入爱好和平自由的世界各民族的大家庭，以勇敢而勤劳的姿态工作着，创造自己的文明和幸福，同时也促进世界的和平和自由。"在以毛泽东同志为核心的党的第一代中央集体领导下，中国共产党探索形成一系列重大外交政策主张和战略思想。

改革开放之初，邓小平指出："我们要进一步加强同全世界工人阶级和革命人民的团结……为全世界工人阶级的解放和人类的进步事业作出应有的贡献。"在改革开放历史进程中，我们党坚持独立自主的和平外交政策，坚持和平发展道路，坚持互利共赢的开放战略，统筹国内国际两个大局，积极发展对外关系，为改革开放和现代化建设争取有利的国际环境，同世界各国一道推动建设持久和平、共同繁荣的和谐世界，为推动建立公正合理的国际新秩序，为维护世界和平与促进人类进步事业作出了积极贡献。

构建人类命运共同体相继被写入联合国社会发展委员会、安理会、人权理事会以及联合国大会裁军与国际安全委员会等机构的多项决议中，有力推动这一理念变成全球性共识。图为2017年2月27日，联合国人权理事会第34次会议开幕。该会议通过决议，明确表示要构建人类命运共同体。

党的十八大以来，习近平总书记站在时代潮头，把握世界大势，亲自擘画运筹，提出一整套外交新理念新举措新战略，指导中国外交呈现鲜明的中国风格、中国特色和中国气派，取得全方位、开创性的历史成就。我们党领导中国积极发展全球伙伴关系，扩大同各国的利益交汇点，全面推进中国特色大国外交，形成全方位、多层次、立体化的外交布局；遵循共商共建共享原则，实施共建"一带一路"倡议，发起创办亚洲基础设施投资银行，设立丝路基金，举办首届"一带一路"国际合作高峰论坛、亚太经合组织领导人非正式会议、二十国集团领导人杭州峰会、金砖国家领导人厦门会晤、亚信峰会，打造国际合作新平台，增添共同发展新动力；促进全球共同繁荣；积极承担更多国际责任和义务，旗帜鲜明倡导构建人类命运共同体，促进全球治理体系变革。

新时代，中国共产党世界担当的最集中的体现，就是以习近平同志为核心的党中央提出并努力践行构建人类命运共同体的战略构想。

党的十九大报告指出："没有哪个国家能够独自应对人类面临的各种挑战，也没有哪个国家能够退回到自我封闭的孤岛。"人类生活在同一个地球村，各国日益相互依存、命运与共，越来越成为你中有我、我中有你的命运共同体。世界各国需要以负责任的精神同舟共济，共同维护和促进世界和平与发展。当今世界正处于大发展大变革大调整时期。在人类向何处去的重大关口，习近平总书记以卓越的政治家、战略家的宏大视野和战略思维，科学把握世界发展大势，顺应时代要求，高瞻远瞩地提出构建人类命运共同体的重要思想。这一战略构想，科学回答了建设什么样的世界、如何开展国与国交往、如何探索人类发展未来等重大问题，呼应了国际社会求和平、谋发展、促合作、要进步的迫切愿望和不懈追求，将中国自身发展同世界共同发展融为一体，为破解当下安全与发展难题、推动国际关系健康发展提供了正确思路，为世界发展提供了重要战略引领，集中体现了中国共产党人的使命担当。

构建人类命运共同体，一是要坚持和平发展道路，推动建设相互尊重、公平正义、合作共赢的新型国际关系。高举和平、发展、合作、共赢的旗帜，恪守维护世界和平、促进共同发展的外交政策宗旨，坚定不移在和平共处五项原则基础上发展同各国的友好合作。坚定维护国际公平正义，反对霸权主义和强权政治。坚决捍卫国家利益，永远不称霸，永远不搞扩张。二是要不断完善外交布局，打造全球伙伴关系网络。以周边和大国为重点，以发展中国家为基础，以多边为舞台，以深化务实合作、加强政治互信、夯实社会基础、完善机制建设为渠道，全面发展同各国友好合作，不断完善我国全方位、多层次、立体化的外交布局。三是要坚持不懈推进"一带一路"建设，进一步深化全方位对外开放格局。坚持对外开放的基本国策，坚持打开国门搞建设，把"一带一路"与构建人类命运共同体更加紧密结合起来，打造国际合作新平台，增添共同发展新动力。弘扬和平合作、开放包容、互学互鉴、互利共赢的丝路精神，加强同沿线国家和地区的政策沟通、设施联通、贸易畅通、资金融通、民心相通。四是要深度参与全球治理，积极引导国际秩序变革方向。秉持共商共建共享的全球治理观，积极参与全球治理体系改革和建设。坚定维护以《联合国宪章》宗旨和原则为核心的国际秩序和国际体系，推进国际关系民主化。建设性参与国际和地区热点问题的解决进程，维护国际和地区和平稳定。积极维护多边贸易体制主渠道地位，促进国际贸易和投资自由化便利化，反对一切形式的保护主义。继续发挥负责任大国作用，不断为完善全球治理贡献中国智慧和中国力量。加强国际传播，讲好中国故事，宣讲中国发展理念、发展经验、发展方案，不断增强在国际上的话语权和影响力。五是要倡议世界各国政党同我们一道，努力推动世界各国共同发展繁荣。一如既往为世界文明交流互鉴作贡献，以开放的眼光、开阔的胸怀同世界各国人民和各国政党开展对话和交流合作，支持各国人民加强人文往来和民间友好。在独立自主、完全平等、相互尊重、互不干涉内部事务原则的基础上，加强同各国各地区政党和政治组织的交流合作，促进国家关系发展。2017年11月30日至12月3日，

以"构建人类命运共同体、共同建设美好世界：政党的责任"为主题的中国共产党与世界政党高层对话会在北京成功举办，并通过了《北京倡议》。中国共产党同世界上160多个国家和地区的400多个政党和政治组织保持经常性联系，"朋友圈"不断扩大。面向未来，要继续同世界各国政党加强往来，分享治党治国经验，开展文明交流对话，增进彼此战略信任，携手建设更加美好的世界。

三、赓续对外工作百年辉煌，服务中华民族伟大复兴

100年来，党的对外工作因党而立、因党而兴、因党而强，始终同党和人民的事业紧密相连。在党的百年华诞之际，回顾总结党的对外工作走过的不平凡历程，深刻总结党的百年对外工作的经验与启示，对于赓续对外工作百年辉煌，服务中华民族伟大复兴，具有重大深远意义。

（一）始终坚持马克思主义的指导地位，引领党的外交外事工作正确方向

习近平总书记指出："我们党的历史，就是一部不断推进马克思主义中国化的历史，就是一部不断推进理论创新、进行理论创造的历史。"马克思主义的科学性和真理性也充分体现在党的外交外事工作中。我们党始终坚持以马克思主义基本原理分析把握国际形势和历史大势，坚持用马克思主义的世界观和方法论观察世界、认识世界、改造世界，正确处理中国与世界的关系，不断推进外交理念、实践和机制体制创新，逐步形成体现马克思主义立场观点方法、具有中国特色的外交理论体系。党的十八大以来，党的外交理论和实践创新进入新阶段新时期，形成了习近平外交思想，必将持续指引新时代中国特色大国外交不断向前迈进。

（二）始终坚持以人民为中心的发展思想，牢牢把握党的外交外事工作根本宗旨

习近平总书记强调："我们党的百年历史，就是一部践行党的初心使命的历史，就是一部党与人民心连心、同呼吸、共命运的历史。"党的外交外事工作的根本出发点和落脚点就是坚持和贯彻全心全意为人民服务的宗旨，在外交外事工作中实现好、维护好、发展好最广大人民根本利益。外交外事工作要通过推进党和国家事业发展不断满足人民群众对美好生活的向往，使人民群众从党的外交外事工作发展中不断增强获得感、幸福感、安全感。近年来，我们多次在国际上发生政局突变、战乱动荡、重大自然灾害等情况下，采取果断有力措施保障海外中国公民安全，把党以人民为中心的执政理念切实贯彻到外交外事工作的方方面面。

（三）始终坚持围绕中心、服务大局，努力为国家发展安全营造有利外部环境

习近平总书记指出，要"统筹国内国际两个大局，统筹发展安全两件大事，牢牢把握坚持和平发展、促进民族复兴这条主线，维护国家主权、安全、发展利益，为和平发展营造更加有利的国际环境，维护和延长我国发展的重要战略机遇期，为实现'两个一百年'奋斗目标、实现中华民族伟大复兴的中国梦提供有力保障"。党的外交外事工作始终将为我国和平发展营造有利的国际环境作为根本任务。新中国成立以来，我们根据不同时期世界格局变化和国际形势特点，不断调整对外方针政策，服务党和国家中心任务。改革开放以来，我们积极融入世界经济体系，推动开放、包容、普惠、平衡、共赢的经济全球化，倡导构建开放型世界经济，不断深化同世界各国经贸投资等领域合作。立足新发展阶段，外交外事工作要服务贯彻新发展理念、构建新发展格局、实现高质量发展，以扩大内需为战略基点，推动更大范围、更宽领域、更深层次的对外开放和互利合作，推动高质量共建"一带一路"行稳致远，不断塑造国际合作与竞争新优势。

2001 年 11 月 10 日，在卡塔尔多哈举行的世界贸易组织第四届部长级会议通过了中国加入世界贸易组织的决定。次日，中国加入世界贸易组织签字仪式举行。图为 2001 年 11 月 14 日，世界贸易组织会议闭幕。

（四）始终坚持独立自主的外交政策，坚定不移走和平发展道路

习近平总书记指出："走和平发展道路，是我们党根据时代发展潮流和我国根本利益作出的战略抉择。"我们始终不渝坚持独立自主的外交政策，从自身的国家属性、实力地位、所处国际环境出发制定和推行符合本国国情的对外方针政策。我们始终不渝走和平发展道路、奉行互利共赢的开放战略，在独立、自主、和平、互利的原则上不断完善外交布局，推进总体稳定、均衡发展的大国关系框架，按照亲诚惠容理念和与邻为善、以邻为伴周边外交方针加强同周边国家睦邻友好关系，秉持正确义利观和真实亲诚理念增进同广大发展中国家团结合作，积极做好多边外交工作，不断打造和深化全球伙伴关系网络。

（五）始终坚持斗争精神，敢于斗争，善于斗争，坚定维护国家主权、安全、发展利益

习近平总书记强调："我们要坚持走和平发展道路，但决不能放弃我们的

正当权益，决不能牺牲国家核心利益。任何外国不要指望我们会拿自己的核心利益做交易，不要指望我们会吞下损害我国主权、安全、发展利益的苦果。"面对国际风云变幻和外部风险挑战，我们党始终坚持斗争精神，始终坚持贯彻总体国家安全观，统筹发展和安全两件大事，全力维护国家根本利益。中国越是发展壮大，我们遇到的各种阻力和风险就会越突出，维护国家主权、安全、发展利益的任务就越艰巨繁重，就越要开展具有许多新的历史特点的伟大斗争。

（六）始终坚持站在发展中国家一边，不断巩固与发展中国家的团结合作

习近平总书记指出，"我国是世界最大发展中国家的国际地位没有变"，"中国坚持把发展中国家作为对外政策的基础，坚持正确义利观，永远做发展中国家的可靠朋友和真诚伙伴"。坚持发展中国家定位既是党的基本路线和我国的现实国情决定的，也是今后一个时期我们对外工作中必须牢牢把握的重要方针。我国将长期同发展中国家携手并肩，实现共同发展、共同繁荣。

（七）始终坚持实事求是，锐意开拓创新，推动党的外交外事工作不断开创新局面

习近平总书记指出，"实事求是，是马克思主义的根本观点，是中国共产党人认识世界、改造世界的根本要求，是我们党的基本思想方法、工作方法、领导方法"，开拓创新"永远是中国共产党人应该具有的历史担当"。实事求是、开拓创新是我们党的事业不断取得新成就的重要法宝，也是我们党外交外事工作理论和实践与时俱进、守正出新的重要原则。我们党始终从中国人民和世界人民共同利益出发，立足不断发展变化的国际形势，根据事情本身的是非曲直来确定对外方针政策，不断摸索和总结规律性认识和方法，承前启后，继往开来，开创了中国特色大国外交新局面。

（八）始终坚持统筹维护自身利益与促进世界共同发展，推动构建人类命运共同体

习近平总书记强调，"中国共产党始终把为人类作出新的更大的贡献作为自己的使命"，"我们呼吁，各国人民同心协力，构建人类命运共同体，建设持久和平、普遍安全、共同繁荣、开放包容、清洁美丽的世界"。我们党是为中国人民谋幸福的政党，也是为人类进步事业而奋斗的政党。中国共产党和中国人民始终是世界和平的建设者、全球发展的贡献者、国际秩序的维护者，坚定支持联合国在国际事务中的核心作用，坚定维护《联合国宪章》的宗旨和原则。正是基于我们党一贯的崇高理想和追求，我们要始终高举和平、发展、合作、共赢的旗帜，

始终站在时代潮流前列，同各国一道把人类和平与发展的崇高事业推向前进，这反映了世界各国谋和平、求发展、促合作、图共赢的普遍心声。

（九）始终坚持团结一切可以团结的力量

习近平总书记指出，中国"坚定不移在和平共处五项原则基础上发展同各国的友好合作，推动建设相互尊重、公平正义、合作共赢的新型国际关系"。秉持"志同道合是伙伴，求同存异也是伙伴"，我国同世界各国和各地区的伙伴关系不断发展。我们不以意识形态划线，不搞"小圈子"，坚持以共同利益为纽带、以合作共赢为原则发展同世界各国友好合作关系，我们的朋友遍天下。

（十）始终坚持建设一支忠于党、忠于国家、忠于人民，政治坚定、业务精湛、作风过硬、纪律严明的外交外事干部队伍

习近平总书记强调，外交外事干部队伍要永葆对党忠诚、为国奉献的赤子心，永葆开拓奋进、担当有为的事业心，永葆主动学习、自我革新的进取心，永葆党要管党、从严治党的责任心。习近平总书记非常关心和重视外交外事干部队伍建设，在 2018 年中央外事工作会议上，强调在新形势下要建设好对外工作队伍，加强理想信念教育，提高外交外事干部队伍的专业能力和综合素质，勉励全体外交外事工作者再接再厉、埋头苦干，展现新气象新作为，开辟新局面新境界，不断谱写新时代中国特色大国外交新篇章。多年来，一代又一代外交外事干部忠于党、忠于国家、忠于人民，甘于奉献，忘我工作，为我们党和国家、为祖国人民作出了重要贡献。

归根结底，最重要的一条经验就是，始终坚持党中央对外交外事工作的集中统一领导，这是百年来党的外交外事工作披荆斩棘、攻坚克难，不断从一个胜利走向又一个胜利的根本保证。历史和实践反复证明，唯有始终坚持党中央对外交外事工作的集中统一领导，我们才能在国际风云变幻中始终牢牢把握外交外事工作的正确方向；只有始终坚持党中央对外交外事工作的集中统一领导，我们才能在重大历史关头和关键节点统一思想、统一行动，坚定信心、保持定力，临危不惧、勇毅前行；只有始终坚持党中央对外交外事工作的集中统一领导，我们才能在面对各种复杂局面和艰难险阻时通盘谋划、统筹协调，凝聚各方力量和资源打赢对外斗争攻坚战持久战；只有始终坚持党中央对外交外事工作的集中统一领导，我们才能更好统筹国内国际两个大局、发展安全两件大事，以更宽广的战略视野推进党和国家中心工作取得新的更大成就。总之，只要毫不动摇坚持党中央对外交外事工作的集中统一领导，不断增强"四个意识"，坚定"四个自信"，坚决做到"两个维护"，我们就一定能够战胜前进道路上的一切艰难险阻，就一定能够实现中华民族伟大复兴的历史伟业。

知识链接

"四个意识"指政治意识、大局意识、核心意识、看齐意识，这是 2016 年 1 月 29 日中共中央政治局会议最早提出来的。

"四个自信"指中国特色社会主义道路自信、理论自信、制度自信、文化自信，由习近平总书记在庆祝中国共产党成立 95 周年大会上提出。

"两个维护"指坚决维护习近平总书记党中央的核心、全党的核心地位，坚决维护党中央权威和集中统一领导，带头做到"两个维护"，是加强中央和国家机关党的建设的首要任务。

四、在新的历史起点上推动党的对外工作开启新征程

当前，中华民族伟大复兴战略全局和世界百年未有之大变局形成历史性交汇和深层次联动，我国发展外部环境面临深刻复杂变化。在新的历史起点上，党的对外工作要以习近平新时代中国特色社会主义思想特别是习近平总书记关于党的对外工作的重要论述为根本遵循，着力提高政治判断力、政治领悟力、政治执行力，为中华民族伟大复兴、人类和平进步不断作出新的更大贡献。

（一）着眼于巩固和加强党的领导，在履职尽责中践行"两个维护"

牢牢把握党的对外工作的正确方向，坚决维护习近平总书记党中央的核心、全党的核心地位，坚决捍卫党的执政地位和中国特色社会主义制度。

坚守政治底线，对任何企图抹黑和否定党的领导和我国社会主义制度的言行，坚决做到敢于斗争、善于斗争。

善于从全球风云和国际格局发展变化中发现苗头、分析机理、探究规律，准确把握我国外部环境面临的机遇与挑战，增强工作的前瞻性、预见性、主动性，努力在危机中育先机、于变局中开新局。

通过政党政治的视角不断深化对共产党执政规律、社会主义建设规律、人类社会发展规律的认识，为提升党的执政能力和执政水平贡献力量。

（二）精准高效服务国内经济社会发展，助力推动构建新发展格局

立足新发展阶段，贯彻新发展理念，构建新发展格局，自觉在全面建设社会主义现代化国家的宏伟蓝图中找准坐标。

充分发挥党际关系对国家关系"稳定器"的作用，同世界各国政党加强合作方向规划、政策理念对接，推动各国把自身发展与世界共同发展结合起来，为合

作共赢的开放体系建设和共建"一带一路"高质量发展提供有力支撑。

统筹做好战略互信提升和发展环境优化、治理经验交流和发展机遇对接、宏观政策协调和合作亮点培育等工作，积极探索党的对外工作更好服务党和国家中心任务的新平台、新机制、新路径，为构建新发展格局和确保"十四五"规划开好局、起好步作出应有贡献。

（三）加强对国际社会的政治引领，构建良好的外部环境

随着中国与世界的关系发生历史性变化，中国共产党与世界各国政党的关系也发生了历史性变化。党的对外工作将适应时代要求，做好政治引领这篇大文章，团结一切可以团结的力量，充分调动一切积极因素。

以庆祝中国共产党成立 100 周年为契机，创新讲好中国共产党的故事，向世界全面展示我们党矢志践行初心使命的百年历程，筚路蓝缕奠基立业的伟大成就，努力让国际社会认识到中国共产党为什么"能"、中国特色社会主义为什么"好"。

2021 年 4 月 15 日，"中国共产党的故事——习近平新时代中国特色社会主义思想在浙江的实践"专题宣介活动走进浙江安吉，部分国家驻华使节在中方陪同下进行了实地走访。图为活动当日三位外宾在挑选安吉特产商品。

推动新型政党关系走深走实，完善全球政党伙伴关系网络，推动政党外交、公共外交、民间外交进一步充分发挥合力，努力为新的伟大征程创造良好的外部环境。

（四）增进文明交流互鉴，携手各国实现共同发展

新冠肺炎疫情的全球大暴发是对各国治理体系和治理能力的一场"大考"，引发了国际社会深刻反思。

作为从新时代中国特色社会主义全部实践中产生的认识人类社会发展规律的理论结晶，习近平新时代中国特色社会主义思想的世界意义更为彰显。从这一重要思想中找思路、觅方案成为许多国家政党特别是广大发展中国家政党的共识。

我们将加强与世界政党的交流互鉴，既借鉴吸收人类一切优秀文明成果，又积极回应外国政党的诉求，讲清楚中国经济快速发展和社会长期稳定"两大奇迹"背后蕴藏的"中共理念"，深入阐释好习近平新时代中国特色社会主义思想蕴含的立场观点方法、道理学理哲理，为有需要的外国政党加强自身建设、提升治国理政能力、改善民生福祉提供理论与实践借鉴。

（五）着力践行党的使命担当，汇聚构建人类命运共同体的政党力量

中国共产党是世界上最大的政党，为中国人民谋幸福、为中华民族谋复兴、为人类谋和平与发展是我们党不变的初心使命。

当前，百年大变局与世纪大流疫交织叠加，人类走到新的十字路口。习近平总书记倡导的人类命运共同体理念，顺应了国际社会对和平与发展的向往，凝聚了世界各国根本利益的共识，是我们党为解决"时代之问"提供的"中国方案"，已经在国际社会深入人心。

我们将充分发挥党的对外工作的特色优势，与各国政党增进互信、加强沟通，引导更多国外政党与我党相向而行，自觉担负起时代使命，为推动构建人类命运共同体、携手建设更加美好的世界凝聚更多政党力量。

回首百年，中国共产党顺应时代发展潮流和人类进步方向，深刻改变了中国和中华民族的前途和命运，深刻影响了世界发展趋势和国际格局。展望未来，中国共产党将开启新的百年征程，肩负的使命责任前所未有，国际社会对我们党的期待前所未有。我们将更加紧密地团结在以习近平同志为核心的党中央周围，弘扬党的对外工作的光荣传统和优良作风，凝心聚力、奋力拼搏，不断推进党的对外工作理论和实践创新，在服务民族复兴和促进人类进步的伟大征程中谱写新的精彩篇章。

拓展阅读

栉风沐雨、砥砺前行：党的对外工作100年

2021年是中国共产党成立100周年，也是党的对外工作100周年。100年来，党的对外工作因党而立、因党而兴、因党而强，始终同党和人民的事业紧密相连。党的对外工作伴随中国共产党100年来波澜壮阔的光辉历程，在党中央的领导下栉风沐雨、砥砺前行，为党的诞生、发展、壮大发挥了重要作用，为中国革命、建设和改革的伟大实践作出了重要贡献。

中国共产党是具有世界眼光和天下情怀的政党。

早在建党之初，我们党就开始了对外交往。新民主主义革命时期，我们党积极争取国际社会和进步力量的理解和支持，为推动马克思列宁主义基本原理同中国实际相结合、开创中国新民主主义革命的正确道路、实现民族独立和人民解放发挥了重要作用。我们党在对外交往中获得的宝贵经验，也为新中国开展独立自主外交奠定了基础。

新中国成立后，党的对外交往的职责和范围进一步扩大，党中央于1951

年年初专门设立中共中央对外联络部负责党的对外工作。面对帝国主义的孤立封锁，我们党通过积极发展与各国共产党、工人党和其他进步力量的关系，为新中国打开外交局面、巩固新生政权、推进社会主义事业和开展大规模社会主义建设发挥了重要作用。我们党顺应广大第三世界人民的历史呼唤，积极支持第三世界争取民族解放和独立的斗争，有力推动了人类进步事业的发展。

党的十一届三中全会后，我们党坚持解放思想、实事求是的思想路线，按照独立自主、完全平等、互相尊重、互不干涉内部事务的党际关系四项原则，超越意识形态差异，同一切愿与我们党交往的外国政党建立和发展关系，积极参与民间外交和国际和平活动，交往对象不断增加、交往范围不断扩大、交往内涵日益丰富，实现了对外交往的历史性转变，有力地促进了国家关系的健康稳定发展，为改革开放和社会主义现代化建设营造了良好的外部环境。

20世纪80年代末90年代初，国际风云急剧变幻，世界社会主义事业遭遇严重挫折，我们党积极稳慎地同世界上各类政党开展交往，向世界坚定宣示中国坚持改革开放、坚持走社会主义道路的信心与决心，为打破西方对我们党制裁、改善外部环境发挥了重要作用。面对国际关系的新变化，我们党顺利实现了同前苏东地区国家政党关系的转变，不断开拓和广大发展中国家各类政党的交往，在对外交往中注入发展因素，推动党际交流合作进一步深化，为国内经济社会发展作出了积极贡献。

进入新世纪，我们党顺应世界求和平、促发展、谋合作的时代潮流，以开放的姿态积极开展同各国政党和政治组织的交流合作，推动政党外交、公共外交、民间外交一体化发展，基本形成了全方位、多渠道、宽领域、深层次的政党外交格局，我们党的国际地位显著提高，国际影响力日益扩大。党的对外工作成为我们党走向世界、观察世界、联系世界、影响世界的重要平台和渠道。

党的十八大以来，习近平总书记站在历史和时代发展的潮头，举旗定向、谋篇布局、躬身力行，带领我们党前所未有地走近世界政党舞台的中心，前所未有地影响并改变世界，引领党的对外工作开创了新格局、取得了新成就、达到了新境界。党的对外工作坚决维护国家主权、安全和发展利益，全面服务党和国家中心任务，与各国政党深入交往、交流、交心，打造全球政党伙伴关系网络，助力构建人类命运共同体，彰显了中国特色大国外交的独特风范，为实现中华民族伟大复兴的中国梦、促进人类进步事业发展作出了历史性贡献。

（资料来源：求是网，2021年5月9日）

阅读推荐

1.杨依军、郑明达、温馨等:《东方风来春色新——习近平总书记关心推动党的对外工作开创新局面纪实》,央广网,2021年1月16日。

2.宋涛:《写在党的对外工作100年之际:波澜壮阔 百年辉煌》,新华网,2021年1月17日。

3.王磊:《中国共产党与世界:党的对外工作铸就百年辉煌成果》,光明网-理论频道,2021年5月28日。

 思考题

1.党的百年对外工作历程中,你印象最深的是哪件事?

2.中国共产党的世界使命是什么?

3.为什么要坚持党对对外工作的集中统一领导?

2021 年上半年国内、国际时事热点汇总

2021 年上半年国内时事热点汇总

1 月国内重要时事

1. 1 月 2 日电，中央军委主席习近平日前签署命令，发布新修订的《军队装备条例》，自 2021 年 1 月 1 日起施行。提出坚持以战斗力为唯一的根本的标准，明确了体现实战化要求、"战"与"建"有机衔接的工作机制；着眼提高装备建设现代化管理能力，优化了装备全系统全寿命各环节各要素的管理流程；立足破解制约装备建设的矛盾问题，构建了灵活高效、竞争开放、激励创新、规范有序的工作制度。

2. 1 月 2 日，中国石油集团表示，2020 年中国石油国内油气产量当量首次突破 2 亿吨，天然气产量当量首次突破 1 亿吨。

3. 国家航天局：截至 1 月 3 日 6 时，"天问一号"已飞行 163 天，飞行里程突破 4 亿公里，按计划一个多月后进入环火轨道，准备着陆火星。

4. 1 月 5 日电，近日，《四川省森林草原防灭火标本兼治总体方案（2020—2025 年）》正式印发，这是全国首个森林草原防灭火标本兼治方案。

5. 1 月 5 日下午，国家卫健委主任马晓伟一行到河北省指导疫情防控工作。河北省委书记、省人大常委会主任王东峰表示，当前河北面临疫情防控的严峻形势，任务非常艰巨，责任十分巨大。需采取一系列有力有效措施，坚决防止疫情扩散蔓延。

6. 1 月 7 日，我国拥有自主知识产权的人工影响天气无人机"甘霖-1"日前在甘肃省金昌金川机场首飞成功，这是目前中国第一架大型人工影响天气无人机，其技术在世界人工影响天气领域处于领先地位。据介绍，"甘霖-1"具备远距离气象探测能力、大气数据采集能力和增雨催化剂播撒能力，同时拥有防除冰能力，具备复杂气象条件下的作业能力。

7. 1 月 7 日，中国科学技术大学宣布，中国科研团队成功实现了跨越 4600 千米的星地量子密钥分发，标志着我国已构建出天地一体化广域量子通信网雏形。该成果已在英国《自然》杂志上刊发。

8. 1 月 10 日，中共中央印发《法治中国建设规划（2020—2025 年）》，要求加强信息技术领域立法，及时跟进研究数字经济、互联网金融、人工智能、大数据、云计算等相关法律制度，抓紧补齐短板。加强区域协调发展法律制度建设。

9. 2021年1月10日是第一个中国人民警察节。中共中央政治局委员郭声琨出席全国公安机关庆祝中国人民警察节电视电话会议强调，把以习近平同志为核心的党中央的关怀激励转化为强大动力，以实际行动践行对党忠诚、服务人民、执法公正、纪律严明。

10. 1月13日，我国自主研发设计、自主制造的世界首台高温超导高速磁浮工程化样车在成都下线，设计时速620千米／小时。

11. 海关总署1月14日公布的最新数据显示，2020年中国外贸进出口总值32.16万亿元，同比增长1.9%，规模创历史新高。中国也由此成为全球货物贸易唯一实现正增长的主要经济体。

12. 1月23日，国家卫健委再次回应春节返乡问题称，《冬春季农村地区新冠肺炎疫情防控工作方案》中返乡人员是指从外地返回农村地区的人员，需要持核酸检测阴性证明返乡，并进行14天居家健康监测。返回城市人员需遵守目的地疫情防控要求。

13. 1月31日电，近日，中国自由式滑雪运动员谷爱凌在美国阿斯本举行的世界极限运动会X Games冬季赛中夺得女子超级U型场地比赛冠军。这是中国选手首次在该项比赛中夺冠。

2月国内重要时事

1. 从2月1日起，27个省份依托国家异地就医结算系统统一开展普通门诊费用（不含门诊慢特病）跨省直接结算试运行。

2. 2月3日，中央宣传部向全社会宣传发布空军某运输搜救团一大队的先进事迹，授予他们"时代楷模"称号。

3. 2月3日，我国自主研制的70米口径全可动天线完成验收，将投入使用。这是目前亚洲最大的单口径天线，将用于我国火星探测任务，负责接收"天问一号"回传数据。天线可以360°旋转，俯仰角度可达0°～90°，能精准定位到火星。

4. 2月4日，在北京2022年冬奥会开幕倒计时1周年之际，北京冬奥会、冬残奥会火炬——"飞扬"正式问世。

5. 2月4日下午，在浙江宁波舟山港主通道海上互通施工现场，最后一片钢箱梁被缓缓地放在舟岱大桥长白互通段F匝道合龙口，标志着舟岱大桥实现全线贯通。

6. 2月6日，市场监管总局表示，将开展坚决清理整治知名医院被冒牌问题行动，全面清理含有知名医院字号的市场主体。要求营利性医疗机构不得擅自使用"协和"等知名医院字号。

7. 2月6日，由我国自主研发建造的全球首座10万吨级深水半潜式生产储油平台——"深海一号"能源站顺利抵达海南岛东南陵水海域，落位"深海一号"大气田（陵水 17-2），开启海上系泊、安装和生产调试工作，标志着我国首个1500 米自营深水大气田又向正式投产迈出了关键一步。

8. 2 月 8 日，徐州至连云港高速铁路（徐连高铁）开通运营，徐州至连云港1 小时直达。至此，我国"八纵八横"高速铁路网最长横向通道——连云港至乌鲁木齐的高速铁路全线贯通，将为新亚欧大陆桥经济走廊发展提供有力支撑。

9. 澳门 2 月 9 日启动接种国产新冠疫苗，特区行政长官贺一诚出席接种启动仪式并率先接种第一针。

10. 2 月 11 日，流失海外近 1 个世纪，天龙山石窟第 8 窟北壁主尊佛首终于"回家"了！这是 2020 年归国的第 100 件流失文物，也是近百年来首件从日本回国的天龙山石窟流失佛雕。

11. 2 月 18 日电，经党中央、中央军委批准，新修订的《军队政治工作条例》日前颁布施行，必将加强党对军队政治工作的领导、推动新时代政治建军方略全面落实，推动军队增强"四个意识"、坚定"四个自信"、做到"两个维护"，贯彻军委主席负责制，确保我军始终成为党绝对领导下的人民军队，为把人民军队全面建成世界一流军队提供坚强政治保证。

12. 中央军委 2 月 19 日授予祁发宝"卫国戍边英雄团长"荣誉称号，追授陈红军"卫国戍边英雄"荣誉称号，给陈祥榕、肖思远、王焯冉追记一等功。

13. 2 月 25 日，全国脱贫攻坚总结表彰大会在北京人民大会堂隆重举行。中共中央总书记、国家主席、中央军委主席习近平向全国脱贫攻坚楷模荣誉称号获得者等颁奖并发表重要讲话。习近平强调，经过全党全国各族人民共同努力，在迎来中国共产党成立 100 周年的重要时刻，我国脱贫攻坚战取得了全面胜利，现行标准下 9899 万农村贫困人口全部脱贫，832 个贫困县全部摘帽，12.8 万个贫困村全部出列，区域性整体贫困得到解决，完成了消除绝对贫困的艰巨任务，创造了又一个彪炳史册的人间奇迹！这是中国人民的伟大光荣，是中国共产党的伟大光荣，是中华民族的伟大光荣。习近平强调，伟大事业孕育伟大精神，伟大精神引领伟大事业。脱贫攻坚伟大斗争，锻造形成了"上下同心、尽锐出战、精准务实、开拓创新、攻坚克难、不负人民"的脱贫攻坚精神。脱贫攻坚精神，是中国共产党性质宗旨、中国人民意志品质、中华民族精神的生动写照，是爱国主义、集体主义、社会主义思想的集中体现，是中国精神、中国价值、中国力量的充分彰显，赓续传承了伟大民族精神和时代精神。全党全国全社会都要大力弘扬脱贫攻坚精神，团结一心，英勇奋斗，坚决战胜前进道路上的一切困难和风险，不断夺取坚持和发展中国特色社会主义新的更大的胜利。

14. 国家统计局 2 月 28 日公布，2020 年我国国内生产总值为 101.5986 万亿元，首次突破 100 万亿元。按可比价格计算，2020 年我国 GDP 同比增长 2.3%。

3月国内重要时事

1. 3月2日，全国春季农业生产工作电视电话会议在京召开。李克强批示指出：确保粮食产量稳定在1.3万亿斤以上。推动种业翻身仗起好步，加大高标准农田建设力度，牢牢守住耕地红线。稳定生猪生产，做好重大动物疫病和病虫害防控。全力保障国家粮食安全和重要农副产品有效供给，为实现全年经济社会发展目标任务打下坚实基础。

2. 中国人民政治协商会议第十三届全国委员会第四次会议2021年3月4日下午在人民大会堂开幕。2100多名全国政协委员将紧紧围绕中共中央决策部署，聚焦"十四五"规划纲要制定和实施，扎实履职尽责、积极建言资政、广泛凝聚共识，汇聚起夺取全面建设社会主义现代化国家新胜利的智慧和力量。汪洋强调，人民政协要坚持团结和民主两大主题，围绕中共中央大政方针和决策部署贯彻落实，做好建言资政和凝聚共识工作，以高水平履职服务高质量发展，为"十四五"开好局、起好步，集聚众智、汇聚众力。

3. 3月5日，十三届全国人大四次会议在京开幕，李克强作政府工作报告，指出2021年发展主要预期目标是：国内生产总值增长6%以上；城镇新增就业1100万人以上，城镇调查失业率5.5%左右；居民消费价格涨幅3%左右；进出口量稳质升，国际收支基本平衡；居民收入稳步增长；生态环境质量进一步改善，单位国内生产总值能耗降低3%左右，主要污染物排放量继续下降；粮食产量保持在1.3万亿斤以上。指出2021年要重点做好八方面工作：保持宏观政策连续性稳定性可持续性，促进经济运行在合理区间；深入推进重点领域改革，更大激发市场主体活力；依靠创新推动实体经济高质量发展，培育壮大新动能；坚持扩大内需这个战略基点，充分挖掘国内市场潜力；全面实施乡村振兴战略，促进农业稳定发展和农民增收；实行高水平对外开放，促进外贸外资稳中提质；加强污染防治和生态建设，持续改善环境质量；切实增进民生福祉，不断提高社会建设水平。

4. 3月7日，中国国务委员兼外交部长王毅在北京以五个"最"概述2020年的中国外交工作——最精彩的是元首外交、最坚定的是捍卫国家利益、投入精力最大的是抗疫外交、最牵挂的是海外同胞的安危、最关注的是把握全球治理的方向。

5. 3月8日电，十三届全国人大四次会议审议全国人大常委会关于提请审议《全国人民代表大会关于完善香港特别行政区选举制度的决定（草案）》的议案。多位港区代表委员接受采访时表示，坚决支持中央完善香港特区选举制度。他们认为，完善选举制度，堵塞制度漏洞，全面落实"爱国者治港"原则，有利于维护香港长期繁荣稳定，确保"一国两制"行稳致远。

6. 3月12日电，近日，中国科学技术大学张捷教授团队与中国地震局合作，推出世界首个人工智能地震监测系统——"智能地动"监测系统，可1秒内精确估算地震震源机制参数。

7. 3月15日，中共中央总书记、国家主席、中央军委主席、中央财经委员会主任习近平主持召开中央财经委员会第九次会议，研究促进平台经济健康发展问题和实现碳达峰、碳中和的基本思路和主要举措。习近平在会上发表重要讲话强调，我国平台经济发展正处在关键时期，要着眼长远、兼顾当前，补齐短板、强化弱项，营造创新环境，解决突出矛盾和问题，推动平台经济规范健康持续发展；实现碳达峰、碳中和是一场广泛而深刻的经济社会系统性变革，要把碳达峰、碳中和纳入生态文明建设整体布局，拿出抓铁有痕的劲头，如期实现2030年前碳达峰、2060年前碳中和的目标。

8. 3月15日电，2020年，全国市场监管部门通过全国12315平台、电话、传真、窗口等渠道共受理消费者投诉举报咨询2130.32万件，为消费者挽回经济损失44.03亿元。原工商、质检、食品药品、物价、知识产权等投诉举报热线统一整合到全国12315平台后，实现全业务、全系统诉求集中汇集。依托12315平台，全国市场监管部门共处理投诉举报咨询1726.29万件，投诉举报处理时长缩短5.35天。

9. 3月17日电，银保监会办公厅等日前联合印发《关于进一步规范大学生互联网消费贷款监督管理工作的通知》。通知明确，小额贷款公司不得向大学生发放互联网消费贷款，未经监管部门批准设立的机构一律不得为大学生提供信贷服务。

10. 3月20日，四川省成都市召开的"考古中国"重大项目工作进展会上，通报了四川广汉三星堆遗址重要考古发现与研究成果。据介绍，2019年11月至2020年5月，三星堆遗址新发现6座"祭祀坑"，现已出土金面具残片、鸟型金饰片、精美牙雕残件等重要文物500余件。跟1986年发掘的1号、2号坑相比，6座"祭祀坑"的形制与方向相似，出土文物类似。三星堆遗址是四川盆地目前发现夏商时期规模最大、等级最高的中心性遗址。

11. 3月28日，是西藏百万农奴解放纪念日，西藏百万农奴解放纪念馆主馆在西藏博物馆旧址正式开馆，这是我国唯一一个关于废奴运动的纪念馆，是集中反映中国共产党带领西藏各族人民进行伟大民主改革，百万农奴翻身得解放的大型综合性主题展馆。

12. 3月31日，华能海南昌江核电二期工程项目正式开工，这也是"十四五"时期开工的首个核电项目。核电具有输出功率大、电源稳定可靠、清洁低碳等特点，昌江核电二期工程建成后，每年可向海南省输送清洁电量180亿千瓦时，对优化海南能源结构具有重要意义。

4月国内重要时事

1. 4月2日电，近日，在国家深海基地管理中心组织的西太平洋深海科考航次中，"悟空"号全海深AUV进行了5000米级深潜和7000米级深潜，最大下潜深度达到7709米，创造了我国无人无缆潜水器AUV下潜深度的新纪录（原最大潜深纪录为5213米）。这也是继俄罗斯"勇士-D"AUV后，AUV潜深的世界第二深度。

2. 4月6日，国务院新闻办公室发表《人类减贫的中国实践》白皮书，白皮书指出，改革开放以来，按照现行贫困标准计算，中国7.7亿农村贫困人口摆脱贫困；按照世界银行国际贫困标准，中国减贫人口占同期全球减贫人口70%以上。

3. 4月10日，作为北京冬奥会和冬残奥会的重要准备工作，为期10天的"相约北京"冰上项目测试活动收官。在以"能测尽测、应测尽测"为原则，对标冬奥赛时要求的实战"大练冰"中，冰上项目竞赛场馆设施建设、运行团队磨合、属地保障得到充分检验。

4. 4月20日，中俄执政党对话机制第九次会议在线上举办。国家主席习近平同俄罗斯联邦总统普京分别向会议致贺信。习近平在贺信中说，2021年是《中俄睦邻友好合作条约》签署20周年，也是中国共产党同统一俄罗斯党建立关系20周年。20年来，中俄弘扬世代友好理念和新型国际关系原则，开展紧密的全面战略协作，树立了当今世界大国关系的典范。两党长期开展机制化交往，有力巩固中俄政治和战略互信，促进两国全方位互利合作。

5. 由我国自主设计建造的首个国产大飞机生产试飞中心——中国商飞江西生产试飞中心4月24日全面竣工，标志着我国已形成从科研设计、生产试飞到交付运营一整套相对完善的大飞机产业链条。项目正式投产后，可实现每年完工交付约30架次飞机的产能目标。

6. 4月26日，国家知识产权局发布的《2020年中国专利调查报告》显示，2020年我国有效发明专利产业化率为34.7%，企业有效发明专利产业化率为44.9%。"十三五"时期，我国有效发明专利产业化率稳定在30%以上，企业有效发明专利产业化率均在40%以上。

7. 4月28日，杭州亚运会组委会与浙江电力交易中心、国网杭州供电公司签署三方协议，全面启动2022年杭州亚运会绿电交易。绿电交易，是指允许用户通过属地电力交易中心，开展光伏、风力发电的电量交易，实现用电零碳排放的目标。

8. 4月29日11时23分，中国空间站天和核心舱发射升空，准确进入预定轨道，任务取得成功。国家主席习近平致贺电，向载人航天工程空间站阶段飞行任务总指挥部并参加天和核心舱发射任务的各参研参试单位和全体同志致以热烈的

186

祝贺和诚挚的问候。中国空间站是中国独立自主建造运营的载人空间站，由天和核心舱、问天实验舱、梦天实验舱三个舱段构成。天和核心舱是空间站的管理和控制中心，是发射入轨的第一个空间站舱段。据安排，空间站计划于 2022 年完成在轨建造，具备长期开展近地空间有人参与科学实验、技术试验和综合开发利用太空资源能力，转入应用与发展阶段。

5 月国内重要时事

1. 记者 5 月 5 日从交通运输部获悉，"五一"假期，全国铁路、公路、水路和民航预计共发送旅客 2.67 亿人次，日均 5347.4 万人次，比去年同期日均增长 122.2%。

2. 5 月 6 日，国家主席习近平向首届中国国际消费品博览会致贺信。习近平指出，举办中国国际消费品博览会，提供一个全球消费精品展示交易平台，有利于世界各国共享中国市场机遇，有利于世界经济复苏和增长，也有利于中国为世界提供更多优质消费品。希望各国嘉宾和各界人士深化交流、共谋合作，更好造福各国人民。

3. 5 月 7—10 日，首届中国国际消费品博览会将在海南海口盛装绽放，迎八方宾朋，览全球万物。从"汇全球""买全球"，到足不出户"逛全球""卖全球"，向更美好生活出发，南海之滨奏响开放合作的乐章，中国与世界携手共创新未来，也为疫情背景下复苏任务十分艰巨的世界经济注入新动力。

4. 2021 年 5 月 12 日是第十三个全国防灾减灾日，主题为"防范化解灾害风险，筑牢安全发展基础"。国新办 7 日举行新闻发布会，邀请应急管理部有关负责人介绍情况。"中国特色大国应急管理体系已经基本形成。"应急管理部党委委员、副部长周学文介绍，应急管理部加快主力军和国家队建设，推进国家综合性消防救援队伍转型升级，加强装备配备，承担全灾种、大应急的综合救援任务，转隶以来累计营救和疏散遇险群众 145 万余人；加快骨干力量建设，补齐专业队伍短板，新组建地震灾害救援队伍 461 支，地质、山岳、水域等救援队伍 27 支；加快辅助力量建设，社会应急救援力量发展迅速，目前已备案 1775 支、62 万余人。

5. 记者 5 月 9 日从住房和城乡建设部了解到：我国城市节水总量大，从 2000 年到 2020 年，全国城市节水量累计达到 972 亿立方米，相当于 9 个南水北调中线工程的年调水量。据介绍，截至 2020 年底，全国共建成落实海绵城市建设理念的项目达到 4 万多个，提升了雨水资源涵养能力和综合利用水平，实现雨水资源年利用量 3.5 亿吨。

6. 5 月 12 日，第七次全国人口普查结果显示，全国人口共 141178 万人，与 2010 年第六次全国人口普查数据相比，增加 7206 万人，增长 5.38%。

7. 国务院总理李克强 5 月 12 日主持召开国务院常务会议，决定将部分减负

稳岗扩就业政策期限延长到 2021 年年底，确定进一步支持灵活就业的措施；部署加强对受疫情持续影响行业企业的金融支持；通过《建设工程抗震管理条例（草案）》。会议指出，2020 年按照党中央、国务院部署，推出一系列超常规、阶段性减负稳岗扩就业举措，取得保就业明显成效。2021 年就业压力依然较大，要继续坚持就业优先，保持对市场主体特别是中小微企业稳岗、重点群体就业的政策支持。

8. 5 月 17 日电，记者近日从工业和信息化部获悉：我国 5G 发展取得领先优势，已累计建成 5G 基站超 81.9 万个，占全球比例约为 70%；5G 手机终端用户连接数达 2.8 亿，占全球比例超过 80%；5G 标准必要专利声明数量占比超过 38%，2020 年上半年以来上升近 5 个百分点，位列全球首位。

9. 中国空间站天和核心舱完成在轨测试验证，已进入交会对接轨道，等待"天舟二号"货运飞船的到访。中国载人航天工程办公室 5 月 18 日透露，空间站天和核心舱近日先后完成交会对接、航天员驻留、机械臂等平台功能测试，以及空间应用项目设备在轨性能检查，各项功能正常、运行状态良好，已进入交会对接轨道，后续将继续开展与"天舟二号"货运飞船交会对接的准备工作。

10. 记者从 5 月 20 日举行的中共上海市委新闻发布会上获悉：中共一大纪念馆将于 7 月 1 日前开馆，届时将举行开馆仪式。发布会介绍了上海市庆祝中国共产党成立 100 周年重点活动安排，以及红色文化保护传承等有关情况。

11. "共和国勋章"获得者、中国工程院院士、国家杂交水稻工程技术研究中心主任、湖南省政协原副主席袁隆平，因多器官功能衰竭，于 5 月 22 日 13 时 7 分在长沙逝世，享年 91 岁。

12. 5 月 24 日电，《中华人民共和国海上交通安全法》已由中华人民共和国第十三届全国人民代表大会常务委员会第二十八次会议于 2021 年 4 月 29 日修订通过，现予公布，自 2021 年 9 月 1 日起施行。

13. 碳达峰、碳中和工作领导小组第一次全体会议 5 月 26 日在北京召开。中共中央政治局常委、国务院副总理韩正主持会议并讲话。会议深入学习贯彻习近平总书记重要讲话和指示批示精神，贯彻落实党中央、国务院决策部署，审议有关文件，研究部署相关工作。韩正表示，我国力争 2030 年前实现碳达峰，2060 年前实现碳中和，是以习近平同志为核心的党中央经过深思熟虑作出的重大战略决策。实现碳达峰、碳中和，是我国实现可持续发展、高质量发展的内在要求，也是推动构建人类命运共同体的必然选择。要全面贯彻落实习近平生态文明思想，立足新发展阶段、贯彻新发展理念、构建新发展格局，扎实推进生态文明建设，确保如期实现碳达峰、碳中和目标。

14. 中共中央政治局 5 月 31 日召开会议，听取"十四五"时期积极应对人口老龄化重大政策举措汇报，审议《关于优化生育政策促进人口长期均衡发展的决定》。中共中央总书记习近平主持会议。会议强调，各级党委和政府要加强统筹规划、政策协调和工作落实，依法组织实施三孩生育政策，促进生育政策和相关经济社会政策配套衔接，健全重大经济社会政策人口影响评估机制。要将婚嫁、生育、养育、教育一体考虑，加强适婚青年婚恋观、家庭观教育引导，对婚嫁陋习、天价彩礼等不良社会风气进行治理，提高优生优育服务水平，发展普惠托育服务体系。

6 月国内重要时事

1. 6 月 1 日起，新修订的未成年人保护法、预防未成年人犯罪法正式施行。根据"两法"有关规定，最高人民检察院决定自 6 月 1 日起在涉未成年人案件办理中全面推行"督促监护令"，并会同有关部门全面开展家庭教育指导工作。

2. 推动长三角一体化发展领导小组全体会议 6 月 1 日在北京召开。中共中央政治局常委、国务院副总理、推动长三角一体化发展领导小组组长韩正主持会议并讲话。会议深入学习贯彻习近平总书记关于推动长三角一体化发展的重要讲话和指示批示精神，总结长三角一体化发展工作进展，审议有关文件，研究部署下一步重点工作。

3. 6 月 1 日电，根据文化和旅游部日前下发的《文化和旅游部关于调整娱乐场所和互联网上网服务营业场所审批有关事项的通知》，允许外国投资者依法在中国境内设立娱乐场所，取消外商投资比例限制。外国投资者申请从事娱乐场所经营活动，应当向省级文化和旅游行政部门提出申请，申请材料、设立条件和程序与内资一致。香港特别行政区、澳门特别行政区投资者在内地投资设立娱乐场所，台湾地区投资者在大陆投资设立娱乐场所参照执行。

4. 6 月 2 日电，国务院办公厅近日印发《关于科学绿化的指导意见》（以下简称《指导意见》）。《指导意见》指出，要以习近平新时代中国特色社会主义思想为指导，全面贯彻党的十九大和十九届二中、三中、四中、五中全会精神，深入贯彻习近平生态文明思想，认真落实党中央、国务院决策部署，立足新发展阶段、贯彻新发展理念、构建新发展格局，践行绿水青山就是金山银山的理念，尊重自然、顺应自然、保护自然，统筹山水林田湖草沙系统治理，走科学、生态、节俭的绿化发展之路，增强生态系统功能和生态产品供给能力，提升生态系统碳汇增量，推动生态环境根本好转，为建设美丽中国提供良好生态保障。

5. 6 月 9 日电，国家医疗保障局会同财政部、国家税务总局印发《关于做好2021 年城乡居民基本医疗保障工作的通知》（以下简称《通知》）。《通知》明确，继续提高城乡居民基本医保筹资标准，2021 年居民医保人均财政补助标准新增30 元，达到每人每年不低于 580 元。

6. 6 月 17 日，"神舟十二号"载人飞船发射取得圆满成功。飞行乘组由航天员聂海胜、刘伯明和汤洪波 3 人组成。"神舟十二号"载人飞行任务是空间站关键技术验证阶段第 4 次飞行任务，也是空间站阶段首次载人飞行任务。

2021 年上半年国际时事热点汇总

1 月国际重要时事

1. 1 月 1 日，美国国会参议院通过投票推翻了特朗普总统此前《国防授权法案》的否决，这是特朗普任期内的否决权第一次被推翻。

2. 美国国会于当地时间 1 月 6 日举行参众两院联席会议，进行选举人票的清点工作。乔·拜登超过胜选所需的 270 张选举人票，实际上已赢得美国大选。白宫助理斯卡维诺称，特朗普表示 1 月 20 日将有序交接。特朗普称尽管个人完全不同意选举结果，但 1 月 20 日将会"有序"过渡。

3. 美国东部时间 1 月 7 日凌晨，美国国会联席会议确认，拜登赢得 306 张选举人票，当选下一任美国总统。现任总统特朗普随后发表声明，承诺政权交接将有序进行。

4. 美国国会众议院民主党人 1 月 11 日正式提交针对总统特朗普的弹劾条款草案，指控特朗普"煽动叛乱"。

5. 1 月 11 日，巴西经济部日前发布的数据显示，中国继续保持巴西第一大出口目的地国和进口来源国地位，并成为巴西首个年度贸易额突破 1000 亿美元的贸易伙伴。

6. 印度尼西亚总统佐科 1 月 13 日接种了中国科兴公司的克尔来福新冠疫苗。

7. 1 月 14 日，考古学家近日在印度尼西亚苏拉威西发现了一幅已知世界上最古老的洞穴壁画，至少可以追溯至 45500 年前。该发现 13 日发表在《科学进展》杂志上。

8. 1 月 18 日，俄罗斯宣布启动《开放天空条约》退约程序。对此，外交部发言人华春莹表示：俄方启动《开放天空条约》退约程序的直接原因是美国不顾国际社会反对，单方面退约在先，严重损害了相关国家之间的军事互信和互利。

9. 1 月 20 日，美国当选总统、民主党人拜登在首都华盛顿宣誓就任美国第 46 任总统。美国当选副总统哈里斯当天也宣誓就职，成为美国历史上首位女性副总统。

10. 1 月 26 日电，欧洲航天局日前召开年度记者会，宣布 2021 年的 3 个重要航天项目：将两位欧洲航天员送往国际空间站；与美国航天局合作，发射新一代太空望远镜詹姆斯·韦伯空间望远镜；为计划中的国际月球空间站提供通信和加油模块。

11. 1 月 31 日，越南共产党第十三届中央委员会举行第一次会议，选举新一届领导集体，阮富仲再次当选越共中央总书记。

2 月国际重要时事

1. 2 月 1 日，中国政府首批对外援助新冠疫苗在巴基斯坦首都伊斯兰堡附近的努尔汗空军基地正式移交巴基斯坦。

2. 2 月 1 日，英国正式申请加入全面与进步跨太平洋伙伴关系协定（CPTPP），在"脱欧"一年后申请成为第一个加入 CPTPP 的新成员。

3. 2 月 3 日，美国国务卿布林肯发布声明说，美国与俄罗斯同意延长《新削减战略武器条约》5 年时间，有效期至 2026 年 2 月 5 日，条约内容保持不变。

4. 2 月 4 日电，近期，世界卫生组织国际癌症研究机构（IARC）发布全球最新癌症数据显示，在癌症分布类型上，2020 年乳腺癌新发病例数达 226 万人，首次超过肺癌（220 万人），成为"全球第一大癌"。

5. 2 月 7 日电，日前，浪潮信息联合全球知名科技市场研究机构国际数据公司（IDC）发布全球首个计算力指数的研究成果《2020 全球计算力指数评估报告》。美国以 75 分位列国家计算力指数排名第 1 位，中国以 66 分排在第 2 位，日本、德国、英国分别为 55 分、52 分和 47 分。对比 2015 年的评估结果，计算力指数增长最快的 3 个国家分别是中国、法国和日本。

6. 2 月 9 日，经过约 7 个月、近 5 亿千米的"太空旅行"，阿拉伯联合酋长国首个火星探测器"希望"号成功进入火星轨道，开始对火星大气层的监测和研究。

7. 2 月 13 日，美国国会参议院就指控前总统特朗普"煽动叛乱"的弹劾条款进行投票。由于赞成票未达到三分之二多数，特朗普未被定罪，弹劾案审理至此结束。

8. 2 月 15 日，在世界贸易组织举行的总理事会特别会议上，世贸组织全体成员一致同意，任命尼日利亚经济学家恩戈齐·奥孔乔-伊韦阿拉为新任总干事。成为首个执掌该组织的女性总干事和首位非洲籍总干事，她的任期将从 2021 年 3 月 1 日持续至 2025 年 8 月 31 日。

9. 2 月 21 日电，据文化和旅游部消息，近日，联合国世界旅游组织（UNWTO）和西班牙政府正式通报，自 2021 年 1 月 25 日起，中文正式成为联合国世界旅游组织官方语言。

10. 2 月 22 日，国务委员兼外长王毅在北京以视频方式出席联合国人权理事会第四十六届会议高级别会议并发表致辞。王毅表示中国主张：第一，坚持以人民为中心的人权理念；第二，坚持人权普遍性与各国实际相结合；第三，坚持系统推进各类人权；第四，坚持国际人权对话与合作。

11. 2 月 27 日电，泰国农业部官员近日表示，2020 年中国已经成为泰国新鲜榴莲最大的出口市场，同时泰国也是中国最大的水果供应国。

3月国际重要时事

1. 3月2日，中国常驻联合国代表团举行"促进落实2030年可持续发展议程：中国的减贫实践"线上主题吹风会。与会各方热烈祝贺中国脱贫攻坚取得全面胜利，认为中国巨大减贫成就令全世界瞩目，为全球落实联合国《2030年可持续发展议程》作出重大贡献。他们普遍认为，中国制定精准扶贫举措、关注弱势群体发展、构建伙伴关系等经验做法为广大发展中国家提供了重要典范和样板，中国的成就将为全球范围内落实2030年议程注入强大信心和动力。

2. 3月3日电，当前，拉美抗疫形势依然严峻。中国新冠疫苗陆续运抵多个拉美国家，为共同抗疫增添信心和力量。此前，智利、巴西、秘鲁等多个拉美国家批准紧急使用来自中国的新冠疫苗，其中一些国家已开始大规模接种中国新冠疫苗。秘鲁、智利等国领导人带头接种中国新冠疫苗。

3. 针对美国国务卿布林肯近日涉华表态，外交部发言人汪文斌3月4日表示，希望美方客观理性看待中国和中美关系，采取理性务实的对华政策，推动中美关系重回正轨。

4. 3月5日，在日内瓦举行的联合国人权理事会第46届会议上，白俄罗斯代表70个国家作共同发言，强调香港事务是中国内政，外界不应干涉。不干涉主权国家内政是《联合国宪章》重要原则，是国际关系的基本准则。支持中国在香港特别行政区实行"一国两制"。

5. 3月8日电，目前，中国已经并正在无偿向69个有急需的发展中国家提供疫苗援助，同时向43个国家出口疫苗。中国加入世界卫生组织"新冠肺炎疫苗实施计划"，承诺首批提供1000万剂疫苗，明确用于发展中国家急需。多国媒体积极报道中国为推动疫苗作为全球公共产品、促进疫苗在全球公平分配和使用作出的贡献。

6. 国际奥委会第137届会议于3月10—12日在瑞士洛桑举行。奥运冠军托马斯·巴赫再次当选国际奥委会主席，任期四年。

7. 3月11日电，世界知识产权组织近日发布报告称，2020年通过该组织提交的国际专利申请量继续增长，中国的国际专利申请量位居第一。

8. 3月15日，中国常驻联合国代表张军致信联合国秘书长古特雷斯，正式通报中国将向联合国维和人员捐赠新冠疫苗，优先用于非洲任务区。

9. 每年的3月21日是国际森林日。欧盟委员会联合研究中心的最新环境研究报告显示，欧洲森林可能会因气候变化等原因，出现生态系统紊乱。约60%的欧洲森林易受强风、火灾、虫害等影响。为此，欧盟正在制定新的森林战略，应对欧洲地区森林生态系统面临的挑战。

10. 3月24日电，联合国人权理事会第46次会议通过中国提交的"在人权领域促进合作共赢"决议。决议呼吁各国坚持多边主义，在人权领域开展建设性对话与合作，加强技术援助和能力建设，促进合作共赢，共同构建人类命运共同体。决议还主张积极开展国际合作，有效应对新冠疫情，确保发展中国家能够获得负担得起的疫苗。

11. 3月31日，统计数据显示，中俄双边贸易额已经连续3年突破千亿美元，中国连续11年成为俄罗斯第一大贸易伙伴。在过去一年里，双方守望相助，共抗疫情，推动经贸、科技创新等领域务实合作逆势前行。

4月国际重要时事

1. 4月1日，日本政府正式实施《改正高年龄者雇佣安定法》。这意味着日本社会将正式进入70岁退休的时代。

2. 4月1日，匈牙利国家药品审批监管机构向国药集团中国生物北京生物制品研究所正式颁发新冠灭活疫苗欧盟GMP证书。这是中国历史上首个在欧盟获批使用和GMP认证的疫苗产品，迈出了中国新冠疫苗成为全球公共产品新的一步。

3. 4月6日电，世界贸易组织日前发布的年度《全球贸易数据与展望》报告显示，受新冠肺炎疫情等因素影响，2020年全球货物贸易量下滑5.3%。这一表现好于2020年10月世贸组织作出下滑9.2%的预测。亚洲地区成为唯一一个货物出口维持正增长的地区，而中国继续成为全球最大的出口国和第二大进口国，进出口贸易量分别占全球的11.5%和14.7%。世贸组织预计，随着疫情趋缓和疫苗加快接种，今明两年全球货物贸易量将分别增长8.0%和4.0%。

4. 4月7日，二十国集团（G20）财政部长和央行行长同意延长暂缓最贫困国家债务偿付倡议（DSSI）到2021年年底，同时呼吁国际货币基金组织（IMF）制定总额为6500亿美元的特别提款权分配方案，以帮助应对新冠肺炎疫情和促进全球经济复苏。

5. 4月9日，全球最大集装箱海运联盟——海洋联盟在天津港开通欧洲新航线，这是天津港2021年新开通的首条外贸远洋干线。

6. 4月13日，中国常驻联合国代表团对媒体表示，中国当天向联合国足额缴纳2021年会费与国际刑事法庭余留机制摊款。中国代表团说，中国2016年开始成为联合国第二大维和摊款国，2019年成为第二大会费国，一直按照《联合国宪章》规定，及时、足额、无条件向联合国履行财政义务，体现了负责任大国的应有作用。

7. 4月14日，美国总统拜登宣布，驻阿富汗美军将从5月1日开始有序撤离，并于9月11日前完全撤出。当天，北约成员国外交部长和国防部长举行线上会议，决定从5月1日起的几个月内从阿富汗撤出全部军队。

8. 4月17日，外交部发言人就美日领导人联合声明涉华消极内容答记者问。发言人说，台湾、钓鱼岛都是中国领土。涉港、涉疆事务纯属中国内政。中国对南海诸岛及其附近海域拥有无可争辩的主权。美日联合声明粗暴干涉中国内政，严重违反国际关系基本准则。中方对此强烈不满、坚决反对，已通过外交渠道向美、日表明严正立场。

9. 4月22日，外交部发言人汪文斌说，美国参议院外委会通过的"2021年战略竞争法案"严重歪曲事实、颠倒黑白，渲染"中国威胁论"，大肆鼓吹美开展全面对华战略竞争，粗暴干涉中国内政，充斥着陈旧的冷战思维和零和博弈观念，也反映出美国唯我独尊、容不得别国正常发展的霸权心态。中方对此强烈不满、坚决反对。

10. 国家副主席王岐山4月24日在纪念中美"乒乓外交"50周年活动上通过视频发表致辞。"乒乓外交""以小球推动大球"，开启了中美关系正常化的历史性进程。作为世界前两大经济体和联合国安理会常任理事国，中美合则两利、斗则俱伤，合作是双方唯一正确的选择。

11. 4月28日，日本国会参议院批准区域全面经济伙伴关系协定（RCEP）。众议院此前已批准该协定，此举意味着日本已完成RCEP批准程序。

5月国际重要时事

1. 5月7日，国家主席习近平同国际奥委会主席巴赫通电话。习近平对巴赫连任国际奥委会主席表示祝贺，表示在巴赫主席领导下，国际奥委会团结各方力量，推动奥林匹克运动蓬勃发展。新冠肺炎疫情发生以来，国际奥委会做了不少工作，为全球团结抗疫提供了正能量。疫情对奥运会等体育盛会造成很大影响。中方愿继续配合国际奥委会，支持举办东京奥运会。中方愿同国际奥委会加强疫苗合作，共同构建保护运动员安全参赛的有效屏障。

2. 记者5月9日从中国红十字基金会了解到，为助力印度开展抗击新冠肺炎疫情工作，中国红十字会通过红十字会与红新月会国际联合会向印度红十字会提供100万美元现金援助。按照中国红十字会援外工作的部署，该笔现金援助通过中国红十字基金会捐赠。

3. 据外交部网站消息，外交部发言人赵立坚主持5月17日例行记者会。赵立坚表示，世界仍处在新冠肺炎疫情大流行之中，疫苗是战胜疫情的有力武器。作为最大的发展中国家和国际社会负责任的一员，只要是有利于发展中国家抗疫努力的事情，中方都会去做。只要是有利于发展中国家公平获取疫苗的行动，中方都会支持。这是新冠疫苗"全球公共产品"性质的体现，也是构建人类卫生健康共同体的应有之义。基于上述考虑，对广大发展中国家豁免新冠疫苗知识产权的诉求，中方完全理解并持支持态度。

4. 国务院总理李克强 5 月 17 日下午在中南海紫光阁应约同意大利总理德拉吉通电话。李克强表示，中意是全面战略伙伴，两国关系有着深厚的历史积淀和牢固的利益纽带。2020 年以来，双方携手开展抗击新冠肺炎疫情国际合作，重点合作项目取得积极进展。中方愿同意方推进贸易投资、能源、应对气候变化等领域合作。办好 2022 年中意文化旅游年，扩大人文交流。加强在二十国集团框架下合作。相信中意关系与合作的深化将有利于增进两国人民的福祉。

5. 中共中央政治局常委、国务院副总理韩正 5 月 18 日晚在北京以视频方式出席非洲经济体融资峰会并致辞。韩正表示，习近平主席指出，中非是休戚与共的命运共同体。全球新冠肺炎疫情发生以来，中方积极驰援非洲，谱写了中非患难与共的新篇章。韩正表示，面对疫情，恢复和延续非洲发展势头至关重要。为此，中方提出四点倡议：一是坚持重信守诺，帮助缓解非洲债务压力。二是坚持合作共赢，促进非洲经济复苏。三是坚持绿色发展，推动非洲增长转型。四是坚持同舟共济，促进对疫苗公平分配。

6. 国家主席习近平 5 月 19 日下午在北京通过视频连线，同俄罗斯总统普京共同见证两国核能合作项目——田湾核电站和徐大堡核电站开工仪式。习近平对中俄核能合作项目开工表示热烈祝贺，向两国建设者致以崇高敬意。习近平指出，2021 年是《中俄睦邻友好合作条约》签署 20 周年。中俄将在更高水平、更广领域、更深层次推进双边关系向前发展。面对世纪疫情叠加百年变局，中俄相互坚定支持，密切有效协作，生动诠释了中俄新时代全面战略协作伙伴关系的深刻内涵。

7. 5 月 26 日，国家主席习近平向世界环境司法大会致贺信。习近平指出，地球是我们的共同家园。世界各国要同心协力，抓紧行动，共建人和自然和谐的美丽家园。中国坚持创新、协调、绿色、开放、共享的新发展理念，全面加强生态环境保护工作，积极参与全球生态文明建设合作。中国持续深化环境司法改革创新，积累了生态环境司法保护的有益经验。中国愿同世界各国、国际组织携手合作，共同推进全球生态环境治理。

8. 国务院总理李克强 5 月 30 日以视频形式出席第二届全球绿色目标伙伴2030 峰会并致辞。李克强指出，作为世界上最大的发展中国家，中国要在本世纪中叶实现现代化、让中国人民过上幸福生活的过程中实现低碳绿色发展，这在人类历史上没有先例，需要付出艰苦卓绝的努力才能实现。中国国家主席习近平宣布中国力争 2030 年前实现碳达峰、2060 年前实现碳中和。中国将建立健全绿色低碳循环发展经济体系，促进经济社会发展全面绿色转型；以降碳为重点战略方向，推动减污降碳协同增效。

6月国际重要时事

1. 6月1日，巴西联邦共和国、俄罗斯联邦、印度共和国、中华人民共和国和南非共和国外长以视频方式举行会晤。在纪念金砖国家合作15周年之际，外长们表达了支持和平、自由和法治，尊重人权和民主等共同价值观，以及在国际法和《联合国宪章》，特别是坚持主权平等、尊重各国领土完整、相互尊重彼此利益和关切基础上，构建更加公平、公正、包容、平等，更具代表性的多极国际体系。

2. 6月2日电，由中国通用技术集团所属中国机械进出口有限公司投资兴建的匈牙利考波什堡100兆瓦光伏电站项目近日正式启动投运，项目并网运行后预计每年可发电1.3亿度，节约4.5万吨标准煤，减少12万吨二氧化碳排放。

3. 6月7日，俄总统普京签署退出《开放天空条约》法律草案。《开放天空条约》于1992年签署，2002年起生效。条约缔约国可按规定对彼此领土进行非武装方式的空中侦察。该条约是冷战结束后重要的信任建立措施，有助于提升透明度和降低冲突风险。

4. 6月16日，从国家航天局获悉：中国国家航天局和俄罗斯国家航天集团公司通过线上和线下混合方式，共同举办了国际月球科研站路线图全球网络论坛。中俄共同向国际社会发布的"路线图（V1.0）"和"指南（V1.0）"介绍了国际月球科研站的概念、科学领域、实施途径和合作机会建议等内容，有助于国际伙伴在国际月球科研站的规划、论证、设计、研制、实施、运营等阶段有广泛参与的机会。

参考文献

[1] 习近平：《在庆祝中国共产党成立 100 周年大会上的讲话》，新华网，http://www.xinhuanet.com/2021-07/01/c_1127615334.htm.

[2] 曲青山：《中国共产党百年伟大贡献》，《人民日报》2021 年 3 月 30 日 09 版。

[3] 李贞海、刘宗灵：《中国共产党初心和使命的历史内涵》，中国社会科学网，http://www.cssn.cn/mkszy/yc/202101/t20210104_5241618.shtml.

[4] 王京清：《从百年党史看党的独特优势》，《中国纪检监察报》2021 年 3 月 4 日 05 版。

[5] 李金哲：《从百年党史中汲取继续前行的精神力量》，《南方日报》2021 年 5 月 10 日 A11 版。

[6] 杨德山：《学思践悟"四史"中的精神和力量》，党建网，http://www.dangjian.cn/shouye/sixianglilun/lilunqiangdang/202103/t20210331_5998533.shtml.

[7] 冯俊：《学习和研究"四史"的理论指引》，《红旗文稿》2021 年第 3 期。

[8] 杨娜：《深刻把握党史在"四史"中的重要地位》，中国社会科学网，http://www.cssn.cn/zx/bwyc/202103/t20210325_5321504.shtml.

[9] 韩喜平：《在"四史"学习中坚定理想信念》，《新华日报》2021 年 5 月 25 日 15 版。

[10] 李鹏：《深入学习"四史"牢记初心使命》，《光明日报》2020 年 12 月 22 日 15 版。

[11] 王一鸣：《准确把握"十四五"时期我国发展环境的深刻变化》，《人民日报》2021 年 5 月 10 日 17 版。

[12]《政府工作报告》，中国政府网，http://www.gov.cn/guowuyuan/zfgzbg.htm.

[13] 曲大成：《学史增信 汇聚科技自立自强的磅礴力量》，《红旗文稿》2021 年第 9 期。

[14] 王志刚：《矢志科技自立自强 加快建设科技强国》，《求是》2021 年第 6 期。

[15] 方晓霞：《以科技自立自强支撑引领高质量发展》，《中国经贸导刊（中）》2021 年第 3 期。

[16]《建设世界科技强国的战略擘画》，《求是》2021 年第 6 期。

[17] 张小平：《乡村振兴战略的伟大意义》，中国社会科学网，http://news.cssn.cn/zx/bwyc/202009/t20200902_5177878.shtml.

[18] 郑凤田：《脱贫攻坚与乡村振兴有效衔接的两个关键》，《中国青年报》2021年4月19日02版。

[19] 蒋和胜、岳锋、刘胜林：《促进"十四五"时期农业、农村与农民的发展》，《光明日报》2021年5月11日11版。

[20] 郭金金、刘宝贞：《打造乡村振兴新格局》，中国社会科学网，2http://www.cssn.cn/zx/bwyc/202105/t20210511_5332415.shtml.

[21] 张海鹏：《一个中国是海峡两岸关系的政治基础》，《光明日报》2021年1月8日11版。

[22] 于芥：《加强交流是两岸同胞的共同愿望》，《人民日报》2020年11月22日06版。

[23] 杨洁篪：《以史鉴今，面向未来，把握中美关系正确方向》，《人民日报》2021年4月29日06版。

[24] 张宇燕、徐秀军：《确保相互依存与新型中美关系的构建》，《国际问题研究》2021年第1期。

[25] 裴广江、胡泽曦：《推动中美关系健康稳定发展》，《人民日报》2021年3月21日03版。

[26]《世界需要真正的多边主义》，求是网，http://www.qstheory.cn/wp/2021-05/07/c_1127418845.htm.

[27]《维护和践行真正的多边主义》，《人民日报》2021年5月10日03版。

[28] 颜欢：《消除免疫鸿沟 推动抗疫合作》，《人民日报》2021年5月12日03版。

[29] 金鑫：《共建更加美好世界的行动指南》，《红旗文稿》2021年第2期。

[30] 杨洁篪：《中国共产党建党百年来外事工作的光辉历程和远大前景》，《求是》2021年第10期。

[31] 高翔：《中国共产党的使命担当》，《人民日报》2021年2月4日09版。

[32] 宋涛：《赓续对外工作百年辉煌 服务中华民族伟大复兴》，《求是》2021年第9期。

[33]《在新的历史起点上推动党的对外工作开启新征程》，求是网，http://www.qstheory.cn/laigao/ycjx/2021-05/12/c_1127436337.htm.